Knut Heuer

Untersuchung zur Abgrenzung der obligatorischen und fakultativen Valenz des Verbs

FORUM LINGUISTICUM

Herausgegeben von Professor Dr. Christoph Gutknecht

Bd./Vol. 21

Knut Heuer

Untersuchung zur Abgrenzung der obligatorischen und fakultativen Valenz des Verbs

PETER LANG
Frankfurt am Main · Bern · Las Vegas

Knut Heuer

Untersuchung zur Abgrenzung der obligatorischen und fakultativen Valenz des Verbs

PETER LANG
Frankfurt am Main · Bern · Las Vegas

CIP-Kurztitelaufnahme der Deutschen Bibliothek

Heuer, Knut

Untersuchung zur Abgrenzung der obligatorischen und fakultativen Valenz des Verbs. - Frankfurt am Main, Bern, Las Vegas: Lang, 1977.
(Forum linguisticum; Bd.21)
ISBN 3-261-02415-1

ISBN 3-261-02415-1

Auflage: 200 Ex.

Druck: Fotokop Wilhelm Weihert KG, Darmstadt
Titelsatz: Fotosatz Aragall, Wolfgangstraße 92, Frankfurt am Main.

INHALTSVERZEICHNIS:

Seite

Seite

Seite

Seite

0 Einführung

Trotz umfangreicher und intensiver Forschung ist es bisher noch nicht gelungen, den Begriff der Valenz des Verbs vollständig zu klären und einheitlich zu fassen. Schwierigkeiten bereitet vor allem die Abgrenzung der Valenz, denn es fehlt an klaren Abgrenzungskriterien und überzeugenden Analyseverfahren, die es erlauben, eindeutig zwischen valenzgebundenen und nichtvalenzgebundenen Satzgliedern zu unterscheiden. Insbesondere die Weglaßbarkeit von Satzgliedern, die beide Satzgliedtypen gleichermaßen betrifft und eine zusätzliche Scheidung der valenzgebundenen Glieder in obligatorisch (nichtweglaßbar) und fakultativ (weglaßbar) geboten erscheinen läßt, erschwert die genaue Bestimmung der Bindungsfestigkeit an das Verb.

Die meisten zu diesem Thema erschienenen Arbeiten versuchen, die Abgrenzungsprobleme auf formaler Ebene und mit Hilfe formaler Operationen zu lösen. Die Ergebnisse können nicht befriedigen, da - von anderen Mängeln abgesehen - immer wieder auch semantische Kriterien pauschal und unreflektiert in die Analyse einfließen. Dagegen verspricht eine auf semantischer Ebene durchgeführte Untersuchung positivere Resultate. Sie arbeitet zwar vorwiegend interpretativ und unterliegt deshalb in gewissem Umfang der sprachlichen Intuition des kompetenten Sprechers (der sich im übrigen auch die formale Analyse letztlich nicht entziehen kann); sie steht jedoch - bei ausreichender Formalisierung - der formalen Analyse an Exaktheit wenig nach und hat zudem den Vorzug, sprachliche Vorgänge durchschaubarer und ihre Ursachen einsichtiger werden zu lassen.

Die vorliegende Untersuchung zur Abgrenzung der obligatorischen und fakultativen Valenz basiert auf einer semantischen Analyse des Verbs und seiner nominalen Umgebung. Dabei geht es einmal um die Bestimmung semantischer Grundstrukturen, also um die semantische Interpretation der Valenzbeziehungen und ihre Erfassung in satzkonstituierenden Strukturmodellen, zum anderen um die oft variable, entweder obligatorische oder fakultative Realisierung ihrer Strukturelemente im Satz. Abgrenzungsprobleme aufgrund der Weglaßbarkeit von Satzgliedern entstehen hier weniger bei der interpretativen Festlegung der Grundstrukturen als vielmehr vor allem bei deren Realisation. Damit verlagert sich das Schwergewicht der Untersuchung auf die Analyse der variablen Repräsentation der Valenz.

Im ersten, generellen Teil der Arbeit werden der formale und der semantische Ansatz entsprechender Valenzmodelle insbesondere unter dem Gesichtspunkt ihrer Abgrenzungsfähigkeit diskutiert und die einzelnen Schritte der schließlich bevorzugten semantischen Analyse des Verbs und seiner nominalen Umgebung eingehend erörtert. Im zweiten, speziellen Teil wird dann die variable Repräsentation verschiedener Gruppen von Verbsimplizia, Verbvarianten und Verbkomposita auf ihre Ursachen untersucht.

Die Analyse erstreckt sich auf Vollverben und auf Satzglieder mit einem Substantiv als Kern. Hilfsverben, Modalverben, Kopulaverben und feste Verbverbindungen bleiben außer Betracht. Adjektive oder Nebensätze als Satzglieder werden nur am Rande in die Untersuchung mit einbezogen.

I. Grundlagen

1 Der Valenzbegriff und seine Problematik

1.1 Tesnière

Der Begriff der Valenz wurde von Tesnière in die Sprachwissenschaft eingeführt. Tesnière geht davon aus, daß dem Verb als "régissant" des Satzes "actants" und "circonstants" unmittelbar untergeordnet sind (Tesnière 1959, 103). Die "actants" bezeichnen Personen oder Dinge, die an dem verbalen Geschehen teilnehmen. Sie sind immer Substantive oder deren Stellvertreter. Die "circonstants" hingegen bezeichnen die Umstände der Zeit, des Ortes, der Art und Weise etc., unter denen das Geschehen abläuft. Sie sind immer Adverbien oder deren Äquivalente (Tesnière 1959, 102 f). Während die "circonstants" zahlenmäßig relativ unbeschränkt im Satz auftreten können, wird die Zahl der "actants" durch das Verb begrenzt. Diese Fähigkeit des Verbs, die Zahl der "actants" zu bestimmen, vergleicht Tesnière mit der Wertigkeit eines Atoms und nennt sie "valence" (Tesnière 1959, 238). Ihrer Valenz, also der Zahl ihrer "actants" entsprechend, unterscheidet er avalente Verben (ohne "actant"), monovalente Verben (mit einem "actant"), divalente Verben (mit zwei "actants") und trivalente Verben (mit drei "actants") (Tesnière 1959, 106 f und 239 ff).

Tesnière nimmt für das Französische drei Arten von "actants" an, die in gleicher Weise direkt vom Verb abhängen: das Subjekt als "prime actant" (das damit seine Sonderstellung im Satz verliert), das Akkusativobjekt als "second actant" und das Dativobjekt als "tiers actant". Semantisch gesehen handelt es sich dabei jeweils um diejenige Größe, "qui fait l'action" ("prime actant"), "qui supporte l'action" ("second actant") und "au bénéfice ou au détriment duquel se fait l'action" ("tiers actant") (Tesnière 1959, 108 f).

Da Tesnière nur die reinen Kasus zu den "actants"rechnet und damit grundsätzlich alle Präpositionalbestimmungen, also auch die Präpositionalobjekte, von der Valenz ausschließt, lassen sich die "actants" und die "circonstants" formal relativ eindeutig voneinander abgrenzen. Die enge Bindung der "actants" an das Verb kommt darüberhinaus auch darin zum Ausdruck, daß die "actants" oft zur Komplettierung des Verbs notwendig ("indispensable") sind, während die "circonstants" ihrem Wesen nach "facultatif", also weglaßbar sind (Tesnière 1959, 128). Die Valenzen brauchen allerdings nicht immer voll "gesättigt" zu sein, sondern sie können manchmal auch "inemployées ou libres" bleiben. Deshalb sind gelegentlich auch "actants" weglaßbar (Tesnière 1959, 238 f). Aufgrund der genannten formalen Abgrenzungskriterien jedoch bereitet die Unterscheidung zwischen weglaßbaren "actants" und weglaßbaren "circonstants" keine besonderen Schwierigkeiten[1].

1.2 Erben (1958) und Grebe (1959)

Mit der Einbeziehung insbesondere der Präpositionalfügungen in die Valenz durch Erben (1958) und Grebe (1959) verkompliziert sich die Abgrenzung. Die alternative Klassifizierung in valenzgebunden und nicht valenzgebunden, die bei Tesnière relativ exakt zu vollziehen ist, reicht nicht mehr aus, da valenzgebundene und nicht valenzgebundene Präpositionalbestimmungen formal identisch und oft gleichermaßen weglaßbar sind. Es werden präzisere Abgrenzungskriterien notwendig, die sowohl eine Erweiterung dieser Zweiteilung als auch eine genauere Differenzierung zwischen formaler und inhaltlicher Ebene erforderlich machen.

Erben und Grebe erfüllen allerdings in (1958) bzw. (1959) diese Voraussetzungen nicht. Erben gibt so gut wie keine Kriterien an, nach denen er seine "Grundmodelle" deutscher Sätze ermittelt. Er konstatiert nur, daß es von der "Art und 'Wertigkeit' [des Verbs] - man kann sie geradezu mit der Valenz des Atoms vergleichen - [...] wesentlich ab[hängt], welche und wieviele Ergänzungsbestimmungen im Vor- und Nachfeld des Verbs

---

1 Zur Diskussion Tesnières vgl. u.a.: Baumgärtner (1965), Heringer (1970, 19 ff), Fourquet (1970, 44 ff), Helbig (1971 a, 32 f), Helbig und Schenkel (1973, 13 und 63 f). Siehe auch Arbeitsgruppe Marburg (6).

auftreten und das Satzschema ausgestalten" (Erben [1958]1967, 231). Formale Gesichtspunkte vermischen sich mit inhaltlichen. Einerseits werden die Satzmodelle nach der Zahl und der strukturellen Beschaffenheit ihrer Glieder aufgeschlüsselt, andererseits werden sie inhaltlich gegliedert und entsprechend als "Vorgangssatz", "Urteilssatz", "Lagesatz" etc., die Ergänzungsbestimmungen als "Handlungsträger", "Zuwendgröße", "Zielgröße" etc., charakterisiert (Erben [1958]1967, 232 ff). Über die Zugehörigkeit eines Satzgliedes zu den "syntaktisch erforderlichen (obligatorischen) Ergänzungsbestimmungen" oder den "'fakultativen' (bei Bedarf möglichen) Ergänzungen [, die] nicht zum 'syntaktischen Minimum' dieser Verben [gehören]" (Erben [1958]1967, 236), wird letztlich rein intuitiv entschieden.

Die Begriffe "<u>obligatorisch</u>" und "<u>fakultativ</u>" stehen hier noch für valenzgebunden und nicht valenzgebunden. Erst seit Helbig und Schenkel (1969) ist es üblich, diese Begriffe auf die unterschiedliche Repräsentation allein der <u>valenzgebundenen</u> Glieder zu beziehen. Erben schließt sich in (1972), wo er die Ansätze von 1958 modifiziert und dem neuesten Erkenntnisstand anpaßt, diesem Gebrauch und damit auch der für die Abgrenzung wichtigen Dreiteilung in "obligatorisch", "fakultativ" und "frei" an (Erben 1972, 248 f. Zu Helbig und Schenkel s.u. I, 2.1).

Grebe unterscheidet (1959) zwischen "sinnotwendigen" (Grebe 1959, 435) und "freien, also nicht sinnotwendigen Satzgliedern" (Grebe 1959, 470). Er legt seinen "Grundformen deutscher Sätze" also offensichtlich <u>inhaltliche</u> Kriterien zugrunde. Um diese Grundformen jedoch im einzelnen präziser ermitteln zu können, bedient er sich eines formalen Verfahrens, der "Abstrichmethode", mit der sich "aus allen nur denkbaren Sätzen die frei hinzugefügten Satzteile herausstreichen" lassen (Grebe 1959, 434). Dabei darf jedoch - wie Grebe (1966, 509) ergänzend bemerkt - "nichts weggestrichen werden, was zu einer Sinnkopplung gehört". Wie solche "Sinnkopplungen" jedoch im einzelnen festzulegen und zu begrenzen sind, welche Glieder ihnen zugerechnet werden müssen und welche nicht, bleibt offen. In

(1973) präzisiert Grebe das formale Abgrenzungsverfahren, hier "Weglaßprobe" genannt, indem er die Grammatikalität als Entscheidungskriterium mit einbezieht (Grebe 1973, 478). Er verwendet nun auch die Begriffe "obligatorisch" und "fakultativ" ganz im Sinne von Helbig und Schenkel und übernimmt damit ebenfalls deren dreiteilige Klassifizierung (Grebe 1973, 484 f). Es gelingt ihm jedoch nicht, die "Sinnkopplungen" so genau zu fassen und zu formalisieren, daß durch sie in Verbindung mit der "Weglaßprobe" eine eindeutige Abgrenzung der Satzglieder möglich wird.

Nach Tesnière, Erben und Grebe haben eine ganze Reihe von Autoren den Valenzbegriff weiterentwickelt und individuell nutzbar gemacht[1]. Da bereits bei Tesnière die unterschiedlichen Interpretationsebenen der Valenz deutlich angelegt waren, bildeten sich zwei Grundrichtungen heraus, von denen die eine die Valenz "als formale Erscheinung der Ausdrucksebene" versteht, während die andere sie als eine Beziehung der "begrifflich universalen Ebene" auffaßt (Helbig und Schenkel 1973, 64). Von den Vertretern der ersten Gruppe haben m.E. Helbig und Schenkel das ausgeprägteste, am weitestgehend präzisierte Valenzmodell entwickelt. Es soll deshalb der Untersuchung zur Abgrenzung der obligatorischen und fakultativen Valenz des Verbs als Ausgangsbasis dienen. Von den Vertretern der zweiten Gruppe legt Chafe ein Modell vor, das die Valenz aus semantischer Sicht am profiliertesten und am eingehendsten darstellt. Die Untersuchung wird deshalb auf der Grundlage dieses semantischen Valenzmodells weitergeführt.

---

1 Vgl. die kritischen Darstellungen bei Helbig und Schenkel (1973, 12 ff); Arbeitsgruppe Marburg (4 ff); Emons (1974, 62 ff); Biere (1976).

2 Die Valenz als formal-strukturelle Beziehung der OS

2.1 Das Valenzmodell von Helbig und Schenkel

2.11 Grundlagen und Aufbau

Mit dem von Helbig und Schenkel entwickelten und in dem "Wörterbuch zur Valenz und Distribution deutscher Verben" (HuS 1973)[1] dargestellten Valenzmodell soll "eine linguistische Grundlage geschaffen werden, mit der man in der Lage ist, die Zahl und Art der notwendigen Umgebungen des Verbs mit Hilfe der Begriffe Valenz und Distribution einzufangen (Helbig 1971 a, 31; vgl. auch HuS 1973, 12). Valenz wird dabei "als formale Erscheinung der Ausdrucksebene aufgefaßt" (HuS 1973, 64; U.v.m.). Im Unterschied zur logischen Valenz, "die außersprachlich und folglich universal ist", und zur semantischen Valenz, bei der "die Verben bestimmte Kontextpartner mit bestimmten Bedeutungsmerkmalen fordern, andere Kontextpartner mit anderen Bedeutungsmerkmalen ausschließen" (HuS 1973, 65), ist damit die syntaktische Valenz gemeint, d.i. "die Fähigkeit des Verbs, bestimmte Leerstellen um sich herum zu eröffnen, die durch obligatorische oder fakultative Mitspieler zu besetzen sind" (HuS 1973, 49)

2.111 Voraussetzungen

Das Modell basiert auf drei Voraussetzungen:

1. Das Verb bildet das "strukturelle Zentrum des Satzes". Diese Annahme "steht im Gegensatz zur traditionellen Satzanalyse und oft auch zum kommunikativen Mitteilungsgehalt" (HuS 1973, 24). "Damit büßt das Subjekt seine Vorrangstellung gegenüber den anderen Mitspielern (oder Ergänzungsbestimmungen) des Verbs ein" (HuS 1973, 26)[2].

---

1 HuS 1973 ist die in wesentlichen Teilen verbesserte und erweiterte 2. Auflage von HuS 1969. Ich beziehe mich in dieser Arbeit grundsätzlich auf diese 2. Auflage.

2 Grebe betont dagegen ausdrücklich die Sonderstellung des Subjekts (Grebe 1973, 485). Vgl. dazu auch Fourquet (1976).

2. Die Glieder des Satzes werden geschieden
   - in notwendige, d.h. vom Verb geforderte Mitspieler bzw. Aktanten, die entweder
     - obligatorisch (= nicht weglaßbar) oder
     - fakultativ (= weglaßbar)

     sein können. "Sowohl die obligatorischen als auch die fakultativen Aktanten (beide sind notwendige Glieder) sind durch die Valenz an das Verb gebunden, sind im Stellenplan des Verbs verankert und deshalb nach Zahl und Art fixierbar" (HuS 1973, 33).

   - in freie Angaben, d.h. nicht-notwendige Glieder. Sie "sind nicht an das Verb gebunden, sind zahlenmäßig unbegrenzt und können deshalb nahezu in jedem Satz beliebig weggelassen und hinzugefügt werden" (HuS 1973, 34).

   Diese "doppelte Scheidung (einmal zwischen Valenz und freien Angaben, zum anderen zwischen obligatorischer und fakultativer Valenz)" wird erforderlich, weil "nicht nur Subjekte und Objekte, sondern auch Prädikativa und Präpositionalphrasen in die Valenzbeziehungen" eingeschlossen und "wirklich nur die im Stellenplan des Verbs verankerten Glieder als Valenz" aufgefaßt werden (HuS 1973, 34).
3. Neben den reinen Kasus des Substantivs, dem Subjekt und den Objekten, können auch Präpositionalobjekte, Prädikativa, Adverbialbestimmungen, Infinitive oder Nebensätze "den Rang von syntaktisch notwendigen (= valenzgebundenen) Gliedern" einnehmen (HuS 1973, 40 und 49). Daraus ergibt sich - anders als etwa bei Tesnière - eine Einteilung, "die mitten durch die alten Adverbialbestimmungen hindurchgeht" (HuS 1973, 41). Andererseits muß nicht jedes Objekt auch ein notwendiger Mitspieler sein. So wird der sogenannte "freie" Dativ zu den nichtvalenzgebundenen Gliedern, also zu den freien Angaben gerechnet, da er "als reduzierter Satz zu verstehen" ist (HuS 1973, 42; s. unten I, 2.131)[1].

2.112 Interpretation der Verben auf drei Stufen

Unter diesen Voraussetzungen läßt sich auf einer ersten Stufe

---

1 Vgl. dazu insbesondere v. Polenz (1969).

der Beschreibung "die Zahl der Mitspieler, d.h. die Valenz des Verbs" bestimmen (HuS 1973, 50; U.v.m.). Obligatorisches und fakultatives Auftreten der Mitspieler wird dabei jeweils besonders gekennzeichnet[1]. Auf zwei weiteren Stufen wird die Art der Mitspieler, d.h. die "Distribution[2] des Verbs" beschrieben (HuS 1973, 50).

Stufe II legt "in streng formalen Begriffen" (z.B. "Substantiv im Nominativ, im Akkusativ [...] Präposition mit Substantiv" etc.) die "syntaktischen Umgebungen der Verben" fest, die "vielfach <strenge Subkategorisierungsregeln> [3] genannt" werden (HuS 1973, 51; U.v.m.).

Stufe III legt durch semantische Merkmale wie "Hum (= menschlich), +Anim (= belebt)" etc. die "semantischen Umgebungen der Verben fest, spezifiziert die syntaktischen Umgebungen durch die Angabe des zugelassenen semantischen Gehalts. Solche Regeln werden [...] heute meist als <Selektionsregeln> [4] bezeichnet" (HuS 1973, 52; U.v.m.).

Mit dieser Interpretation der Verben auf insgesamt drei Stufen soll ein "Regelmechanismus" erstellt werden, "nach dem man - im Hinblick auf die Umgebungen von Verben im Satz - richtige Sätze der deutschen Sprache bilden kann" (HuS 1973, 68).

2.12 Abgrenzungsprobleme

Die zweifellos strukturell gebotene Maßnahme, auch andere Glieder als die reinen Kasus des Substantivs in die Valenzbeziehungen mit einzuschließen, und die daraus resultierende Aufteilung der Satzglieder in obligatorische Mitspieler, fakultative Mitspieler und freie Angaben führt zu großen Schwierigkeiten bei der Abgrenzung dieser Glieder. Zum einen sind notwendige und freie

---

1 Helbig und Schenkel setzen die fakultativen Glieder in runde Klammern. Ich verfahre in dieser Arbeit ebenso.

2 Laut Harris ist die Distribution eines sprachlichen Elements "die Summe aller Umgebungen, in denen es vorkommt" (Harris 1951, 15 f).

3 Vgl. Chomsky ([1965]1970, 121 ff).

4 Vgl. Chomsky ([1965]1970, 147 ff).

Adverbialbestimmungen sowohl formal als auch inhaltlich identisch; sie entsprechen darüberhinaus in der Form sogar häufig den Präpositionalobjekten. Zum anderen sind fakultative Mitspieler und freie Angaben gleichermaßen weglaßbar. Die Weglaßbarkeit kann hier also nicht allein Kriterium der Unterscheidung sein. Die besonderen Eigenschaften der Satzglieder machen vielmehr eine zweifache Abgrenzung der valenzgebundenen Mitspieler von den freien Angaben einerseits und der obligatorischen von den fakultativen Mitspielern andererseits notwendig.

2.121 Abgrenzung der valenzgebundenen Mitspieler von den freien Angaben

Sie ergibt sich aus der Tiefenstruktur (TS)[1]. Helbig und Schenkel unterscheiden auf dieser Ebene zwischen "engen Verbergänzungen (EV)" und "freien Verbergänzungen (FV)".

- Die EV beeinflussen "die Subkategorisierung der Verben". Sie sind "durch die Valenz des Verbs determiniert", "sind Konstituenten der Verbalphrase".
- Die FV sind "für die Subkategorisierung der Verben ohne Belang". Sie werden "nicht von der Valenz erfaßt", "sind direkte Konstituenten des Satzes" (HuS 1973, 35).

Als Kriterium für die Unterscheidung der EV und FV, das aus der TS stammen muß, "bietet sich die Zurückführung der freien Angaben auf entsprechende Sätze (meist Adverbialsätze) an, aus denen sie abgeleitet werden können". Mit anderen Worten: Satzglieder, die sich auf einen Satz zurückführen lassen, sind FV; solche, die sich nicht oder nur unter Verletzung der "semantischen Invarianz" reduzieren lassen, sind EV (HuS 1973, 37; U.v.m.). Ich nenne den entsprechenden Test im folgenden kurz Reduktionstest.
Zum Vergleich des syntaktischen Status der Präpositionalbestimmungen drei von Helbig und Schenkel gegebene Beispielssätze (HuS 1973, 34):

---

1 Gemeint ist hier die syntaktische Tiefenstruktur im Sinne von Chomsky ([1965]1970, 90 ff). Um sie eindeutig von der semantischen "Tiefenstruktur" unterscheiden zu können, bezeichne ich diese im folgenden als "semantische Struktur", abgekürzt SS. Zur Diskussion der verschiedenen Ebenen der Tiefenstruktur vgl. Helbig (1970, 21 ff).

(1) Mein Freund wohnt in Dresden.

(2) Er wartete auf seinen Freund.

(3) Er aß sein Brot in der Schule.

In (1) ist die Präpositionalbestimmung grundsätzlich nicht auf einen Satz reduzierbar:

(1 b)+ Mein Freund wohnt, als er in Dresden war.

In (2) ist sie nicht reduzierbar, ohne daß dabei die semantische Invarianz verletzt wird:

(2 b) Er wartete, als sein Freund da war.

In (3) hingegen läßt sie sich auf den Satz zurückführen:

(3 b) Er aß sein Brot, als er in der Schule war.

(HuS 1973, 37). In (1) und (2) ist die Präpositionalbestimmung demnach eine EV, in (3) eine FV.

2.122 Abgrenzung der obligatorischen von den fakultativen Mitspielern

Sie ergibt sich aus der Oberflächenstruktur (OS), da in der TS "die im Sinne der Valenzbeziehungen obligatorischen und fakultativen Mitspieler in der Kategorie der engen Verbergänzung zusammen[fallen]". "In der Tiefenstruktur gibt es folglich keine fakultative Valenz: Eine fakultative Valenz entsteht erst in der Oberflächenstruktur durch eine Eliminierungstransformation auf Grund bestimmter kontextueller Merkmale (Vorerwähntheit, Kontrastivität, Emphase, Ellipse usw.)" (HuS 1973, 36).

Das Unterscheidungskriterium muß hier also "eine Oberflächenprobe sein, bei der sich der Eliminierungstest als wichtigste Probe geradezu anbietet. Ein Glied ist ein obligatorischer Mitspieler, wenn es in der Oberflächenstruktur nicht eliminiert werden kann, ohne daß der Satz ungrammatisch wird; sonst ist es ein fakultativer Mitspieler oder eine freie Angabe" (HuS 1973, 37; U.v.m.).

Während also in (1) die Präpositionalbestimmung nicht eliminierbar und folglich ein obligatorischer Mitspieler ist,

(1) Mein Freund wohnt in Dresden.

läßt sie sich in Beispiel (2) und (3) eliminieren:

(2 c) Er wartete.

(3 c) Er aß sein Brot.

Die Präpositionalbestimmung von (3) wurde bereits als FV und damit als freie Angabe ermittelt. Die von (2) ist als eliminierbare EV somit ein fakultativer Mitspieler.

Von der Qualität dieser beiden Abgrenzungstests - des Reduktionstests und des Eliminierungstests - hängt letztlich die Schlüssigkeit und die Praktikabilität des Valenzmodells von Helbig und Schenkel ab. Es ist deshalb angebracht, diese Proben auf ihre Stringenz zu überprüfen.

2.13 Abgrenzungstests - kritische Untersuchung

2.131 Der Reduktionstest

(1) Allgemeines

I. Rosengren weist in ihrer kritischen Betrachtung des HuS-Modells auf einige Schwächen bzw. Unvollkommenheiten des Reduktionstests hin. Da sich die Kritik auf eine frühere Arbeit Helbigs bezieht (Helbig 1970), konnten in HuS 1973 die kritischen Einwände berücksichtigt werden. So geben Helbig und Schenkel nunmehr ergänzende Erläuterungen und Beispiele dafür, daß nicht nur "freie lokale Präpositionalbestimmungen" und nicht nur die freien Glieder in Sätzen, die "ein Objekt enthalten", Satzreduktionen sein können, wie Rosengren bemängelte (Rosengren, 49 f), sondern "daß alle freien Angaben auf diese Weise als reduzierte Sätze zu verstehen sind. Das gilt nicht nur für Sätze, die ein Objekt enthalten, sondern auch für andere Sätze und durchaus auch für die freien Dative:

(4) Er rauchte im Schlafzimmer[1].

---

1 Das Beispiel (4) für die objektlosen Sätze erscheint mir allerdings schlecht gewählt. Während Rosengren offensichtlich Intransitiva wie "rauschen, schwimmen" etc. meint, bei denen "die Adverbialbestimmung in diesem Sinne nicht auf einen Satz zurückgeführt werden" kann (Rosengren, 50),

(a) Die Bäume rauschen im Wald.

(b) Die Bäume rauschen, wenn sie im Wald sind.

bilden Helbig und Schenkel einen Satz mit dem fakultativen Transitivum "rauchen" (HuS 1973,126), in dem das Objekt nur eliminiert ist. Dennoch dürften Helbig und Schenkel grundsätzlich recht haben, wenn sie die freien Glieder in allen Sätzen als Satzreduktionen verstehen. Auch Bsp. (a) läßt sich - will man die Ortsbestimmung nicht etwa als Attribut zu "Bäume" auffassen (Die Bäume im Wald rauschen) - umformen in

(c) Die Bäume rauschen. Das Rauschen ist im Wald.

(4 b) Er rauchte, als er im Schlafzimmer war.
(5) Er wäscht seinem Vater das Auto.
(5 b) Er wäscht das Auto. Das Waschen ist
(geschieht) für seinen Vater. "

(HuS 1973, 39; Unterstreichungen und Numerierung von mir).

Mit der Feststellung, daß grundsätzlich alle freien Angaben als Satzreduktionen aufzufassen sind, wird jedoch theoretisch nicht ausgeschlossen, daß nicht auch eine Reihe von fakultativen Mitspielern ebenfalls auf Sätze zurückgehen können. Jedenfalls läßt der Anwendungsmodus des Reduktionstests in der gegebenen Form diesen Schluß zu. Denn Helbig und Schenkel

- beschreiben und formalisieren die Transformationsvorgänge nicht ausreichend (so auch die Kritik von Rosengren, 49). Sie wenden nicht nur eine, sondern zwei verschiedene Umformungsmöglichkeiten an und schließen darüberhinaus andere nicht expliziert aus.
- klären nicht (wie ebenfalls von Rosengren, 49, angemerkt), wann semantische Invarianz vorliegt und was genau darunter zu verstehen ist.

<u>(2) Umformungsmöglichkeiten</u>

Obwohl es sich anbietet, bei der Umformung analog zu den von Helbig und Schenkel gegebenen Beispielen zu verfahren, erscheint es dennoch dringend geboten, die Transformationen genauer festzulegen. Denn ohne bindende Fixierung läßt sich ein solcher Test nicht konsequent und erfolgversprechend durchführen. So wäre Beispiel (2) (Er wartete auf seinen Freund) außer in (2 b) (Er wartete, als sein Freund da war) ohne weiteres auch in (2 d) oder (2 e) transformierbar:

(2 d) Er wartete, <u>bis</u> sein Freund da war.
(2 e) Er wartete, <u>daß</u> sein Freund da war (= kam).

Mit der Zulässigkeit solcher Transformationen verwischt sich jedoch die Grenze zwischen der <u>Reduktion</u> eines Satzgliedes <u>auf</u> einen Nebensatz (zur Überprüfung seines syntaktischen Status) und der <u>Substitution</u> eines Satzgliedes <u>durch</u> einen Nebensatz (im Rahmen der Distribution des Verbs). Denn (2 e) gibt ein Beispiel für eine der distributionellen Festlegungen der Umgebung des Vers "warten" (HuS 1973, 432).

Neben der Umformung eines Satzgliedes in einen Nebensatz, lassen Helbig und Schenkel aber auch noch die Zurückführung in einen selbständigen, nebengeordneten Hauptsatz zu. Der gesamte Satz wird damit "logisch in zwei Prädikationen aufgelöst" (HuS 1973, 38; Beispiele von dort übernommen).

(6) Die Kinder spielen hinter dem Haus.
(6 b) Die Kinder spielen. Das Spielen ist (= geschieht) hinter dem Haus.

Diese Prädikationstransformation ermöglicht es nunmehr, auch offensichtlich fakultative Adverbialbestimmungen (7) und - wenngleich mit Vorbehalt - sogar fakultative Objekte (8) auf die gleiche Art umzuformen wie freie Adverbialbestimmungen und freie Dative:

(7) Er sitzt auf dem Balkon.
(7 b) Er sitzt. Das Sitzen ist (geschieht) auf dem Balkon.
(8) Mutter bügelt die Wäsche.
(8 b) Mutter bügelt. Das Bügeln ist (geschieht) der Wäsche.

Trotz gradueller Unterschiede ist m.E. (7 b) ebenso akzeptabel wie (6 b), und selbst Beispiel (8 b) halte ich - vergleicht man es mit (5 b) - für eine mögliche Transformation.

(3) Die "semantische Invarianz"

Wenn aber präzise Angaben über das Transformationsverfahren nicht gemacht werden oder nicht gemacht werden können, dann müßte zumindest die Akzeptabilität der Umformungen durch ein Regulativ wie die semantische Invarianz genauer festgelegt sein. Zur semantischen Invarianz, die in HuS 1973 als Unterscheidungskriterium nur erwähnt und nicht näher erläutert wird, macht Helbig (1970) nähere Angaben. Er führt aus, daß bei der Umformung der Präpositionalbestimmung von Bsp. (2) (Er wartete auf seinen Freund) in einen Nebensatz (2 b) (Er wartete, als sein Freund da war) die semantische Invarianz verletzt wird, "weil die Bedeutung verändert ist". Denn im Gegensatz zu (2) "wartet er [das Subjekt des Satzes] nicht auf den Freund (weil der Freund schon da ist)" (Helbig 1970, 32; U.v.m.). Das Glied "auf den Freund" ist folglich keine freie Angabe, sondern ein fakultativer Mitspieler.

Dieser Einwand gegen den offensichtlichen Bruch der semantischen Invarianz läßt sich jedoch entkräften, wenn man Satz (2) gem. (2 d) (Er wartete, bis sein Freund da war) oder ggf. auch gem. (2 e) (Er wartete, daß sein Freund da war (= kam)) umformt, beides - wie gesagt - Möglichkeiten, die Helbig und Schenkel nicht ausdrücklich ausschließen. Obwohl diese beiden Transformationen m.E. die Bedeutung der Präpositionalphrase treffender wiedergeben als (2 b), scheint aber auch bei ihnen die semantische Invarianz nicht vollständig gewahrt zu sein. Ein brauchbarer Test auf formaler Grundlage müßte gerade diese unterschiedlichen "Bedeutungsveränderungen" erfassen, in ihren Abstufungen beschreiben und sie je nach Grad der Abweichung von der ursprünglichen Bedeutung als semantisch variant oder invariant festlegen können. Denn Abweichungen scheinen grundsätzlich bei jeder der hier zur Diskussion stehenden Transformationen vorzukommen, selbst bei denjenigen, bei denen Helbig und Schenkel die semantische Invarianz als gewahrt ansehen. In Bsp. (3) (Er aß sein Brot in der Schule) etwa hat die Adverbialbestimmung "in der Schule" eindeutig lokalen Charakter, während die Transformation "als er in der Schule war" ein temporales Element enthält. Der Unterschied wird deutlich bei der Rückfrage

- zu (3): Wo aß er sein Brot?
- zu (3 b): Wann aß er sein Brot?

Der Bruch der semantischen Invarianz läßt sich hier sicherlich - wie Helbig und Schenkel ja auch andeuten (HuS 1973, 39) - als regelmäßig auftretende Veränderung rechtfertigen, da - lt. Steinitz - subjektbezogene Adverbialien auf Temporalsätze zurückgehen (Steinitz 1969, 34 f). Er müßte dann aber deutlich als erlaubter Abweichungsgrad von anderen, nicht erlaubten Abweichungen unterschieden werden.

In der gegebenen Form erscheint der Reduktionstest also wenig geeignet, die valenzgebundenen Glieder eindeutig von den freien Angaben zu trennen. Da er keineswegs ausreichend systematisiert und formalisiert ist, sondern global und undifferenziert "Bedeutungsveränderungen" als wesentliches Entscheidungskriterium zuläßt, genügt er nicht den Ansprüchen, die an ein streng formal-strukturelles Vorgehen zu stellen sind.

2.132 Der Eliminierungstest

Der Eliminierungstest, der die obligatorischen von den fakultativen Mitspielern scheidet, scheint die Forderungen der formalstrukturellen Analyse besser zu erfüllen. Er läßt sich relativ mechanisch und konsequent in der OS anwenden: kann ein bereits als valenzgebunden qualifiziertes Satzglied ohne Gefahr für die Grammatikalität des Satzes weggelassen werden, so ist es fakultativ; kann es nicht weggelassen werden, ist es obligatorisch. Daß sich jedoch auch dieser Test nicht immer problemlos durchführen läßt, zeigt das folgende Beispiel:

(9) Mutter putzt die Fenster.

Helbig und Schenkel klassifizieren "putzen" als obligatorisch zweiwertiges Verb (HuS 1973, 115). Sie müssen also davon ausgehen, daß bei der Eliminierung des Objekts der Satz ungrammatisch wird.

(9 b) Mutter putzt.

Zwar mag durch die Eliminierung eine Bedeutungsverengung eingetreten sein, die nur noch das Reinigen von Räumen bezeichnet und nicht auch das Säubern anderer Gegenstände. Dennoch ist m.E. der Satz (9 b) eindeutig ein grammatisch korrekter Satz, das Objekt also ein fakultativer Mitspieler.

Da die Grammatikalität des Satzes das wesentliche Kriterium für die Weglaßbarkeit darstellt, schließt also auch der Eliminierungstest "ein gewisses Maß an Idealisierung ein". Denn der Begriff der "Grammatikalität" ist nur "intuitiv gesichert", wenn er auch "durch den täglichen Gebrauch sowie die Befragung zahlreicher Informanten zumindest intersubjektiv bestätigt werden kann" (HuS 1973, 68). Damit aber unterliegt die Effektivität auch dieses scheinbar so formalen Tests letztlich dem auf sprachlicher Intuition beruhenden Urteil des kompetenten Sprechers[1].

2.133 Zusammenfassung

Wie sich gezeigt hat, können die von Helbig und Schenkel verwendeten Tests zur Abgrenzung der einzelnen Satzglieder nicht voll befriedigen. Das gilt insbesondere für den Reduktionstest, der nicht formalisiert ist und dessen Effektivität von nicht näher differenzierten "Bedeutungsveränderungen" und damit letztlich von der sprachlichen Intuition der Sprecher abhängt. Das gilt in gewissem Umfang auch für den Eliminierungstest, der mit der Einbeziehung der "Grammatikalität" ebenfalls die sprachliche Intuition zum Entscheidungskriterium macht. Um diese Mängel zu überwinden, wurde mehrfach der Versuch unternommen, das Problem der Abgrenzung auf andere Weise zu lösen. Ich gehe im folgenden auf drei unterschiedliche Modifizierungsvorschläge ausführlicher ein.

2.2 Modifizierungsvorschläge

2.21 Rosengren

Da die Hauptschwierigkeit der Abgrenzung darin besteht, zwischen den fakultativen Mitspielern und den freien Angaben zu differenzieren, zwischen Gliedern also mit unterschiedlichem syntaktischen Status, die jedoch identisch sein können und beide weglaßbar sind, versucht Rosengren dem "Problem der fakultativen Valenz" mit anderen als den von Helbig und Schenkel zugrundegelegten Kriterien beizukommen. Rosengren unterscheidet zwischen einer "syntaktischen

---

1 So auch Tarvainen (1973,16). Biere unterscheidet zwischen Grammatikalität, für die "nicht irgendein Sprecher der betreffenden Sprache, sondern die Grammatik selbst" Entscheidungsinstanz ist, und Akzeptabilität, "über die ein Sprecher aufgrund seiner Individualkompetenz zumindest eher Entscheidungen fällen [könnte] als über Grammatikalität" (Biere, 131). Eine solche Differenzierung verlagert das Problem der Beurteilung sprachlicher Erscheinungen nur, löst es jedoch nicht.

oder strukturellen Notwendigkeit" und einer "syntaktischen oder strukturellen Selektion" (Rosengren, 54; U.v.m.).

- Ein Glied ist strukturell notwendig, "wenn es nicht weggelassen werden kann, ohne daß der Satz ungrammatisch wird oder die Bedeutung des Verbs sich in einer spezifischen Weise ändert".
- Ein Glied wird vom Verb selektiert, "wenn es in einem Kasus steht, der direkt vom Verb determiniert wird oder von einer Präposition eingeleitet wird, die vom Verb syntaktisch verlangt wird".

Diese Einteilung bewirkt, "daß es notwendige Glieder gibt, die nicht vom Verb selektiert werden, und vom Verb selektierte Glieder, die nicht notwendig sind" (Rosengren, 54; U.v.m.).
So sind in dem Satz

(10) Er legt das Buch auf den Tisch.

alle Glieder notwendig, also nicht eliminierbar, aber nur Subjekt und Objekt vom Verb selektiert. Die Adverbialbestimmung kann durch irgendeine andere Raumergänzung ersetzt werden[1]. In dem Satz hingegen

(11) Er siegte über die Feinde.

sind beide Glieder vom Verb selektiert, aber nur das Subjekt ist notwendig, da das Präpositionalobjekt weggelassen werden kann.

Rosengren macht auf dieser Grundlage den Vorschlag, "den Valenzbegriff auf die notwendigen [...] Glieder [zu] beschränken und überall dort, wo ein Verb sowohl einwertig als auch zwei- oder mehrwertig auftreten kann, von einem Verb mit mehreren Wertigkeiten [zu] sprechen". "Diese Definition des Valenzbegriffs bedeutet, daß die selektierten Glieder nur dann zur Valenz des Verbs gehören, wenn sie notwendig sind" (Rosengren, 56). Eine solche Klassifikation der Verben löst das Problem der

1 Allerdings muß die Adverbialbestimmung immer im Akkusativ stehen. Insofern dürfte auch hier in gewissem Sinne eine Selektion vorliegen.

fakultativen Valenz nur scheinbar. Schwierigkeiten bereiten - wie schon bei Helbig und Schenkel - insbesondere die Adverbialbestimmungen.

Eine Adverbialbestimmung kann zwar ein notwendiges Glied sein, sie wird offenbar jedoch nie vom Verb selektiert, da ihr Kasus und ihre Präposition - lt. Rosengren - nicht vom Verb determiniert werden. Die Unterscheidung zwischen valenzgebundenen aber weglaßbaren Adverbialbestimmungen (bei Helbig und Schenkel "fakultativ") und freien Adverbialbestimmungen unterliegt somit nur noch den Kriterien für die Notwendigkeit (s.o.). Da beide Arten von Adverbialbestimmungen weggelassen werden können, ohne daß der Satz ungrammatisch wird, entscheidet letztlich über ihren Status allein die Feststellung, ob dabei "die Bedeutung des Verbs sich in einer spezifischen Weise ändert". Rosengren versteht darunter "einen regelmäßigen, bei allen Verben derselben Gruppe auftretenden Bedeutungsunterschied zwischen der jeweiligen einwertigen und mehrwertigen Verwendung des Verbs" (Rosengren, 56).

(12) Der Junge steht auf der Straße.
(12 b) Der Junge steht.

Während (12) den "Ort des Stehens" in das Geschehen mit einbezieht, bezeichnet (12 b) allein die "Art der Tätigkeit" (Rosengren, 53).

Dieser subtile Bedeutungsunterschied eignet sich kaum als - letztlich einziges - Abgrenzungskriterium.
- Vergleicht man (12) und (12 b) mit dem Satz

(12 c) Die Uhr steht.

so wird deutlich, daß (12) und (12 b) den gleichen Sachverhalt beschreiben, wenn auch mit unterschiedlicher Präzision. Der Sprecher kann deshalb zwischen beiden Sätzen wählen, ohne die Aussage wesentlich zu beeinträchtigen. (12 c) hingegen beschreibt einen von (12) und (12 b) verschiedenen Sachverhalt, der keine Auswahlmöglichkeit zwischen (12) oder (12 b) einerseits und (12 c) andererseits offenläßt. Aus semantischer Sicht ist deshalb m.E. eine Bedeutungsdifferenzierung zwischen (12) und (12 b) nicht zu rechtfertigen.

- Die hier zur Diskussion stehende "spezifische Weise" einer Bedeutungsveränderung dürfte aber - wenn überhaupt - auch dann als gegeben anzusehen sein, wenn statt eines fakultativen Mitspielers eine freie Angabe weggelassen wird.

  (13) Der Junge spielt auf der Straße.
  (13 b) Der Junge spielt.

  Nach Eliminierung der (freien, s.o.I, 2.131 (2)) Adverbialbestimmung, die in (13) den Ort des Geschehens angibt, bezeichnet das Verb in (13 b) die "Art der Tätigkeit". Dementsprechend wäre auch "spielen" - unabhängig von anderen Differenzierungen - sowohl als einwertig wie auch als zweiwertig einzustufen. Eine solche Klassifizierung ist m.E. jedoch nicht haltbar.

Rosengrens Modifizierungsvorschlag, durch eine zweistufige Klassifizierung der Satzglieder nach Notwendigkeit und Selektion die fakultative Valenz aufzulösen, bringt also keine wesentliche Verbesserung des Abgrenzungsverfahrens, da auch hier kaum differenzierbare Bedeutungsveränderungen letztlich das wesentliche Unterscheidungskriterium darstellen.

2.22 Andresen

Da bei der Bestimmung der Notwendigkeit von Satzgliedern immer wieder undifferenzierte, nur mit sprachlicher Intuition zu erfassende Bedeutungen bzw. Bedeutungsveränderungen eine Rolle spielen, versucht Helga Andresen ausschließlich "syntaktisch-morphologische Kriterien zur Abgrenzung von E [Ergänzungen] und A [Angaben] zu gewinnen", die einem "intersubjektiv nachvollziehbaren Prüfverfahren" standhalten (Andresen, 50). Ausgangspunkt ihrer Untersuchungen sind die Beziehungen zwischen dem Verb und den Kasus seiner Ergänzungen, die schon bei Rosengren als "syntaktische oder strukturelle Selektion" eine Rolle spielten. Mit Hilfe eines morphologischen Kommutationsverfahrens, bei dem alle Satzglieder eines Satzes auf bestimmte Weise ausgetauscht werden, kann Andresen rein formal nachweisen, daß das Lexem eines Verbs die Kasus bestimmter Satzglieder determiniert, während es andere Satzglieder in ihrem Kasus nicht beeinflußt. Die in ihrem Kasus abhängigen Satzglieder nennt Andresen "Verbergänzungen", die morphologisch unabhängigen Satzglieder "freie Angaben" (Andresen, 55 ff).

Dieses relativ exakte und formal durchführbare Abgrenzungsverfahren muß jedoch unvollständig bleiben, da es sich nur - wie Andresen selbst ausdrücklich betont - auf nominale, weil flektierbare Satzglieder anwenden läßt. M.E. führt es allerdings auch bei einer Reihe von nominalen Gliedern, nämlich den Adverbialbestimmungen, nicht zu eindeutigen Ergebnissen. Andresen gibt vor allem Beispiele mit temporalen Adverbialbestimmungen, die in unterschiedlichen Kasus in jedem Satz alternativ auftreten können, also von der Rektion des Verbs nicht berührt werden und deshalb als freie Angaben einzustufen sind.

(14) Er arbeitet den ganzen Tag /am Sonntag/ des morgens.

Ein solcher alternativer Austausch ist bei den Lokalbestimmungen anscheinend nicht oder nur selten möglich.

(14 b) Er arbeitet in dem Büro.
(14 c)+ Er arbeitet in das Büro.

Obwohl hier durch eine Kasusänderung ein ungrammatischer Satz entsteht - bei Andresen ein Zeichen dafür, daß es sich bei dem entsprechenden Satzglied um eine Verbergänzung handelt - ist die Adverbialbestimmung von Satz (14 b) eine freie Angabe.

Andresen zieht aus dem Versagen ihrer rein formalen Methode bei den nicht-nominalen, insbesondere adverbialen Ergänzungen den Schluß, daß bei ihnen "eine andere Art von 'Valenz' zugrundeliegt. Sie beruht ausschließlich auf semantischen Verhältnissen, denen keine Kriterien im morphologischen Bereich zuzuordnen sind". Als Alternative sieht sie "eine durchgängige Unterscheidung der E und A nach genau angebbaren semantischen Kriterien, die sowohl auf kasuelle wie auf adverbiale Glieder zutreffen" (Andresen, 59 f).

2.23 Arbeitsgruppe Marburg

Nach Auffassung der Arbeitsgruppe Marburg können die Schwierigkeiten bei der Abgrenzung von Ergänzungen und Angaben behoben werden, wenn man die Wahl des "Satzes" als Bezugsgröße für die syntaktischen Operationen aufgibt. "Ändert man den Eliminierungstest so ab, daß er in zwei Schritten, sc. auf Satz- und Textebene, operiert, dann lassen sich alle Ergänzungskategorien durch ein einheitliches Verfahren gewinnen. Danach kann man die 'fakultativen' Ergänzungen als <u>textobligatorische</u>, die 'obligatorischen' Ergänzungen als <u>satzobligatorische</u> auffassen" (Arbeitsgruppe, 14 f; U.v.m.).

(15) (Kontext: Fritz will abends den Hund füttern)
Er bringt das Fleisch.

(16) Er begegnet ihm.

(16 b) +Er begegnet.

In (15) kann das Objekt "dem Hund" weggelassen werden, da es durch den Kontext ergänzt wird, also textobligatorisch ist. In (16) hingegen ist das Objekt "ihm" satzobligatorisch, es kann also nicht weggelassen werden, weil sonst ein ungrammatischer Satz wie (16 b) entsteht (Arbeitsgruppe, 15).

Dieses Abgrenzungsverfahren läßt in der gegebenen Form eine Reihe von Fragen offen und mehrere Probleme ungelöst. Da der Kontextbegriff nicht geklärt wird, gehe ich der Einfachheit halber davon aus, daß der <u>sprachliche</u> Kontext gemeint ist. Ferner geht aus der Darstellung nicht eindeutig hervor, ob das Verfahren sich nur auf die valenzgebundenen <u>EV</u> bezieht oder ob es alle Satzgliedkategorien einschließt[1]. Denn einerseits wird von der Abänderung des Eliminierungstests gesprochen, der ja bei Helbig und Schenkel nur die EV betrifft, und auch die Beispiele berücksichtigen nur fakultative und obligatorische Ergänzungen, jedoch keine freien Angaben. Andererseits jedoch sollen mit dem Verfahren "alle Ergänzungskategorien" gewonnen werden können, also anscheinend auch die freien Angaben, die von der Arbeitsgruppe "Ergänzungen freier Art" genannt werden (Arbeitsgruppe, 15).

Sollte die Vermutung zutreffen, daß sich das Verfahren nur auf die valenzgebundenen EV bezieht, dann muß der Reduktionstest als gegeben vorausgesetzt werden. In diesem Fall gelten die gleichen Einwände, die bereits in I, 2.131 gegen diesen Test vorgebracht wurden, der im übrigen von der Arbeitsgruppe selbst kritisiert wird (14 Anm. 77). Die Aufteilung in text- und satzobligatorische Ergänzungen wäre demnach nichts anderes als eine formalisierte Darstellung der Tatsache, daß die Differenzierung zwischen obligatorischen und fakultativen Mitspielern "vom Kontext abhängig" ist (so HuS 1973, 39).

Wahrscheinlicher ist es jedoch, daß das Verfahren der Abgrenzung aller, also auch der freien Satzglieder dienen soll. Diesen Zweck scheint es jedoch keineswegs zufriedenstellend zu erfüllen.

- Es werden keinerlei Angaben darüber gemacht, wie methodisch verfahren werden soll, um den Status der Satzglieder als satzobligatorisch, textobligatorisch oder frei zu bestimmen.

- Es wird nicht deutlich, nach welchen Kriterien außer der sprachlichen Intuition die Glieder als textobligatorisch oder nicht textobligatorisch qualifiziert werden. Wie Bsp. (15) zeigt, ist der Satz "Er bringt das Fleisch" auch ohne die beiden im Kontext vorgegebenen Glieder "abends" und "den Hund" ein grammatisch korrekter Satz. Die Grammatikalität kann also nicht Kriterium für die Weglaßbarkeit

---

1 Die Arbeitsgruppe bezieht sich in diesem Zusammenhang auf Helbig (1970) und (1971 a), die im wesentlichen in HuS (1973) übernommen wurden.

sein. Satz (15) ist sogar ohne jeden Kontext nicht nur ein grammatisch korrekter, sondern auch ein verständlicher Satz, der eine bis zu einem gewissen Grade vollständige Information liefert. Sicherlich ist bei fehlendem Kontext der Informationsgehalt geringer als bei gegebenem Kontext. Das gilt jedoch gleichermaßen für beide Satzglieder, für die freie Umstandsangabe "abends" und für das fakultative Objekt "den/dem Hund". Unter kommunikativen Gesichtspunkten müßten deshalb auch beide Glieder in gleicher Weise als textobligatorisch oder nichttextobligatorisch eingestuft werden. Wahrscheinlich ist dem Dativobjekt sogar ein geringerer Informationswert einzuräumen als der Adverbialbestimmung, da es in gewissem Rahmen schon in der semantischen Struktur des Verbs "geben" angelegt ist und auch bei Nicht-Realisierung intuitiv als "Leerstelle" mitempfunden wird.

- Da offensichtlich aber nur fakultative Mitspieler und nicht auch freie Angaben als "textobligatorisch" angesehen werden und da außer der sprachlichen Intuition keine Kriterien für eine solche Klassifizierung vorzuliegen scheinen, muß bei der Anwendung des Verfahrens die Unterscheidung zwischen fakultativ und frei als gegeben vorausgesetzt werden. Diese Unterscheidung soll jedoch gerade durch das Verfahren erst getroffen werden.

Das von der Arbeitsgruppe Marburg aufgezeigte, in Form und Inhalt höchst unvollkommene Verfahren zur Abgrenzung der Satzglieder trägt also in keiner Weise neue Aspekte oder wesentliche Verbesserungen zu dem Modell von Helbig und Schenkel bei.

2.24 Andere Autoren (Emons, Biere)

Auch andere Autoren haben das Problem der Abgrenzung - meist operational - zu lösen versucht. Emons (1974, 62 ff) und Biere (1976) geben eine Übersicht und eine kritische Wertung der einzelnen Ansätze. Emons kommt dabei zu dem Schluß, "daß es anscheinend nicht möglich ist, eindeutige operationale Kriterien zu gewinnen, die [...] zu einer befriedigenden Unterscheidung von E und A führen" (Emons, 101). "Die theoretischen Probleme gerade der fakultativen E sind bisher noch nicht gelöst, eine

Valenzbeschreibung [...] wird daher in diesem Punkt nicht ohne Berufung auf eine aufgeklärte Intuition auskommen können" (Emons, 105). Biere möchte deshalb "den Zusammenhang zwischen unserer sprachlichen Intuition und den Aussagen wissenschaftlicher Theorien" systematischer geklärt wissen und erhebt damit "die Forderung nach einer besseren Theorie der sprachlichen Kompetenz" (Biere, 167).

2.3 Zusammenfassung und Fazit

Im Unterschied etwa zu Tesnière, Erben und Grebe stellen Helbig und Schenkel ein differenziertes, nur an formalen Gegebenheiten orientiertes Modell vor, das die Valenz des Verbs als eine rein syntaktische Beziehung zu beschreiben und abzugrenzen versucht. Da Helbig und Schenkel jedoch keine der formalen Anlage des Modells adäquaten Operationen finden, mit denen sich diese Beziehungen exakt genug bestimmen lassen, kann insbesondere die Abgrenzung nicht überzeugend gelingen. So müssen Helbig und Schenkel mehrfach die rein formale Ebene verlassen und auf undifferenzierte "Bedeutungen" bzw. "Bedeutungsveränderungen" als Entscheidungskriterien zurückgreifen[1]. Selbst der vorwiegend formal durchführbare Eliminierungstest setzt die sprachliche Intuition als Entscheidungsinstanz voraus. Die in ihrer Qualität unterschiedlichen Modifizierungsversuche von Rosengren, Andresen, der Arbeitsgruppe Marburg u.a. können die Mängel des Modells nicht beheben. Es hat also "den Anschein, daß wir in der Valenztheorie ohne Berücksichtigung des gedanklichen Inhalts der vom Verb gebildeten Wortfügung (traditionell als Bedeutung des Verbs bezeichnet) nicht auskommen" (Klimonow 1970, 305).

Es bietet sich somit an - und Andresen weist explizit darauf hin - die Untersuchung zur Abgrenzung und Realisierung der Valenzbeziehungen nach semantischen Kriterien durchzuführen. Zwar geben Helbig und Schenkel zu Recht zu bedenken, daß auch eine Theorie, "die die Valenzbeziehungen der Oberflächenstruktur aus semantischen oder relationslogischen Begriffen der Tiefenstruktur zu <erklären> meint", um die Intuition nicht herumkommt (HuS 1973, 68). Eine solche Theorie ist jedoch in der Lage,

1 So auch Tarvainen (1973,15 Anm. 1).

Bedeutungen und Bedeutungsveränderungen differenzierter zu erfassen und zu beschreiben und sie systematischer zu nutzen. Das gilt für die grundlegende Trennung zwischen valenzgebundenen und nichtvalenzgebundenen Gliedern ebenso wie für die Abgrenzung der obligatorischen und fakultativen Valenz, die dadurch semantisch fundiert und einsichtiger gemacht werden kann. Durch eine semantische Analyse lassen sich vor allem die Ursachen der variablen Realisierung der Valenz ermitteln, über die bei den meisten Autoren - wenn überhaupt - nur andeutungsweise gesprochen wird. Gerade die Kenntnis der Ursachen einer möglichen oder nicht möglichen Eliminierung von Satzgliedern vermittelt einen tieferen Einblick in das Wesen der Valenzbeziehungen.

Der Eliminierungstest spielt auch in diesem Zusammenhang weiterhin eine Rolle. Er ist jedoch nicht mehr die allein entscheidende Probe zur Differenzierung von obligatorisch und fakultativ, sondern vielmehr ergänzendes Korrektiv der semantischen Analyse.

3 Die Valenz als semantische Beziehung der SS

3.1 Fillmores "case grammar" als Vorstufe eines semantischen Valenzmodells

3.11 Grundlagen und Aufbau

Fillmore hat als erster den Versuch unternommen, den von Tesnière vorgegebenen Weg, die Valenz als eine Erscheinung der "begrifflich-universalen Ebene" (HuS 1973, 64) aufzufassen, weiterzuverfolgen und die semantischen Beziehungen zwischen einem Verb und den Nomen seiner Umgebung systematisch zu beschreiben. Obwohl bei Fillmore nicht das Verb das strukturelle Zentrum des Satzes bildet, werden die zwischen ihm und seiner nominalen Umgebung bestehenden Beziehungen "immer mit dem Blick auf das Verb" definiert (Lewandowsky I 1973, 305). Fillmores "case grammar" kann deshalb als Vorstufe für ein semantisches Valenzmodell betrachtet werden.

Laut Fillmore besteht der Satz in seiner Basisstruktur aus einem "verb and one or more noun phrases, each associated with the verb in a particular case relationship. [...] Each case relationship occurs only once in a simple sentence" (Fillmore 1968 a, 21). Diese "case"-Beziehungen, die als universale Bedeutungseinheiten in der semantischen Struktur (SS) angesiedelt sind, haben syntaktische Funktion, d.h. nach ihren verschiedenen möglichen Kombinationen lassen sich die Satztypen einer Sprache definieren und gleichzeitig die Verben, die in diese Satztypen eintreten können, klassifizieren. Um diese "case"-Beziehungen in Reinform darstellen zu können, trennt Fillmore die "proposition, a tenseless set of relationships involving verbs and nouns" von der im gegebenen Zusammenhang unwesentlichen "modality, [i.e.] such modalities on the sentence -as-a-whole as negation, tense, mood, and aspect" (Fillmore 1968 a, 23; U.v.m.). Die "proposition" enthält also ein Verb und einen oder mehrere "cases", wobei "cases" verstanden werden als "a set of universal, presumably innate, concepts which identify certain types of judgements human beings are capable of making about the events that are going on around them" (Fillmore 1968 a, 24).

Fillmore führt - wie er anmerkt, keineswegs vollständig - die folgenden "cases" auf:

- "Agentive (A), the case of the typically animate perceived instigator of the action."
- "Instrumental (I), the case of the inanimate force or object causally involved in the action."
- "Dative (D), the case of the animate being affected by the state or action."
- "Factitive (F), the case of the object or being resulting from the action or state."
- "Locative (L), the case which identifies the location or spatial orientation of the state or action."
- "Objective (O), the semantically most neutral case; [...] should be limited to things which are affected by the action or state."

(Fillmore (1968 a, 24 f); Definitionen gekürzt).

Ein "benefative 'case' (B)" (S. 26 Anm. 34 oder S. 32), ein "case" "T (for time)" (S. 32) oder andere mögliche Kategorien wie "Manner" (M) und "Extent" (S. 16) werden in Fillmore (1968 a) nur am Rand erwähnt[1].

Unterschiedliche "case"-Kombinationen, die Fillmore "case frames" nennt, bilden die Grundlage für die Selektion und Klassifikation der Verben. So würde beispielsweise das Verb "run" dem "case frame" [—— A] zugeordnet werden können, das Verb "open" dem "case frame" [—— O + A] , das Verb "give" dem "case frame" [—— O + D + A] etc. Da viele Verben in mehrere unterschiedliche "case frames" eingesetzt werden können, bspw. "open" u.a. in

[—— O] (17) The door opened.

---

1 Fillmore hat seine "cases" mehrfach geändert. So wurden in Fillmore (1970, 116) alle "case"-Definitionen neu gefaßt, einige "cases" durch andere ersetzt und wieder andere neu hinzugefügt. Fillmore (1971b,42 ff) enthält wieder eine andere Neufassung und Besprechung der "cases". Ich halte es nicht für erforderlich, im vorliegenden Zusammenhang auf die verschiedenen Versionen einzugehen.

[—— O + A] (18) John opened the door.
[—— O + I] (19) The wind opened the door.
(Beispiele: Fillmore 1968 a, 27)

verwendet Fillmore zur Vereinfachung des Systems für diese Verben jeweils einen gemeinsamen "case frame", in dem alle potentiellen "cases" enthalten und die nicht in allen "case frames" auftretenden "cases" als optional entsprechend gekennzeichnet sind, im Falle von "open" also [—— O (I) (A)] (Fillmore 1968 a, 27).

3.12 Besonderheiten der "cases"

Die Darstellung der "cases" und ihrer strukturellen Funktion hat deutlich werden lassen, daß das "case"-Modell von Fillmore nicht auf einseitigen, vom Verb ausgehenden Valenzbeziehungen basiert, sondern vielmehr auf sich gegenseitig bedingenden Beziehungen zwischen dem Verb und den Nomen seiner Umgebung. Einerseits bestimmt das Verb den Charakter der jeweiligen "cases", andererseits aber legen die "cases" in ihren verschiedenen Kombinationen den Charakter der Verben fest. Man könnte hier von "statischen" Beziehungen sprechen, im Gegensatz zu den "dynamischen", allein vom Verb ausgehenden Beziehungen im Sinne der Valenz. In einem späteren Aufsatz (Fillmore 1970) versucht Fillmore "statische" und "dynamische" Beziehungen miteinander zu verbinden, indem er der semantischen "case structure" eine logische "predicate structure" vorschaltet. D.h. die Umgebung eines Prädikats (= Verbs) ist durch bestimmte logische Relationen bereits vorstrukturiert, wenn die Argumente ihre "Rollen" zugeteilt bekommen und dadurch zu "cases" werden (Fillmore 1970, 114 ff; 1971b,37). Hier nähert sich die Kasusgrammatik der auf logischen Elementarbeziehungen aufbauenden generativen Semantik an, wie sie von Mc Cawley (1968), G. Lakoff (1971 a) (1971b), Postal (1971) u.a. vertreten wird. (Vgl. dazu insbesondere Abraham/Binnick (1972)).

Wie sich bei einer Realisierung aller denkbaren "case"-Kombinationen herausstellt, weisen die "cases" eine unterschiedliche Kombinationsfähigkeit auf, die eine Einteilung in primäre und sekundäre "cases" rechtfertigt: alle "case frames" enthalten zumindest einen Agentive, einen Dative/Benefactive oder einen Objective/Factitive[1]. Hingegen scheint es keinen "case frame" zu geben, in dem ausschließlich Locative-,Temporal- oder Manner-"cases" vorkommen. In dieser offensichtlich grundlegenden Differenzierung findet sich Tesnières Einteilung in "actants" und "circonstants" wieder. Allerdings geht Fillmore deutlich über Tesnières Konzeption hinaus, indem er auch sekundäre "cases" als satzkonstituierend in einem "case frame" zuläßt, während Tesnière die "circonstants" grundsätzlich nicht zur Valenz des Verbs rechnet.

Ein wesentliches Merkmal aller "cases" ist es, daß man von ihrer semantischen Beschaffenheit nicht darauf schließen kann, welche Form und syntaktische Position sie in der OS einnehmen. In den Sätzen

(20) The key opened the door.
(21) John opened the door with the key.

ist "key" semantisch gesehen beide Male "Instrumental", syntaktisch gesehen jedoch in (20) Subjekt und in (21) Umstandsbestimmung der Art und Weise (Fillmore 1968 a, 25). Es bedarf also bestimmter Überführungsregeln, aufgrund derer die semantische Struktur in der OS realisiert werden kann.

3.13 OS-Realisierung der "cases"

Die Überführung der semantischen Struktur in die OS bereitet der Kasusgrammatik wie überhaupt jedem auf semantisch-logischen Beziehungen basierenden Grammatikmodell Schwierigkeiten, und zwar in zweifacher Hinsicht: Es ist zu klären

- welche syntaktische Position ein "case" in der OS einnimmt.
- welcher "case" grundsätzlich in der OS realisiert werden muß (obligatorisch) und welcher nicht unbedingt realisiert zu

---

1 D und B sowie O und F werden als alternative "cases" angesehen. Der I nimmt eine Sonderstellung ein. Vgl. dazu I, 3.232 (3).

werden braucht (fakultativ).

Fillmore befaßt sich in Fillmore (1968 a, 31 ff) nur mit dem ersten Problem, löst es jedoch nicht sehr überzeugend. Bei der Vielfalt der Repräsentationsmöglichkeiten in der OS bieten die ungeordneten, zumindest aber in der Anordnung der "cases" keiner einsichtigen und begründeten Regelmäßigkeit folgenden "case frames" so gut wie keine Anhaltspunkte für exakte Überführungsregeln. Deshalb basieren Fillmores Regeln weniger auf schlüssiger Beweisführung als vielmehr auf vorsichtig formulierten Annahmen. Vor allem aber bleiben sie unbegründet. Das wird u.a. deutlich bei der wichtigsten, nämlich der <u>Subjektregel</u>, die Fillmore wie folgt einführt: "Every English sentence has a surface subject, if only formally so. For most combinations of cases there is a 'preferred' or 'unmarked' subject choice; for some there is no actual choice - the subject is uniquely determined. In general the 'unmarked' subject choice seems to follow the following rule: If there is an A, it becomes the subject; otherwise, if there is an I, it becomes the subject; otherwise, the subject is the O" (Fillmore 1968 a, 33).

Offen bleibt, <u>warum</u> es eine "bevorzugte" Subjektwahl gibt und aufgrund welcher <u>Kriterien</u> diese Gesetze aufgestellt werden. Im übrigen muß die Regel in Bezug auf D unvollständig bleiben, da die Subjektwahl bei Verben, die in den "case frame" [—— O + D] eingesetzt werden können, offensichtlich nicht eindeutig festzulegen ist: "please, belong" etc. wählen O als Subjekt, "like, want" etc. wählen D. Fillmores Begründung dafür fällt entsprechend vage aus: "For many of the verbs which 'take' more than one case category, the one which contributes the subject is indicated by the verb itself" (Fillmore 1968 a, 40). In (1971b, 42) führt Fillmore die "cases" in einer bestimmten hierarchischen Reihenfolge auf, nach der sich die Subjektwahl in der OS richtet. Die Motive für die Anordnung und die Ursachen der Subjektwahl werden jedoch auch hier nicht genannt.

Auf das zweite Problem der variablen OS-Realisierung, auf das es im Rahmen dieser Untersuchung besonders ankommt, geht Fillmore in (1970, 118 ff) ein. Ähnlich wie auch Helbig und Schenkel (HuS 1973, 62) stellt Fillmore fest, daß zwischen der "case"- bzw. "predicate"-Struktur und der OS keine 1:1 Entsprechung besteht. Nicht jeder "case" muß also stets obligatorisch in der Oberfläche realisierbar werden. Dafür kann es - laut Fillmore - verschiedene Gründe geben:

- Der Sprecher hat die Absicht, sich unbestimmt auszudrücken.
- Im Kontext vorerwähnte Tatsachen brauchen nicht wiederholt zu werden.
- Der Inhalt eines "case" kann Teil der Verbbedeutung sein (Fillmore 1970, 120).

Die beiden erstgenannten Gründe bezeichnen augenscheinlich pragmatische Einflüsse auf die OS des Satzes, die die semantische "case"- bzw. "predicate"-Struktur nicht berühren. Der letztgenannte Grund hingegen ist rein semantischer Natur. Die variable OS-Realisierung wird hier - im deutlichen Gegensatz zu Helbig und Schenkel (1973, 35 ff) - auf bestimmte Gegebenheiten in der SS zurückgeführt. Allerdings bezieht sich Fillmore nur auf Verben, bei denen ein inneres Objekt so sehr mit der Verbbedeutung verschmolzen ist, daß es nicht mehr in der OS erscheinen kann ("dine" aus "eat dinner"), oder auf Verben mit einem Instrumental-"case", der grundsätzlich in der OS eliminierbar ist.

3.14 Zusammenfassung

Das Kasusmodell von Fillmore leistet einen wesentlichen Beitrag zur Formalisierung der semantischen Beziehung im Satz. Es beschreibt im einzelnen Art und Wesen dieser Beziehungen, die Häufigkeit ihres Vorkommens und ihre strukturelle Funktion. Bedeutungen oder Bedeutungsunterschiede sind damit nicht mehr nur pauschale, undifferenzierte Größen, sondern bis zu einem gewissen Grade lokalisierbare und strukturierbare Einheiten.

Allerdings konnte bisher weder von Fillmore noch von anderen Autoren eindeutig geklärt werden, "aufgrund welcher Kriterien zu entscheiden ist, ob eine bestimmte semantische Qualität als

Kasuskategorie beschrieben werden muß oder nicht. Die Tatsache, daß die Kasusstruktur von Fillmore gegenüber anderen Bedeutungselementen völlig unformal und in gewisser Weise auch unpräzise abgegrenzt wird, erschwert diese Frage ebenso wie andere, z.B. welches Verhältnis zwischen Kasus und Selektionsmerkmalen besteht, [...] wie das Verhältnis zu jenem Bereich der Bedeutung ist, der sich im Rahmen der Komponentialanalyse beschreiben läßt" (Abraham 1971, 188).

Weitere Probleme ergeben sich vor allem bei der Überführung der semantischen Strukturen in die OS. Fillmores Ansatz bietet keine Basis für schlüssige und begründete Formationsregeln. Seine Hinweise auf mögliche Ursachen für eine variable OS-Repräsentation der semantischen Grundstrukturen gehen jedoch über die bei den meisten Autoren als einzige angeführten pragmatischen Einflüsse hinaus, indem sie auf die Korrelation von Verbbedeutung und OS-Realisierung aufmerksam machen. Dieser - wie mir scheint - für die variable OS-Realisierung semantischer Strukturen wesentliche Aspekt wird zu einem späteren Zeitpunkt eingehender zu untersuchen sein (S.u. I, 3.32).

Andere Autoren haben inzwischen das System der Tiefenkasus weiterentwickelt und es ihren eigenen Vorstellungen und Intentionen entsprechend abgeändert und nutzbar gemacht[1]. Von all diesen Ansätzen scheint einer für die Untersuchung zur Abgrenzung der obligatorischen und fakultativen Valenz des Verbs auf semantischer Grundlage besonders geeignet zu sein: das "semantische Valenzmodell" von W. Chafe. Das folgende Kapitel geht deshalb ausführlich auf dieses Modell ein.

---

1 Da eine eingehende Darstellung und Wertung der einzelnen Ansätze Rahmen und Zielsetzung dieser Arbeit bei weitem Überschreiten würde, sei nur verwiesen auf Robinson (1969), Anderson (1971a), Nielsen (1972) (1973), Simmons (1973), Schank (1973), Wilks (1973), Oksaar (1976). Vgl. insbesondere auch die kritische Darstellung verschiedener Ansätze in Samlowski (1976).

3.2 Das semantische Valenzmodell von Chafe

3.21 Grundlagen der Verbklassifizierung

Auch Chafe baut sein Valenzmodell auf den semantischen Beziehungen auf, die zwischen einem Verb und den Nomen seiner Umgebung bestehen. Ein wesentlicher Unterschied zwischen seinem Modell und dem Fillmores liegt im Ansatz: Während bei Fillmore die "cases" bzw. die "case frames" die strukturelle Satzbasis bilden, steht bei Chafe - wieder ganz im Sinne der Tesnière'schen Valenz - ausdrücklich das Verb im Zentrum des Satzes[1]. "It is the verb which dictates the presence and character of the noun" (Chafe 1970,97). Das bedeutet im einzelnen: Das Verb ist verantwortlich:

- für das Vorhandensein bestimmter Nomen[2] ("nouns") in seiner Umgebung.
- für die Beschaffenheit der semantischen Relationen ("relations") dieser Nomen zum Verb.
- für die semantische Spezifizierung dieser Nomen.

So bestimmt bspw. das Verb "laugh" in dem Satz

(22) The men laughed.

- daß es von einem Nomen umgeben ist.
- daß das Nomen in der semantischen Relation eines "agent" mit dem Verb verbunden und das Verb deshalb als "action" zu spezifizieren ist.
- daß das Nomen als "animate", vielleicht auch als "human" gekennzeichnet wird (Chafe 1970, 97).

Auch Chafe bedient sich also - ähnlich wie Helbig und Schenkel - einer mehrstufigen Klassifizierung, um die semantischen Beziehungen, die von einem Verb zu den Nomen seiner Umgebung ausgehen, möglichst komplex zu erfassen. Dabei spielt die Quantität als Klassifikationsstufe nur eine untergeordnete Rolle. Sie ergibt sich implizit aus der qualitativen Kategorisierung. Der semantischen Zielsetzung des Modells entsprechend liegt das Hauptgewicht der Klassifizierung vielmehr auf der Qualität der semantischen Beziehungen.

---

1 Allerdings bezieht sich Chafe an keiner Stelle ausdrücklich auf Tesnière und führt ihn auch im Literaturverzeichnis nicht auf.

2 Der Begriff "Nomen" wird hier und im folgenden ausschließlich für Substantive verwendet.

3.22 Spezifizierung der Selektionseinheiten

Die für die *Qualität* der Beziehungen zwischen Verb und Nomen verantwortlichen semantischen Einheiten nennt Chafe *Selektionseinheiten* ("selectional unit")[1]. Im einzelnen unterscheidet er zwischen den Selektionseinheiten des *Verbs* "action, process" etc. (Chafe 1970, 105 u. 108) und den Selektionseinheiten der *Nomen* "animate, human" etc. (Chafe 1970, 108 u. 114). Da er jedoch für beide Merkmalstypen den gleichen Begriff - nämlich Selektionseinheit - verwendet, wird der Eindruck erweckt, als handele es sich um Einheiten gleicher Qualität, als seien also beispielsweise "action" und "animate" auf derselben semantischen Ebene angesiedelt.

Abb. 1

	Verb	⟶	Nomen
	|		|
Selektionseinheiten:	"action"		"animate"

Sicherlich stehen beide Merkmalstypen in einer engen Beziehung zueinander, ihrem Wesen und ihrer Funktion nach sind sie jedoch von unterschiedlicher Beschaffenheit:

- *Die Selektionseinheiten des Verbs* "action, process" etc. sind die *verbalen* Elemente der grundlegenden semantischen Relationen zwischen dem Verb und den Nomen seiner Umgebung. Zusammen mit ihren *nominalen* Äquivalenten "agent, patient" etc., nach denen die semantischen Relationen benannt werden ("agent"-Relation, "patient"-Relation), stellen sie die Größen dar, an denen sich die semantischen Relationen manifestieren. Diese Relationen lassen sich in etwa mit der *syntaktischen* Distribution auf Stufe II des Modells von Helbig und Schenkel vergleichen. Zwar sind sie als globale *Bedeutungs*beziehungen *semantischen* Ursprungs und Charakters, sie haben jedoch im Rahmen der Satzbildung vorwiegend *strukturbildende* und damit syntaktische Funktion (vgl. dazu auch Bierwisch 1969, 72 oben). Einzeln oder

---

1 Chafe ersetzt in (1971 b,58) den Begriff "selectional unit" treffender durch "inherent feature".

in verschiedenen Kombinationen schaffen sie feste semantische Grundstrukturen und sind damit für das Gerüst, den konstruktiven Unterbau des Satzes verantwortlich.

V—————┐ [1]
action |
agent

- Die Selektionseinheiten der Nomen "animate, human" etc. hingegen, im Modell von Helbig und Schenkel etwa den Merkmalen der semantischen Distribution auf Stufe III vergleichbar, sind Merkmale einer über die Strukturbeziehungen hinausreichenden "Bedeutungscharakterisierung" (Katz/Fodor [1963]1970, 227). Sie beschreiben die spezifischen Eigenheiten der Nomen, die in der Umgebung eines Verbs vorkommen können, und beschränken dadurch die Selektion (vgl. dazu auch Bierwisch 1969, 71 oben). Ihnen entsprechen auf der Seite des Verbs bestimmte (von Chafe nicht erwähnte) modale Eigenmerkmale (z.B. "schnell, wiederholt" etc.), die den individuellen semantischen Gehalt des Verbs, d.h. den charakteristischen Ablauf des zugrundeliegenden Geschehens spezifizieren.

Es erscheint also zweckmäßig, die von Chafe global als "selectional unit" bezeichneten semantischen Einheiten weitergehend zu differenzieren, und zwar in

- strukturbildende Selektionseinheiten
  zu denen beim Verb die verbalen Relationselemente "action,

---

1 Die Formalisierung der semantischen Grundstrukturen entspricht - von geringfügigen Änderungen abgesehen - der Formalisierung bei Chafe. Im Unterschied zur Darstellung von Chafe (1970, 102 ff)

┌—————————┐
V   agent
action   N

lasse ich das N (für "noun") und meist auch die Geschehensbezeichnung (wie "action") weg. Denn bei einem nominalen Relationselement wie "agent, patient" etc. kann es sich grundsätzlich nur um ein Nomen handeln, und aus dem Vorhandensein und der Kombination der verschiedenen Relationselemente geht im allgemeinen die Verbklasse hervor.

process" etc., beim Nomen die nominalen Relationselemente "agent, patient" etc. zählen, und in

- bedeutungscharakterisierende Selektionseinheiten
  zu denen beim Verb die modalen Eigenmerkmale "schnell, wiederholt" etc., beim Nomen die semantischen Merkmale "animate, human" etc. zu rechnen sind.

Abb. 2

	Verb →	Nomen
Strukturbildende Selektionseinheiten	verb.Relationselement (z.B. "action")	nom.Relationselement (z.B. "agent")
Bedeutungscharakterisierende Selektionseinheiten	mod.Eigenmerkmal (z.B. "schnell")	sem. Merkmal (z.B. "animate")

Die strukturbildenden Selektionseinheiten und die bedeutungscharakterisierenden semantischen Merkmale der Nomen, die auch bei der Abgrenzung der obligatorischen und fakultativen Valenz eine wesentliche Rolle spielen, bilden das Kernstück der semantischen Verbklassifizierung im Modell von Chafe. Die folgenden Kapitel gehen deshalb näher darauf ein.

3.23 Die strukturbildenden Selektionseinheiten

3.231 Die Basisrelationen "agent" (AGT) und "patient" (PAT)

Chafe teilt die Verben nach den ihnen zugrundeliegenden Basisrelationen in vier Grundtypen ein[1]:

1. in "states"
   Drückt das Verb aus, daß sich ein Nomen in einem bestimmten Zustand befindet ("is said to be in a certain state or condition" (Chafe 1970, 98)), so wird

1 Auf die "ambient"-Relation der Witterungsimpersonalia gehe ich nicht näher ein. Vgl. Chafe (1970, 101 f).

- das Verb als "state"
- das zugehörige Nomen als "patient" (PAT) spezifiziert.

V
state
PAT

(23) The wood is dry[1].

2. in "processes"

Drückt das Verb aus, daß ein Nomen seinen Zustand geändert hat ("is said to have changed its state or condition", Chafe 1970, 100), so wird
- das Verb als "process"
- das zugehörige Nomen als "patient" spezifiziert.

V
process
PAT

(24) The wood dried.

3. in "actions"

Drückt das Verb aus, daß jemand etwas tut ("something which someone does") bzw. daß "etwas" eine Handlung ausführt ("something which performs the action", Chafe 1970, 100), so wird
- das Verb als "action"
- das zugehörige Nomen als "agent" (AGT) spezifiziert.

V
action
AGT

(25) Michael ran.

4. in "action-processes"

Drückt das Verb aus, daß jemand etwas anderem etwas tut ("someone who does something [...] to (or sometimes with) something", Chafe 1970, 100), so wird

1 Alle im folgenden aufgeführten englischen Beispiele wurden von Chafe übernommen. Die Fundstelle geht jeweils aus dem Zusammenhang hervor.

- das Verb als "action-process"
- ein Nomen als "agent"
- das zweite Nomen als "patient" spezifiziert.

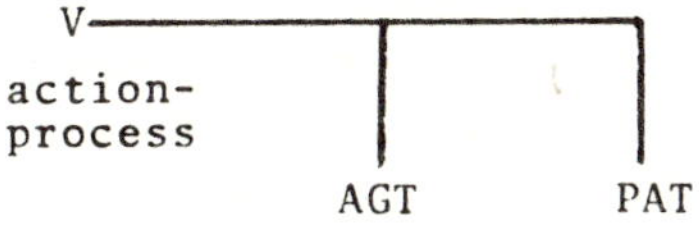

(26) Michael dried the wood.

Mit dieser "basic specification of a verb as a state, process, action or action-process" (Chafe 1970,144) wird ein Gerüst aus semantischen Grundstrukturen geschaffen, in das andere semantische Relationen integriert werden können. Den vier Grundstrukturen liegen nur zwei Basisrelationen zugrunde: ein AGT und ein PAT.

- Die Rolle des AGT, also derjenigen nominalen Größe, die eine Handlung ausführt, entspricht ziemlich genau der des "prime actant" bei Tesnière. Chafe scheint den AGT jedoch auch im Sinne Fillmores zu verstehen, der ihn - präziser formuliert - als Auslöser der Handlung bzw. des Ereignisses bezeichnet ("instigator of the action", Fillmore 1968 a, 24; "instigator of the event", Fillmore 1970, 116). Jedenfalls übernimmt Chafe Fillmores Definition kommentarlos und setzt sie seiner eigenen gleich (so Chafe 1970, 145).

- Die Rolle des PAT hingegen läßt sich weniger eindeutig festlegen. Seine Definition als diejenige Größe, die sich in einem bestimmten Zustand befindet oder deren Zustand sich geändert hat, ist sehr weit gefaßt und gibt seinen Charakter nur sehr ungenau und unbestimmt wieder. Sie enthält vor allem zwei voneinander abweichende, wenn auch nicht unverträgliche Komponenten: eine statische und eine dynamische, die den PAT uneinheitlich erscheinen lassen. Selbst Fillmore, der den entsprechenden "Object case" als eine Art "Papierkorb" verwendet und ihn deshalb ebenfalls sehr weit faßt ("the entity which moves or which undergoes change", Fillmore 1971 b,42), bezieht nur die dynamische Komponente mit ein, bleibt damit allerdings unvollständig.

Einleuchtender und treffender scheint mir die dem Wortsinn "patient" entsprechende Interpretation zu sein. Sie bezeichnet dann eine Größe, die "von einer Tätigkeit *betroffen* wird" (Paul 1958 III, 239), "qui *supporte* l'action" (Tesnière 1959, 108) oder "which [is] *affected* by the action or state" (Fillmore 1968 a,25; U.v.m.). Fillmore dürfte später von dieser Definition abgekommen sein und auch Chafe dürfte eine entsprechende Interpretation deshalb nicht explizit übernommen haben (implizit ist sie ja im Wort "patient" enthalten), weil sie sich im allgemeinen wohl auf das *Akkusativobjekt* der transitiven Verben bezieht, während bei Fillmore und Chafe der "Object case" bzw. der PAT auch Subjektposition einnehmen können. Da jedoch im vorliegenden Zusammenhang die *semantische* Qualität eines Nomens im Satz ausschlaggebend ist und nicht seine syntaktische Position, ziehe ich es vor, den PAT als die vom Geschehen "*betroffene*" Größe zu definieren und in diesem Sinne zu verwenden.

3.232 Andere semantische Relationen

Neben den Basisrelationen AGT und PAT führt Chafe noch fünf weitere Relationen auf, die mit diesen kombiniert werden können und die Verben entsprechend klassifizieren: die Relationen "experiencer", "beneficiary", "instrument", "complement" und "location".

(1) Der "experiencer" (EXP)

Jemand, der eine *mentale Erfahrung* ("mental experience", Chafe 1970, 145) macht, kann *nicht* als Auslöser einer Handlung angesehen werden. In der Umgebung eines entsprechenden "*experiential*" Verbs nimmt er deshalb die Rolle eines "*experiencer*" ein. Den Basisrelationen entsprechend teilt Chafe die "experiential" Verben ein in

- "states" (z.B. "know") V —— EXP, PAT

(27) Tom knew the answer.

- "processes" (z.B. "see") V —— EXP, PAT

(28) Tom saw the snake.

- "actions" (eigentlich "action-processes") (z.B. "show")

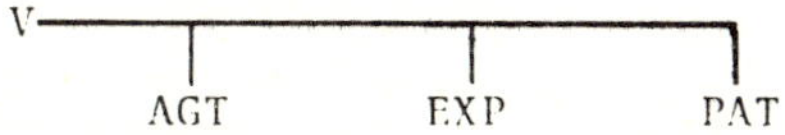

(29) Harry showed Tom the snake.

(Chafe 1970, 144 ff)

Bei den "actions" handelt es sich immer um kausativ abgeleitete "processes", da anscheinend nur Nicht-"actions" "experiential"-Qualität haben können (Chafe 1970, 146).

Mit der Einbeziehung der PAT-Relation in die Grundstruktur der "experiential" Verben wird das Wesen der mentalen Prozesse nur unzureichend erfaßt. Die betreffende nominale Größe befindet sich weder in einem vom Verb bezeichneten Zustand noch verändert sie ihren Zustand, noch kann man sie als vom Geschehen betroffen ansehen. Chafes Definition des PAT reicht also keineswegs aus, um die schwer faßlichen, abstrakten mentalen Prozesse befriedigend darzustellen.

Halliday untersucht und klassifiziert die "mental processes" nach anderen Gesichtspunkten (Halliday 1970, 153 f). Unter Verwendung seiner Darlegungen gehe ich in II, 1.2 ausführlich auf die Besonderheiten dieser Verben ein.

(2) Der "beneficiary" (BEN)

Jemand, dem ein Geschehen zum Nutzen gereicht, nimmt in der Umgebung eines "benefactive" Verbs die Rolle eines "beneficiary" ein ("the one who benefits from whatever is communicated by the rest of the sentence", Chafe 1970, 147)[1]. Der BEN entspricht in etwa dem "tiers actant" bei Tesnière, also derjenigen Größe, zu dessen Nutzen oder Schaden sich eine Handlung vollzieht (s.o. I, 1.1). Chafe faßt die BEN-Relation implizit ebenso weit wie Tesnière: Obwohl in dem Satz

1 In Fillmore (1968 a, 24) sind "experiencer" und "beneficiary" noch als "Dativ case" zusammengefaßt. Fillmore weist dort aber bereits auf einen potentiellen "benefactive case" hin (26 und 32).

(30) Tom lost the tickets.

"Tom" der Geschädigte ist, wird er von Chafe als "beneficiary" angesehen. Im Grunde wäre also zu unterscheiden zwischen einem "beneficiary" und etwa einem "maleficiary", je nach positiver oder negativer Auswirkung des Geschehens auf den entsprechenden Geschehensträger. Eine solche Differenzierung ist jedoch im gegebenen Zusammenhang nicht von Belang.

Wiederum klassifiziert Chafe die "benefactive" Verben nach den Basisrelationen in

- "states" (z.B. "own")

(31) Tom ownes a convertible.

- "processes" (z.B. "win")

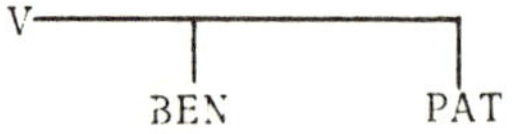

(32) Tom won the tickets.

- "action-processes" (z.B. "give")

(33) Mary gave Tom the tickets.

(Chafe 1970, 147 ff).

Auf einfache
- "actions" (z.B. "helfen")

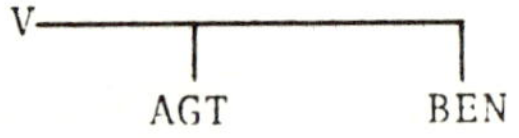

(34) Der Arzt hilft dem Kranken.

geht Chafe nicht ein.

Chafe verwischt nun diese relativ eindeutige Klassifizierung der "benefactive" Verben wieder, indem er die BEN-Relation auch als optionale Relation versteht, die jeder "action" hinzugefügt werden kann (Chafe 1970, 151)

(35) Mary knitted a sweater.

(35 b) Mary knitted Tom a sweater.

Eine solche optionale, in der semantischen Grundstruktur nicht präsente und deshalb frei verfügbare BEN-Relation, die in der OS dem "freien Dativ" (dativus commodi) entspricht, kann m.E. einer verbinhärenten und deshalb semantisch vorgegebenen BEN-Relation nicht gleichgesetzt werden (zu den optionalen Relationen im einzelnen s.u. I, 3.234).

(3) Der "instrument" (INST)

Der INST nimmt bei Chafe eine Sonderstellung ein. Er unterscheidet sich von den übrigen Relationselementen darin, daß er nicht vom Verb als "selectional unit" determiniert wird (Chafe 1970, 152 u. 164). Dadurch erhält er den Charakter einer optionalen Relation, die nie obligatorisch in der OS realisiert zu werden braucht[1]. Deshalb gibt es bei Chafe auch keine "instrumental" Verben in Anlehnung etwa an die "experiental" oder die "benefactive" Verben (Chafe 1970, 152).

Grundsätzlich tritt der INST in "action-processes" auf. Er spielt darin jedoch nicht die Rolle der Antriebskraft, des Verursachers oder Auslösers des Geschehens, sondern vielmehr die einer den AGT unterstützende Hilfsgröße ("subsidiary to the

---

1 Verben wie "gebrauchen, verwenden, benutzen" u.ä. sind Sonderfälle. Sie haben den Charakter eines "atomaren Prädikats" bzw. "Primitivprädikats" (Lakoff 1971a,73 ff) für instrumentale Beziehungen. Sie drücken nicht aus, daß das ihnen zugrundeliegende Geschehen mit Hilfe eines bestimmten Instruments durchgeführt wird, sondern daß bei anderen, außerhalb ihrer Bedeutung liegenden Geschehen ein Instrument verwendet wird:

(a) Zum Fensterputzen benutzt er einen Lappen.

(b) Er putzt die Fenster mit einem Lappen.

Der INST wird hier durch eine Verbalphrase (a) anstelle einer Präpositionalphrase (b) wiedergegeben (vgl. dazu auch Nielsen 1973, 14).

agent - something which the agent uses", Chafe 1970, 152).

(36) Tom opened the door with a key.

Allerdings lassen sich aus einigen "action-process" - Verben reine "process"-Verben ableiten, in denen der INST dann die Position des fehlenden AGT einnimmt

(37) The key opened the door.

Diese Fähigkeit des INST, ersatzweise AGT-Position zu übernehmen, erschwert seine Abgrenzung zum AGT, zumal Chafe diesem nicht nur - wie Fillmore noch (1968 a, 24) - das semantische Merkmal "animate", sondern darüberhinaus auch das Merkmal "potent" zuweist, das bspw. eine Maschine und u.U. sogar einen (herabfallenden) Felsbrocken als Handlungsauslöser zuläßt (Chafe 1970, 155). In Fillmore (1971 b) unterscheidet Fillmore zwischen einer "principle cause", dem AGT, und einer "immediate cause", dem INST, die jeweils einzeln oder auch gemeinsam als "case" auftreten können (Fillmore 1971b,43). Vollständige Klarheit über den INST ist jedoch auch mit diesen Kriterien nicht zu gewinnen.

Der umfassenden Problematik wegen muß eine genaue Spezifizierung der Rolle des INST einer eigenen Untersuchung vorbehalten bleiben[1]. Aufgrund seiner oben beschriebenen Besonderheiten läßt sich der INST jedenfalls kaum bzw. nur bedingt zu den Relationselementen rechnen. Ich beziehe ihn deshalb <u>nicht</u> mit in die <u>Grundstrukturen</u> ein.

<u>(4) Der "complement" (COMP)</u>

Wird aufgrund einer "action" etwas hervorgebracht, etwas geschaffen, so nimmt das Nomen, das das Geschaffene spezifiziert (traditionell "effiziertes Objekt"), die Rolle eines <u>"complement"</u> ein (Chafe 1970, 156)[2]. Diese Charakterisierung eines

---

1 Nielsen befaßt sich in (1973) besonders mit dem "Instrumental case". Auf Seite 13 f stellt er einige Besonderheiten dieses "case" zusammen.

2 Der COMP entspricht in etwa Fillmores "Factitive case" (Fillmore 1968 a, 25), den Fillmore später in "Result" (Fillmore 1970, 116) und dann in "Goal" (Fillmore 1971b, 42 ff) umbenannte.

"completable" Verbs wird dadurch modifiziert, daß Chafe den COMP anscheinend - jedenfalls seinen Beispielen nach zu urteilen:

(38) Mary sang a song.

(39) Tom ran a race. u.a. -

nur auf Fälle mit "innerem Objekt" angewendet wissen will. Um ihn von der PAT-Relation abzusetzen, definiert Chafe ihn negativ: "A complement noun does not specify something that is in a state or that changes its state" (Chafe 1970, 156; U.v.m.). Dadurch ist er jedoch gezwungen, die COMP-Relation so weit zu fassen, daß letztlich alles darunter fällt, was die Bedeutung eines Verbs komplettiert oder näher spezifiziert, also bspw. auch die Nominalgruppe "War and Peace" in dem Satz

(40) Tom read 'War and Peace'.

Auf eine solchermaßen erweiterte COMP-Relation trifft jedoch die Grundvoraussetzung nicht mehr zu, daß es sich bei einem "complement noun" um etwas durch die "completable action" Geschaffenes handeln muß. Eine Definition, die eigentlich der Abgrenzung dienen sollte, führt eher zu einer Aufhebung der Grenzen zwischen PAT und COMP.

Unter gewissen Umständen mag eine Differenzierung zwischen PAT und COMP durchaus angebracht sein; für die OS-Repräsentation der Verben jedoch scheint sie nicht von Belang. Ich verzichte deshalb im folgenden auf die COMP-Relation und bezeichne sowohl die von einem Geschehen "betroffenen (affizierten)" als auch die dadurch "geschaffenen (effizierten)" Größen (Erben 1972, 144) als PAT.

(5) Der "location" (LOC)

Eine Reihe von Geschehen verlangen nach einer Spezifizierung durch eine Lokalangabe. In der Umgebung solcher "locative" Verben tritt das entsprechende Nomen als "location" auf. Chafe gibt weder eine Beschreibung oder Definition der "locative" Verben noch der LOC-Relation. Allein aufgrund von Beispielen unterscheidet er zwischen

- "states" (z.B. "be"):

(41) The knife is in the box.

- "processes" (z.B. "fall"):

(42) Tom fell off the chair.

- "actions" (z.B. "sit"):

(43) Tom sat in the chair.

- "action-processes" (z.B. "throw"):

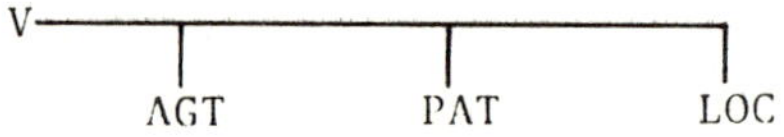

(44) Tom threw the knife in(to) the box.

(Chafe 1970, 159 ff).

Aus der Tatsache, daß bei allen Nicht-"states" die Lokalbestimmung fehlen kann,

(42 b) Tom fell.
(43 b) Tom sat.
(44 b) Tom threw the knife.[1]

schließt Chafe, daß nur "states" eine verbinhärente "location"-Relation besitzen. Nicht-"states" ("processes","actions", "action-processes") und ggf. auch solche "states", die nicht inhärent lokativ sind, können jedoch durch Anfügen einer optionalen LOC-Relation in "locative" Verben umgewandelt werden (Chafe 1970, 161).

In den Ausführungen von Chafe fehlt jeglicher Hinweis darauf, wann und warum ein Verb als "inherently locative" anzusehen ist

1 Bei Chafe (1970, 161) steht statt "knife" "ball".

und ein anderes nicht. Allein von der Eliminierbarkeit der entsprechenden Satzglieder in der OS Rückschlüsse auf die semantische Qualität der Relation zu ziehen, widerspricht m.E. den semantischen Analysemethoden. Eine PAT-Relation wird ja auch nicht deshalb als optional angesehen, weil das entsprechende Objekt in der OS eliminierbar ist. Da grundsätzlich jedes Verb optional in ein Lokalverb verwandelt werden kann, sieht Chafe anscheinend auch keinen Unterschied zwischen der Lokalbestimmung in

(42) Tom fell off the chair.

und der Lokalbestimmung etwa in

(45) Tom sang in der Badewanne.

M.E. handelt es sich jedoch im ersten Fall um ein konstitutives, in der Grundstruktur des Verbs verankertes Satzglied, im zweiten Fall jedoch um eine freie, von der Grundstruktur des Verbs nicht erfaßte Angabe.

Die Darstellung der LOC-Relation bei Chafe kann in der gegebenen Form also keineswegs befriedigen. Da der LOC m.E. nicht nur bei den "states", sondern auch bei einer ganzen Reihe von Nicht-"states" zur semantischen Grundstruktur gehört, gehe ich ausführlich in II, 1.4 auf die Klassifizierung der Umstände im allgemeinen und der LOC-Relation im besonderen ein.

3.233 Besonderheiten der semantischen Relationen

Insgesamt enthält das Modell der semantischen Verbklassifizierung von Chafe sieben vom Verb vorgeschriebene nominale Größen - PAT, AGT, EXP, BEN, INST, COMP, LOC - , die ihrer Bezeichnung entsprechende Relationen zum Verb ausdrücken. PAT und AGT nehmen eine Vorrangstellung ein, da jeder Satz zumindest ein "patient noun" oder ein "agent noun", wenn nicht beides, enthält (Chafe 1970, 164). Im Unterschied zu Fillmore, bei dem eine Hierarchie der "cases" nur implizit festzustellen ist, zieht Chafe damit ausdrücklich eine deutliche Trennungslinie zwischen primären und sekundären Relationen. Jedoch verläuft diese Grenze bei ihm anders als etwa bei Fillmore oder auch bei Tesnière: bei diesen gehört der BEN bzw. seine Äquivalente "Dative case" oder "tiers actant" mit zu den primären Größen[1].

Mit dieser Aufteilung gelingt es Chafe, die unterschiedlichen Verbtypen nach gemeinsamen dynamischen[2] Gesichtspunkten zu klassifizieren. Eine solche Klassifizierung kann jedoch bei Verben, die - wie etwa die mentalen Prozesse - dynamischen Kriterien nur bedingt zugänglich sind, nicht voll überzeugen. Zwar lassen sich auch bei den "experiential" Verben "dynamische" Abstufungen feststellen, der Charakter der einzelnen Relationen müßte jedoch eingehender beschrieben und deutlicher von den reinen "states", "processes" und "actions" abgesetzt werden.

3.234 Das Problem der optionalen Relationen

Ein Problem von größerer Tragweite für die Schlüssigkeit des Modells stellt die Einführung optionaler[3] Relationen dar. Chafe versteht unter optionalen Relationen offensichtlich sowohl bestimmte strukturbildende, jedoch in der OS eliminierbare Relationen (s.o. I, 3.232 (5)), als auch nichtstrukturbildende, in der OS grundsätzlich eliminierbare Relationen (s.o. u.a. I, 3.232 (2)). Genauere Abgrenzungskriterien gibt er nicht an. Einziges Charakteristikum der optionalen Relationen scheint es zu sein, daß die ihnen entsprechenden Satzglieder in der OS eliminiert werden können. Da jedoch auch streng konstitutive Relationselemente wie bspw. der PAT nicht immer in der OS

---

1 Auch Halliday geht, wie Chafe, von zwei fundamentalen semantischen Rollen aus, die einen "process" begleiten: einem "actor" und einem "goal" (Halliday 1970,146). Der "beneficiary" nimmt bei ihm eine Zwischenstellung ein: er wird zwar zu den "circumstantials" gerechnet, ist gleichzeitig aber auch eine "participant role", "a kind of secondary goal" (Halliday 1968,58).

2 Ein "state" wird als Endpunkt, als Ergebnis eines "process" oder einer "action" aufgefaßt (vgl. auch Engelen 1975 I,136 f) und deshalb im gegebenen Zusammenhang zu den "dynamischen" Geschehen gerechnet, obwohl er im Grunde undynamisch ist (s.u. I, 4.232).

3 zu unterscheiden
1. von den optionalen "cases" bei Fillmore, die alternatives Auftreten innerhalb eines "case frame" meinen und ggf. als Verbvarianten eingestuft werden können;
2. von der optionalen bzw. fakultativen Repräsentation der semantischen Relationen in der OS.

aufzutreten brauchen, muß dieses Kriterium als unzureichend gelten.

Auch und besonders unter semantischen Gesichtspunkten ist die Einführung optionaler Relationen m.E. nicht zu vertreten. Chafes Modell basiert auf der Voraussetzung, daß das Verb Zahl und Art der Nomen seiner Umgebung bestimmt. Dementsprechend müssen die Kriterien für die Beschaffenheit der nominalen Umgebung aus dem Verb selbst hervorgehen. Das Prinzip der Verbklassifizierung hat also darin zu bestehen, die verbinhärenten Selektionseinheiten, und nur diese zu ermitteln und in die Grundstrukturen einzufügen. Allerdings läßt sich durchaus darüber streiten, welche Einheiten als verbinhärent zu betrachten sind und welche nicht (vgl. dazu das folgende Kapitel).
Die Annahme, daß die Verben außer durch verbinhärente Relationen auch durch nichtverbinhärente Relationen spezifiziert werden können, würde das Verfahren der semantischen Verbklassifikation völlig aufweichen. Ein reines "action-process" Verb wie "stricken" in

(46) Inge strickt einen Schal.

ließe sich dann auch als "benefactive" Verb,

(46 b) Inge strickt Tom einen Schal.

als "locative" Verb

(46 c) Inge strickt in der Schule einen Schal.

oder als kombiniertes "benefactive-locative" Verb

(46 d) Inge strickt Tom in der Schule einen Schal.

einordnen. Eine solche Klassifikationsweise widerspricht jedoch der von Chafe offensichtlich angestrebten und der auch in dieser Arbeit zugrundegelegten Beschreibung der Verben nach konstitutiven semantischen Relationen.

Verbinhärente Relationen können m.E. also nicht optional sein, auch wenn die ihnen entsprechenden Satzglieder in der OS eliminierbar sind. Nur sie tragen zur Strukturierung der Verbbedeutung bei. Ich gehe deshalb im folgenden davon aus, daß die semantischen Grundstrukturen der Verben, die sich aus verbinhärenten Relationen zusammensetzen, grundsätzlich keine optionalen Relationen enthalten.

3.235 Anmerkungen zum semantischen Analyseverfahren

Die Erfassung und Bestimmung der semantischen Relationen als verbinhärent und damit konstitutiv setzt eine auf sprachlicher Intuition beruhende Introspektion voraus. Deshalb weist Chafe in seinem Modell der "introspection as a method of scientific observation" (1970, 76) einen hohen Stellenwert zu, auch wenn er die dabei auftretenden Schwierigkeiten keineswegs verkennt oder bestreitet. "What is more difficult to achieve is a conscious awareness of specifically what concepts are present in a given semantic structure. We are hampered not only by the difficulty of bringing largely subconscious meanings into consciousness, but also by the fact that we lack adequate means of talking about or representing these meanings" (Chafe 1970, 77). Ein solches introspektives Verfahren enthält zwangsläufig eine subjektive Komponente, die sich grundsätzlich nicht eliminieren läßt[1]. Es bleibt deshalb nicht aus, daß die semantischen Grundstrukturen der Verben von verschiedenen Sprechern unterschiedlich angesetzt und beurteilt werden können, und zwar sowohl in quantitativer als auch in qualitativer Hinsicht.
So scheint man bspw. geneigt, das Verb "torkeln" auf den ersten Blick als reine "action" einzuordnen, mit nur einer einzigen verbinhärenten Relation, einem AGT.

V———————┐
AGT

(47) Paul torkelt.

Da die verbale Aussage vor allem die Art und Weise des Geschehens hervorhebt ("unsicher, schwankend, taumelnd"), tritt die Tatsache völlig in den Hintergrund, daß das Verb gleichzeitig auch eine Fortbewegung ausdrückt, also ein Geschehen, bei dem sich ein Geschehensträger von einem Ort zu einem anderen

1 Vgl. dazu im einzelnen Gipper (1976).

begibt. Als Fortbewegungsverb aber müßte "torkeln" neben dem AGT auch eine inhärente LOC-Relation enthalten (s.u. II, 1.423), also

(47 b) Paul torkelt über die Straße.

Inwieweit man das lokale Element für stark genug ausgeprägt hält, um den LOC als inhärente Relation anzuerkennen und "torkeln" damit den "locative" Verben einzuordnen, hängt letztlich von der subjektiven Einschätzung eines jeden Sprechers ab. Ein Vergleich mit verwandten Verben wie "schwanken, taumeln, stolpern" u.a. zeigt, wie subtil die Abstufungen sein können, die es dabei zu berücksichtigen gilt.

Aber auch bei der qualitativen Spezifizierung der Basisrelation von "torkeln" lassen sich unterschiedliche Zuordnungen nicht ausschließen. Bezeichnet das Verb - wie oben angenommen - wirklich eine "action", in der die am Geschehen teilnehmende Größe "etwas tut", "eine Handlung ausführt" (Frage: Was tut x?), oder drückt es nicht vielmehr aus, daß der Geschehensträger durch bestimmte Gegebenheiten oder Umstände (Alkohol, Unwohlsein etc.) zum "Torkeln" gebracht, also - wenn man so will - davon "betroffen" wird (Frage: Was geschieht mit x?) und demzufolge als PAT anzusehen ist? Die Entscheidung für die eine oder die andere Möglichkeit dürfte wiederum nur aufgrund von subjektiven Kriterien zu fällen sein.

Es ließen sich eine Reihe weiterer Beispiele anführen, bei denen die Klassifizierung auf der Basis des Modells von Chafe strittig sein dürfte. Um nur bei einigen wenigen auf die Problematik hinzuweisen: Sind bspw. Verben wie "schlafen, ruhen" u.ä. als "states" einzustufen, bei denen sich jemand "in einem bestimmten Zustand" befindet, oder als "actions", bei denen jemand "etwas tut"? Enthalten Verben wie "foltern", "strafen" u.ä. neben dem AGT einen PAT oder vielleicht eher einen BEN, da ja durch das Geschehen jemand einen Schaden erleidet? Handelt es sich bei den Verben des "Sehens" wie "sehen, blicken, schauen" etc. um Verben mit einer PAT- oder mit einer LOC-Relation? "Sehen" wird zwar im allgemeinen mit einem Objekt verbunden, der Realisierung eines PAT, es ist jedoch auch mit einer Ortsangabe gebräuchlich:

(48) Er sieht das Auto.
(48 b) Er sieht unter das Auto.

"Blicken" und andere Verben der visuellen Wahrnehmung lassen überhaupt nur Ortsangaben zu:

(49) +Er blickt das Auto.
(49 b) Er blickt unter das Auto.

Dennoch erscheint es mir wenig befriedigend, in all diesen Fällen eine LOC-Relation anzusetzen, da die Verben weder eine örtliche Befindlichkeit noch eine räumliche Veränderung (Fortbewegung) - die grundlegenden Bedeutungen eines LOC (s.u. II, 1.422, 1.423) - ausdrücken.

All diese und andere Fälle zeigen, daß eine Beurteilung der durch Introspektion gewonnenen semantischen Gegebenheiten ohne die sprachliche Intuition des kompetenten Sprechers und damit ohne subjektive Deutung nicht möglich ist. Um die subjektive Komponente eines solchen introspektiven Verfahrens jedoch kontrollieren zu können und nicht zu einem willkürlichen Kriterium werden zu lassen, ist es notwendig,

- ihr entweder durch eine <u>umfassende Informantenbefragung</u> auf intersubjektiver Ebene ein höheres Maß an Akzeptabilität zu verleihen (eine Möglichkeit, auf die im Rahmen einer Untersuchung wie der vorliegenden verzichtet werden muß)
- oder sie durch möglichst <u>genaue Beschreibung und Formalisierung</u> der Analyseergebnisse potentiellen Spekulationen und Fehlinterpretationen weitgehend zu entziehen.

Allerdings gibt es - wie Langacker in seiner Kritik zu Chafe ausführt - unzählige Wege, intuitive Urteile zu beschreiben. Das Hauptproblem der Linguisten bestehe deshalb darin, empirische Grundlagen zu finden, durch die sich eine bestimmte Art semantischer Repräsentation vor anderen plausiblen Alternativen auszeichnet. Gerade daran lasse es Chafe jedoch fehlen. Langacker regt deshalb an, etwa die Konvergenz zwischen abstrakten und syntaktischen Strukturen als Ausgangsbasis für empirische Untersuchungen zu nutzen (Langacker 1972, 155 f). Ein solches Verfahren der schrittweisen Annäherung an die semantische Struktur durch verschiedene syntaktische Transformationen, wie es Postal diskutiert und an Beispielen demonstriert (Postal 1971, 252 ff), scheint zur Zeit noch zu wenig ausgereift, um zu befriedigenden Ergebnissen zu führen.

Ein praktikableres Verfahren, die Inhärenz semantischer Einheiten zu ermitteln, stellt die "verbale Definition" dar, d.i. die paraphrasierende Beschreibung der Wortbedeutung[1]. Diese vor allem bei der Bestimmung bedeutungscharakterisierender Einheiten gebräuchliche Methode der Merkmalsgewinnung läßt sich auch auf die Relationselemente anwenden.

So kann bspw. "bügeln" als ein Geschehen beschrieben werden, bei dem ein Mensch mit einem Bügeleisen Textilien glättet. An dem Geschehen sind drei nominale Größen beteiligt:

- eine Größe, die es ausführt (AGT)
- eine Größe, mit der es ausgeführt wird (INST)
- eine Größe, die davon betroffen wird (PAT).

Daß das Geschehen ggf. auch jemanden zum Nutzen gereicht und daß es sich an einem bestimmten Ort und zu einer bestimmten Zeit abspielt, ist zwar offenkundig, geht jedoch nicht aus dem Verbinhalt hervor, wird also vom Bedeutungsrahmen des Verbs "bügeln" nicht mit erfaßt. Das Wissen darum beruht vielmehr auf der allgemeinen Lebenserfahrung des einzelnen Sprechers.

Die semantische Qualität der so ermittelten Relationselemente läßt sich durch eine Reihe von semantischen Tests, wie sie Nielsen in (1973, 87 ff) aufführt und an Beispielen demonstriert[2],

---

1 Vgl. dazu Wheatly (1970,29 ff), Hundsnurscher (1970,63), Schippan (1975,252); Bondzio (1971,92), Chafe (1971 a), Dahlberg (1976, 89 ff und 99 ff).

2 Die dort ebenfalls beschriebenen syntaktischen Tests werden als unzureichend verworfen.

genauer festlegen und von der Qualität anderer Relationselemente abgrenzen.

So unvollkommen dieses ebenfalls auf Intuition beruhende Verfahren auch sein mag, es erlaubt doch ein gewisses Maß an intersubjektiver Kontrolle und an Einsicht in das Vorgehen bei der semantischen Analyse.

3.24 Die bedeutungscharakterisierenden Merkmale der Nomen

Das Verb bestimmt nicht nur Zahl und Relation der Nomen seiner Umgebung, sondern in begrenztem Umfang auch die bedeutungscharakterisierenden Merkmale dieser Nomen und schränkt dadurch die Auswahl der Lexeme ("noun roots") ein (Chafe 1970, 114). Chafe führt sechs antonyme Merkmalspaare auf, mit denen sich die Nomen spezifizieren lassen: ± count, ± potent, ± animate, ± human, ± feminine, ± unique. Aus unterschiedlichen Kombinationen dieser Merkmale gewinnt er neun semantische Gruppierungen[1]:

- "Stoffbezeichnungen" (Grebe 1973, 149) wie "wood, sand" etc. (- count, - potent)
- dingliche "Gattungsbezeichnungen" (Grebe 1973, 148) wie "rope, disk" etc. (+ count, - potent)
- kollektive "Triebkräfte" (Erben [1958]1967, 110) wie "heat, wind" etc. (+ potent, - count, - animate)
- zählbare "Triebkräfte" (oder -werke) wie "explosion, motor" etc. (+ count, + potent, - animate)
- Tiere wie "elephant, tiger" etc. (+ animate, - human)
- Männer wie "man, boy" etc. (+ human, - feminine, - unique)
- Frauen wie "woman, girl" etc. (+ feminine, - unique)
- männliche Eigennamen wie "Michael, Alan" etc. (+ unique, - feminine)
- weibliche Eigennamen wie "Harriet, Mary" etc. (+ feminine, + unique)

(Chafe 1970, 112 f. Die redundanten Merkmale wurden eliminiert).

---

1 Chafe benennt die verschiedenen Gruppen nicht ausdrücklich. Der Übersichtlichkeit halber bezeichne ich sie mit gebräuchlichen Begriffen.

Die Verwendung dieser Merkmale bzw. Merkmalskombinationen im Selektionsprozess verdeutlicht Chafe an dem Satz:

(50) The explosion awakened Michael.

dem folgende semantische Struktur zugrundeliegt:

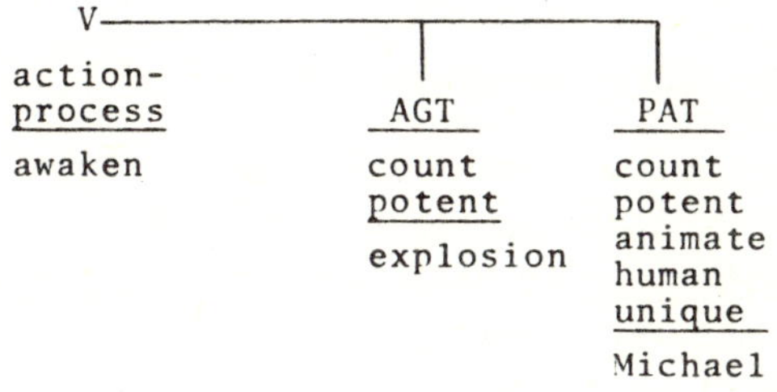

Anhand dieses Beispielssatzes analysiert Chafe das darin verwendete Verb "awaken" wie folgt:

- Der AGT wird als "potent" eingestuft, eine Klassifikation, die weitere Subklassifikationen etwa als "human/nonhuman" zuläßt.
- Der PAT ist durch das Merkmal "animate" zu spezifizieren, das die übergeordneten Merkmale "count" und "potent" als gegeben voraussetzt und gleichzeitig weitere Subklassifikationen wie "human/nonhuman" oder "unique/nonunique" erlaubt.

(Chafe 1970, 114).

Chafe zieht aus dieser Klassifizierung grundlegende Schlüsse über die semantische Beschaffenheit des AGT und des PAT: Ein AGT ist gewöhnlich als "potent" einzustufen, ein PAT gelegentlich auch als "animate"[1].

Die gegebene Darstellung der Merkmalsspezifizierung ist in sich nicht ganz stimmig: einerseits legt Chafe der Klassifizierung und Schematisierung einen Satz zugrunde, andererseits aber beschreibt er die Selektion des Verbs in diesem Satz. Die

---

1 Fillmore behält in (1968 a, 24 f) die Klassifizierung "animate" dem "Dative case" vor, obwohl er nicht ausdrücklich ausschließt, daß sie auch bei dem "Objective case" gegeben sein kann. In (1971 b, 42) verzichtet er vollständig auf die Klassifizierung der "cases" durch semantische Merkmale.

Analyseergebnisse fallen entsprechend unterschiedlich aus. Aufgrund der lexematischen Repräsentation der Nomen im Satz läßt sich die semantische Struktur des Satzes sehr viel präziser spezifizieren als die des Verbs. Sie kann in dieser Form jedoch nicht für alle Sätze gelten, die mit dem Verb "awaken" gebildet werden können, sondern nur für Sätze des analysierten Typs. Sätze wie etwa

(51) The heat awakened Michael.
(52) The explosion awakened the lion.

werden nicht von der obigen Satzspezifikation erfaßt.

Die Analyse des Verbs hingegen führt zwar zu einer weniger präzisen Merkmalsspezifizierung, sie ermöglicht es dadurch jedoch, alle in der Umgebung des Verbs "awaken" vorkommenden Nomen zu erfassen. Die Merkmale "potent" für den AGT und "animate" für den PAT reichen aus, um ziemlich exakt die nominalen Selektionsbereiche abzustecken, aus denen die jeweiligen Nomen ausgewählt werden müssen.

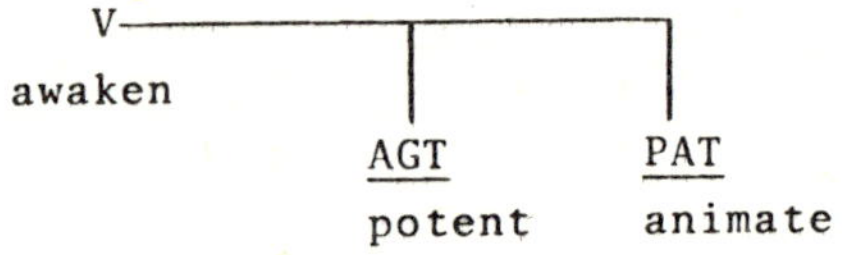

Das Merkmal "count" darf dann allerdings nicht mehr als übergeordnet redundant angesehen werden. Denn auch "heat" (+ potent, - count) ist als AGT und "cattle" (+ animate, - count) als PAT möglich.

Obwohl Chafe die semantische Analyse immer wieder an Satzbeispielen exemplarisch vorführt, scheint es ihm im Grunde jedoch um die Klassifikation der Verben zu gehen, die ja letztlich für die semantische Strukturierung der Sätze verantwortlich sind (dazu Chafe 1970, 95 f u. 98). Für eine Verbklassifizierung aber sind die hierarchische Anordnung der Merkmale und die sich daraus ergebenden Merkmalskombinationen nicht sehr glücklich gewählt.

Abb. 3

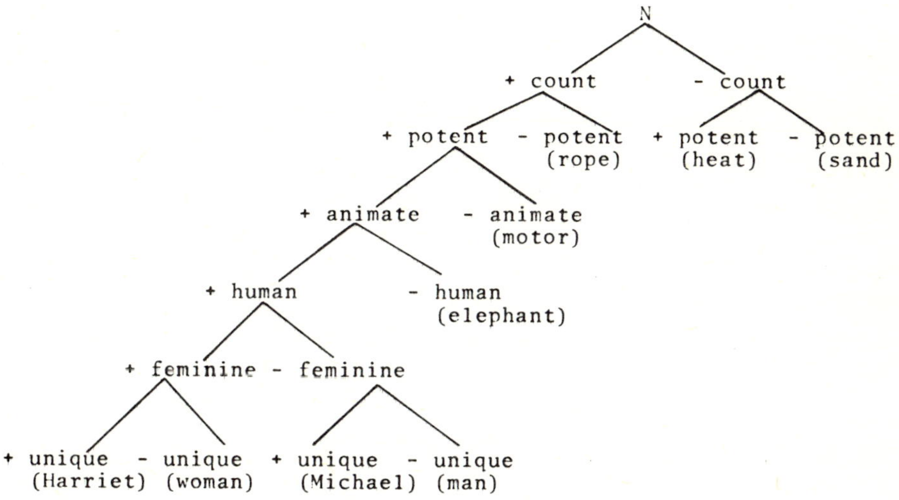

Wie sich am Beispiel von "awaken" zeigte, führt bereits die grundlegende Klassifizierung der Nomen in ± count zu Problemen, da sie schon auf der nachfolgenden Stufe eine *Kreuzklassifikation* erfordert. Die Merkmale "count" oder "noncount" können also *nie* als redundant angesehen werden, sie sind vielmehr immer ausdrücklich mit aufzuführen und verkomplizieren dadurch unnötig den Merkmalsapparat. Dagegen würde eine auf den oberen Stufen streng hierarchische Klassifikation mit jeweils redundanten übergeordneten Merkmalen das Analyseverfahren erheblich vereinfachen.

Darüberhinaus erweisen sich die Subklassifikationen des Merkmals "human" als wenig nutzbringend für die Verbklassifizierung. Eine Vielzahl von Verben fordern zwar Nomen, die *Menschen* bezeichnen, die also als "human" zu klassifizieren wären, es gibt jedoch nur sehr wenige Verben, in dessen nominaler Umgebung nur *männliche oder weibliche* Menschen oder nur männliche oder weibliche *Eigennamen* vorkommen müssen.

Um die bedeutungscharakterisierenden Merkmale der Nomen bei der

Verbklassifizierung konsequenter nutzen zu können, bedürfte es also zumindest einiger grundlegender Korrekturen. Im Hinblick auf die Untersuchung zur Abgrenzung der obligatorischen und fakultativen Valenz, die noch weitergehende semantische Spezifizierungen notwendig macht, erscheint es mir jedoch angebracht, das Merkmalssystem grundsätzlich neu zu konzipieren. Kap. I, 4.32 geht ausführlich darauf ein.

3.25 Zusammenfassung und Fazit

Bei der Besprechung des Modells der semantischen Verbklassifikation von Chafe wurden eine Reihe kritische Einwände erhoben, die sich vor allem gegen die Darstellung und Kategorisierung bestimmter semantischer Relationen und gegen die Systematisierung der nominalen Merkmale richtete. Keiner dieser Einwände muß als so schwerwiegend gelten, daß er das Modell als ganzes in Frage stellt. Vielmehr lassen sich - wie mehrfach angedeutet - die kritisierten Mängel relativ einfach beheben. In korrigierter Form jedoch eignet sich das Modell ausgezeichnet als Ausgangsbasis für die Untersuchungen der obligatorischen und fakultativen Valenz des Verbs:

- Es entspricht wie kein anderes mir bekanntes semantisches Modell den Voraussetzungen der Valenztheorie, indem es davon ausgeht, daß das Verb als Zentrum des Satzes Vorhandensein und Qualität seiner nominalen Umgebung bestimmt.
- Es klassifiziert die Verben auf mehreren Stufen und ermöglicht dadurch eine differenzierte Formalisierung. Die Analyse verbinhärenter semantischer Einheiten führt zur Bestimmung
  - strukturbildender semantischer Relationen, die die konstitutiven Grundstrukturen der Verben festlegen, und
  - bedeutungscharakterisierender nominaler Merkmale, die die besonderen Eigenschaften der Nomen in der Umgebung eines Verbs beschreiben, den Umfang der Selektionsbereiche festlegen und dadurch die Selektion des Verbs beschränken.
- Es arbeitet - nach Ausschluß der optionalen Relationen - mit einem beschränkten Inventar konstitutiver Relationen, die das Problem der Abgrenzung zwischen notwendigen und freien Gliedern

nicht aufkommen lassen. Da jede verbale Grundstruktur nur notwendige Glieder enthält, kann sich die Untersuchung auf die variable OS-Repräsentation bestimmter Relationselemente und ihre Ursachen konzentrieren.

3.3 Die OS-Realisierung der semantischen Relationen

Das Problem der OS-Repräsentation semantischer Relationselemente besteht, wie bereits andeutungsweise ausgeführt, aus zwei getrennt zu behandelnden Teilaspekten. Zu unterscheiden ist

1. welche syntaktische Position die Relationselemente jeweils in der OS einnehmen können;
2. welche Ursachen für eine variable OS-Realisierung bestimmter Relationselemente verantwortlich sind.

3.31 Die syntaktische Position der Relationselemente in der OS

Die Frage nach der syntaktischen Position semantischer Relationselemente im Zusammenhang mit der variablen OS-Realisierung impliziert, daß es in einem Satz unterschiedliche syntaktische Positionen gibt, nämlich

- solche die grundsätzlich immer besetzt sein müssen, neben der Position des Prädikats die des Subjekts[1],
- und solche die nicht immer besetzt sein müssen, etwa die Position der Objekte und der notwendigen Adverbialbestimmungen.

Wenn sich herausstellen sollte, daß bestimmte semantische Relationselemente stets die obligatorisch zu besetzenden Positionen einnehmen, lassen sich diese Relationselemente von der Untersuchung der variablen OS-Realisierung ausnehmen.

---

1 Ich gehe von dem "Normalfall" aus, daß jeder Satz zumindest aus Subjekt und Prädikat (Verb) besteht. (So auch Fillmore 1968 a, 33; vgl. auch Chafe 1970, 96 f). Elliptische Formen wie "Einwortsätze" (Grebe 1973, 585) bzw. "Aussagefragmente" (Erben 1972, 311) u.ä., die nur im Kontext oder in bestimmten Situationen gebräuchlich und verständlich sind, bleiben außer Betracht. Die 2. Person des Imperativ, bei der "das Subjekt in der Verbalform enthalten" ist (Grebe 1973, 530), wird als Sonderfall angesehen.

3.311 Die Gerichtetheit der semantischen Relationen

Fillmores Versuch, die semantischen Beziehungen in die OS zu überführen, mußte u.a. deshalb unvollkommen ausfallen, weil er die "cases" statisch, also unabhängig von der vom Verb ausgehenden Gerichtetheit definierte. Der variable "case frame" bietet keinen Ansatzpunkt für die in der OS bestehenden, sich an bestimmten syntaktischen Gegebenheiten ausrichtenden Formationsregeln. Zwar kann aufgrund der Voraussetzung: kein Satz ohne Subjekt, eindeutig entschieden werden, daß bei der OS-Realisierung eines eingliedrigen "case frame" eben dieser "case" die Stelle des Subjekts einnimmt (Fillmore 1968 a, 33). Darüber hinausgehende Regeln jedoch bleiben unvollständig und vor allem unbegründet (s.o. I, 3.13).

Chafe legt seinen postsemantischen Überführungsregeln zur Bestimmung der syntaktischen Position der Relationselemente ebenfalls die semantischen Relationen zwischen Verb und nominaler Umgebung zugrunde, nachdem ein Versuch, die OS-Realisierung von der Thema-Rhema-Beziehung im Satz abhängig zu machen, nur unzureichend ausfiel. "I am inclined to prefer an alternative explanation by which postsemantic subjects are established, not directly on the basis of semantic distribution of new and old information, but instead on the basis of the semantic relations agent, patient, and so on" (Chafe 1970, 243 in Verbindung mit Kap. 15 ebda). Seine Subjekt- und Objektregeln (Chafe 1970, 244 f) bleiben jedoch ebenso unbegründet wie die von Fillmore. Dabei bietet das Modell von Chafe aufgrund der Dynamik der vom Verb ausgehenden Relationen einen besseren Ansatzpunkt als das von Fillmore.

Eine "action" im Modell von Chafe ist dadurch gekennzeichnet, daß sie von einem "agent" "ausgeführt" wird, also von ihm ausgeht, ein "process" dadurch, daß ein "patient" davon betroffen ist. Diese Relationen legen also jeweils bestimmte "Richtungen" fest. Verbindet man, wie Chafe es tut, eine "action" mit einem "process", so wird deutlich, daß es sich nicht um zwei verschiedene Richtungen handelt, sondern nur um eine:

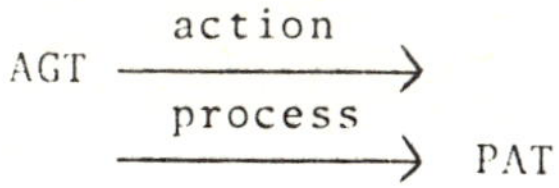

Führt man weiter, wie Chafe, jedes Geschehen auf diese beiden Basisrelationen zurück, so läßt sich daraus eine einheitliche Richtung aller Geschehensabläufe ableiten, in der die Reihenfolge der Relationselemente festzuliegen scheint. Diese - wohlgemerkt semantisch bedingte - Reihenfolge dürfte neben dem AGT und PAT auch die übrigen Relationen mit einschließen und ihnen eine feste Position in dem jeweils vom "Grundgeschehen" ableitbaren "Einzelgeschehen" einräumen.

Ein (vereinfachtes) Schema der Gerichtetheit aller bei Chafe möglichen Geschehensabläufe könnte folgendermaßen aussehen:

Abb. 4

"Auslösende" Größen	Geschehen	"Betroffene" Größen (indir.)	(direkt)	Umstände	Zahl der Relationselemente	Beispiele
AGT		-	-	-	1	lachen
AGT		BEN	-	-	2	helfen
AGT	"action" →	-	PAT	-	2	schlagen
AGT		-	-	LOC	2	klettern
AGT		BEN	PAT	-	3	geben
AGT		-	PAT	LOC	3	legen
EXP		-	PAT	-	2	wissen
EXP	mental[1] process →	-	PAT	-	2	hören
AGT		EXP	PAT	-	3	sagen
-		-	PAT	-	1	blühen/trocken sein
-	"process" "state" →	BEN	PAT	-	2	erben/besitzen
-		-	PAT	LOC	2	fallen/liegen

1 Zur Gerichtetheit der mentalen Prozesse vgl. im einzelnen II, 1.21.

3.312 Rückwirkung der semantischen Gerichtetheit auf die syntaktische Position

Bondzio gelangt auf der Basis logischer Beziehungen "zwischen der Bedeutung eines Verbs und seinen Mitspielern" (Bondzio 1971, 88) zu einer dieser Gerichtetheit der semantischen Relationen vergleichbaren "Rollenverteilung" innerhalb seiner "Komponentenstrukturen". Er definiert die Valenzbeziehungen als nicht weiter zerlegbare "Primärfunktoren", bei denen es sich "um sehr allgemeine Prädikate vom Typ 'sein' (existieren), 'machen' (bewirken), 'haben' handelt", und gewinnt dadurch für einzelne Verbtypen bestimmte Komponenten- bzw. Funktorenstrukturen, etwa

- "A macht: B hat C" für die dreiwertigen Verben des Gebens ("geben, schenken" etc.)
- "A macht: B ist (existiert)" für die transitiven Verben mit effiziertem Objekt ("bauen, backen" etc.)
- "A macht: B hat Eigenschaft e" für die transitiven Verben mit affiziertem Objekt ("reparieren" etc.)

(Bondzio 1971, 93 f).

Zur sprachlichen Realisierung dieser Strukturen führt Bondzio aus: "Nach bisherigen Beobachtungen scheint das aktive Genus identisch zu sein mit einer Rollenverteilung, die der 'natürlichen' semantisch-logischen Rollenverteilung entspricht. Bei einwertigen verbalen VT [Valenzträgern] übernimmt der einzige Mitspieler die Subjekt-Rolle. Bei mehrwertigen wird der erste Mitspieler in der Komponentenstruktur als Subjekt ausgezeichnet; die übrigen werden damit traditionsgemäß zu Objekten, die ihrerseits je nach Position in der Komponentenstruktur unterschiedliche Rollen innehaben. Die häufig notierte 'Merkmallosigkeit' des Aktivs besteht offenbar eben in dieser Übereinstimmung von grammatisch-syntaktischen und semantisch-logischen Beziehungen; insbesondere stimmen grammatisches und sog. logisches Subjekt überein" (Bondzio 1971, 96; U.v.m.).

Auf das Modell von Chafe übertragen bedeutet das im einzelnen:

- Grundsätzlich besetzen AGT und EXP als geschehensauslösende

Größen die syntaktische Position des Subjekts. In mehrgliedrigen Strukturen werden dann der BEN oder der PAT, bei Verben der Verbalisation auchder EXP jeweils zu Objekten.

- Fehlen AGT und EXP, so übernimmt - wenn vorhanden - der BEN, sonst der PAT die Subjektposition.
- Darüberhinaus treten Umstände wie LOC (TEMP oder MAN) immer als Adverbialbestimmungen auf.

Diese Gesetzmäßigkeiten gelten grundsätzlich für die Realisierung aktiver Sätze. Das passive Genus "setzt die aktiven Beziehungen, nämlich die Komponentenstruktur, voraus und ist in diesem Sinne sekundär" (Bondzio 1971, 96; U.v.m.).

3.313 Abweichungen bei gegenläufiger Gerichtetheit

Bei einer Reihe von Verben jedoch ist eine dem Passiv entsprechende Beziehung bereits in der semantischen Grundstruktur angelegt. Die Gerichtetheit der semantischen Relationen verläuft bei ihnen konvers zu der "natürlichen" Gerichtetheit. Fillmore nennt deshalb Prädikatenpaare, "[which] differ from each other only in the left-to-right sequence of the arguments", "converse predicates" (Fillmore 1968 b, 375).

Als Beispiel die Verben "like" und "please". Wie die von Fillmore (1968 b, 375) angeführten Sätze

(53) Mary liked the flower.
(53 b) The flower pleased Mary.

zeigen, drücken beide Verben in etwa das Gleiche aus, sie unterscheiden sich jedoch in der Gerichtetheit ihrer semantischen Relationen:

"like" : EXP ⟶ PAT
"please" : PAT ⟵ EXP

Anscheinend ersetzt das Verb "please" die - zumindest ungewöhnliche - Passivkonstruktion von "like".

(53 c) The flower was liked by Mary.

Konverse Beziehungen bestehen auch zwischen dreiwertigen Verbpaaren wie "geben/bekommen, vererben/erben" u.a., bei denen AGT und BEN die Position wechseln:

"geben, vererben" : AGT ⟶ BEN - PAT
"bekommen, erben" : BEN ⟵ AGT - PAT

Die gegenläufige Gerichtetheit der konversen Prädikaten hat bei der sprachlichen Realisierung entsprechende Konsequenzen:
Bei ihnen bilden der PAT oder der BEN das Subjekt, obwohl die semantische Grundstruktur auch einen EXP oder einen AGT enthält.

3.314 Zusammenfassung und Fazit

Es kann somit festgehalten werden:

Von den besonderen Fällen der konversen Prädikate abgesehen, realisieren Verben, deren semantische Grundstrukturen einen AGT enthalten, den AGT stets als Subjekt. Da das Subjekt eines Satzes - den gegebenen Voraussetzungen entsprechend - nicht eliminierbar ist, erscheint der AGT grundsätzlich obligatorisch in der OS. Er kann deshalb von den Untersuchungen der variablen OS-Realisierung ausgenommen werden.

EXP, BEN und PAT können sowohl Subjekt- als auch Objektposition beziehen. Als Subjekt treten auch sie stets obligatorisch in der OS auf. Als Objekte jedoch stehen sie in potentiell eliminierbarer Position. Zusammen mit dem LOC, TEMP und MAN, die nie Subjekt sein können und deshalb grundsätzlich eine potentiell eliminierbare Position einnehmen, bilden sie die Gruppe der Relationselemente, deren variable OS-Realisierung im folgenden auf ihre Ursachen hin untersucht werden soll.

3.32 Die Ursachen für eine variable OS-Realisierung der Relationselemente

Die Realisierung der semantischen Grundstrukturen in der OS erzeugt unterschiedliche Satzmodelle, die außer dem Verb ein, zwei oder drei Satzglieder umfassen können[1]. Davon ist mindestens eins die Realisierung eines AGT oder PAT, und höchstens eins die Realisierung eines Umstandes wie LOC usw.[2]. Syntaktisch gesehen erfüllt eins der Glieder die Funktion des - nicht eliminierbaren - Subjekts. Die anderen stellen je nach Präsenz und Kombination Objekte oder Adverbialbestimmungen dar, die entweder obligatorisch oder fakultativ auftreten. Die semantischen Grundstrukturen bilden somit die Grundlage für die Gestaltung von Sätzen. Sie haben - kurz gesagt - Gestaltungsfunktion. Diese Funktion erweist sich jedoch in bestimmtem Umfang als variabel, da sich in vielen Fällen eine semantische Grundstruktur verschieden in der OS repräsentieren läßt. So erlaubt das Verb "pflügen" mit der Grundstruktur

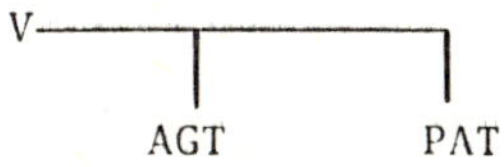

u.a. die Bildung der Sätze

(54) Der Bauer pflügt den Acker.
(54 b) Der Bauer pflügt.

Die Möglichkeit, daß diese Sätze jeweils auf unterschiedliche Grundstrukturen zurückgehen, wird durch die semantische

---

1 Vierwertige Verben sind selten. Helbig und Schenkel führen in (1973) "antworten (und Synonyme), bezahlen, retten, schicken, senden, übersetzen" an. Die gegebenen Beispiele können jedoch nicht immer von der Vierwertigkeit überzeugen. Mit Ausnahme von "antworten" werden diese Verben im übrigen in HuS 1969 noch als dreiwertig eingestuft ("retten" ist dort noch nicht aufgenommen). Nach semantischer Interpretation im Sinne von Chafe lassen sich m.E. die o.a. Verben nicht als vierwertig interpretieren.

2 Eine seltene Ausnahme bildet die von Grebe angeführte Kombination von Art- und Raumergänzung. Beispiel:

Auf der Festwiese geht es lustig zu.

"Das Subjekt ist in allen Sätzen dieses Bauplans neutralisiert" (Grebe 1973, 513). Es kann also nicht als Realisierung eines AGT oder PAT angesehen werden.

Klassifizierung im Sinne von Chafe ausgeschlossen[1]. Folglich müssen andere Faktoren zur Eliminierung des Objekts in (54 b) geführt haben.

3.321 Pragmatische Einflüsse

In der einschlägigen Literatur werden häufig Kontext, Situation, Sprecherabsicht etc., pragmatische Einflüsse also für die Satzgliedeliminierung verantwortlich gemacht. Auf entsprechende Passagen bei Helbig und Schenkel (s.o. I, 2.122) und Fillmore (s.o. I, 3.13) wurde bereits hingewiesen. Jespersen führt aus, daß bei der "omission of an obvious object" [...] "the object may be inferred from the situation [...] or from the context" (Jespersen 1927, 321; U.v.m.). Paul schreibt, daß in Fällen der Objekteliminierung das Objekt "leicht aus der Situation hinzugedacht werden" kann und daß Verben, "die eine Beschäftigung bezeichnen, häufig ohne Obj. gesetzt [werden], wenn es nur darauf ankommt, die Art der Beschäftigung anzugeben" (Paul 1958, Bd. III, 270 f; U.v.m.). Laut Admoni (1970, 243; U.v.m.) "übernehmen oft der Kontext und die Situation die Aufgabe, den Satz zu konkretisieren und bringen es auf diesem Wege so weit, daß selbst die Hauptglieder des Satzes semantisch nicht notwendig werden und ausgeschaltet werden können, wenn keine spezifischen strukturellen Gesetzmäßigkeiten dagegen wirken". Erben führt die Ersparung von Ergänzungsbestimmungen u.a. auf "die eindeutige Situation oder vorher Gesagtes" zurück (Erben 1970, 97; U.v.m.). Grebe hält Fälle wie "Der Bauer pflügt" u.a. für Ellipsen, "d.h., es versteht sich aus dem Zusammenhang von selbst, wo der Bauer pflügt" (Grebe 1973, 484; U.v.m.). Für Engelen schließlich ist "die Frage, ob ein Satzglied weglaßbar

---

1 Allerdings vertritt auch Chafe die Ansicht, daß sich "action-process" Verben wie "cut, kick" etc. durch eine "deprocessive derivation" in reine "actions" verwandeln lassen. Beispiel: Roger is cutting (Chafe 1970, 132). Abgesehen davon, daß Chafes nicht näher begründete Feststellung, grundsätzlich könne jedes, also auch jedes obligatorische, "action-process" Verb zu einer "action" reduziert werden (Chafe 1970, 133), m.E. nicht haltbar ist, sich jedenfalls mit Sicherheit nicht auf das Deutsche übertragen läßt, widerspricht eine derartige Ableitungsregel, die sich allein nach der Eliminierbarkeit des PAT in der OS zu richten scheint, eindeutig den semantischen Klassifizierungsmethoden (s.o. I, 3.234).

ist oder nicht, [...] nicht eine Frage des Systems, sondern des Kommunikations- und Textzusammenhangs (Engelen 1975 I, 62; u.v.m.). Seltener wird - wie bei Lyons - differenziert zwischen einer "Objekttilgung", die "bei bestimmten Äußerungen vom Kontext abhängen" kann und einer solchen, die "auch eine Eigenheit der lexikalischen Struktur der Sprache sein" kann (Lyons 1971, 368)[1].

Ohne Zweifel spielen pragmatische Gegebenheiten eine wichtige Rolle bei der Eliminierung von Satzgliedern. Der Kontext oder die Situation, die Absicht des Sprechers, einen Sachverhalt allgemein oder unklar erscheinen zu lassen, der Wunsch, das Geschehen hervorzuheben und nicht dessen Auswirkung: all das sind Faktoren, die eine Flexibilität der Satzstrukturen verlangen und deshalb zu Modifikationen Anlaß geben können. Sie können jedoch nicht Ursache der Eliminierung sein. Zweierlei spricht dagegen:

1. das Vorhandensein obligatorischer Verben. Würden pragmatische Gegebenheiten die Ursache der Satzgliedeliminierung sein, so müßten sie sich bei allen Verben auswirken, also auch bei solchen mit obligatorischen Objekten oder Adverbialbestimmungen. Es würde dann keine obligatorischen Verben mehr geben, da auch ein obligatorisches Glied aufgrund pragmatischer Einflüsse eliminierbar wäre. Das ist jedoch offensichtlich nicht der Fall. Pragmatische Gegebenheiten entscheiden also nicht über die Eliminierbarkeit eines Satzgliedes, d.h. darüber, ob ein Satzglied eliminierbar werden darf, sondern ggf. über die Eliminierung eines Satzgliedes, dessen Eliminierbarkeit bereits feststeht.

2. die Tatsache, daß Sätze in eliminierter Form wie bspw.

   (54 b) Der Bauer pflügt.

   auch ohne Kontext verständlich und eindeutig interpretierbar sind[2]. Das bedeutet allerdings nicht, daß sich die Aussagen

---

1 Ähnlich ja auch Fillmore (1970, 120) (s.o. I, 3.13).

2 Zur Rolle des Kontexts bei den Verbvarianten s.u. II, 2.21.

einer eliminierten und einer nicht eliminierten Form vollkommen decken. Durch die Eliminierung etwa eines Objekts kann eine objektbezogene Tätigkeit einfach "als reiner Verlauf, nicht mit dem Blick auf den Erfolg" dargestellt werden (Brinkmann 1962, 208). "Der Blick bleibt beim Subjekt" (Brinkmann 1962, 228). Auch Erben weist darauf hin, daß in einem solchen Fall die "actio" hervorgehoben wird und den "agens" in besonderer Weise bestimmt. "Der Verzicht auf mögliche spezielle Ergänzungsbestimmungen führt zwar zu einem Informationsverlust - über Einzelheiten erfährt der Hörer nichts -, andererseits erhöht er jedoch den Mitteilungswert des Verbs und damit den Aufschluß über das Subjekt (Agens); vgl.

Er trinkt gern Schnaps - Er trinkt gern (= Trinker)
Er raucht Zigaretten - Er raucht (= Raucher)"...

(Erben 1970, 98).

Wenn also nicht Einflüsse von Kontext, Situation oder Sprecherabsicht die Eliminierung verursachen, müssen andere Faktoren dafür verantwortlich sein. Es ist naheliegend, diese Faktoren in der <u>semantischen Struktur</u> des Verbs und seiner nominalen Umgebung zu suchen. Deutliche Hinweise darauf finden sich - von den allgemeinen Bemerkungen Fillmores und Lyons' abgesehen - bereits bei Admoni ([1935] 1969) und bei Porzig (1934)[1].

3.322 Semantische Einflüsse

(1) Die "Sinnvollständigkeit" des Verbs (Admoni)

Wie Admoni bei der Besprechung verschiedener Verbtypen feststellt, besteht der Unterschied zwischen "transitiv und intransitiv" u.a. vor allem "in der <u>Sinnvollständigkeit</u> des Verbs. So ist der Satz 'Er springt' (mit einem Intransitivum) sinnvoller und weniger einer Ergänzung bedürftig als der Satz 'Er nimmt' (mit einem Transitivum). [...] Im letzteren Satz ist, um die Sinnvollständigkeit des Satzes zu erzielen, die Angabe des Objekts notwendig, z.B. 'Es [das Kind] nimmt ein Spielzeug'".

---

1 Von Coseriu ([1967] 1974) fortgeführt und präzisiert.

Doch auch bei den Transitiva ist die "Sinnunvollständigkeit" nicht in allen Fällen gleich. In "Verben mit einer sehr allgemeinen und nur das Schema einer Handlung bezeichnenden Bedeutung" wie bspw. "nehmen" ist sie sehr viel stärker ausgeprägt als in "Verben mit einer konkreteren und sachlicheren Bedeutung wie etwa nähen, oder lesen" (Admoni [1935] 1969, 383; U.v.m.). Sinnvollständigkeit bzw. Sinnunvollständigkeit tritt also in Abstufungen auf, wobei Sinnunvollständigkeit nicht negative Sinnvollständigkeit meint, sondern einen geringeren Grad an Sinnvollständigkeit. Die Abstufung der Sinnvollständigkeit der Verben im Verhältnis zu ihrer Ergänzungsbedürftigkeit läßt sich graphisch wie folgt darstellen:

Abb. 5

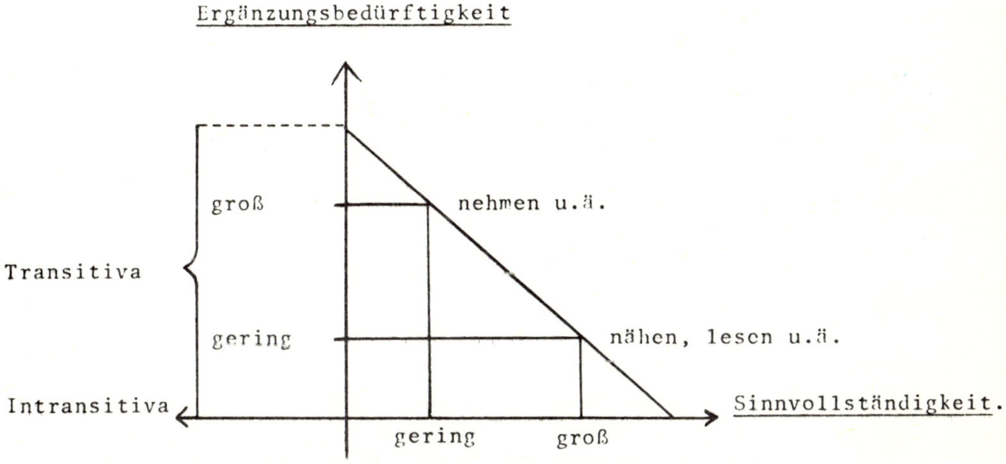

Daraus ergibt sich: je größer die Sinnvollständigkeit eines Verbs, um so geringer seine Ergänzungsbedürftigkeit, und umgekehrt. Die Eliminierbarkeit der Satzglieder scheint demnach von der Sinnvollständigkeit des Verbs abzuhängen, wobei mit "Sinnvollständigkeit" offenbar die semantische "Füllung" des Verbinhalts, also des verbalen Geschehens gemeint ist. Diese allgemeine Feststellung läßt sich noch weitergehend präzisieren, wenn man - wie Porzig - die Umgebung des Verbs in die

Betrachtung mit einbezieht.

(2) Der "Umkreis" des Verbs (Porzig)

Porzig weist darauf hin, daß mit einem Wort gleichzeitig andere Wörter "implicite mitgesetzt" sind. So läßt sich bspw. nur von einem Hund sagen, daß er bellt, oder nur von einem Baum, daß er gefällt wird. Diese "notwendigen" Beziehungen zwischen Wörtern, "die ausschließlich durch die bedeutung hergestellt" werden, nennt Porzig "wesenhafte bedeutungsbeziehungen" (Porzig 1934, 70 f). "Für das gesamtgefüge der sprache" sind insbesondere die Beziehungen von Bedeutung, "die von einem verbum ausgehen" (Porzig 1934, 75). So sind "im verbum das subject oder das object oder gewisse adverbiale ergänzungen schon mitgesetzt", und zwar "ohne rücksicht darauf, ob sie in dem betreffenden satz ausdrücklich stehen, vielleicht gar stehen müssen, oder fehlen können" (Porzig 1934, 74). Mit anderen Worten: das Verb macht auch dann eine Aussage über bestimmte Glieder in seiner Umgebung, wenn diese Glieder nicht im Satz realisiert werden.

Im allgemeinen sind die Bedeutungsbeziehungen jedoch nicht so "eindeutig" wie in den aufgeführten Beispielen. Vielmehr "ist der umkreis der gegenstände, die notwendig mit einem verbum in verbindung stehen, verschieden weit" (Porzig 1934, 73; U.v.m.). Ein Verb mit einem weiten Umkreis macht dann zwangsläufig eine sehr viel generellere, weniger "eindeutige" Aussage über seine Umgebung als ein Verb mit einem engen Umkreis. Es kann demzufolge auch sehr viel weniger auf die Realisierung der Glieder im Satz verzichten. Zwischen dem Umfang des "Umkreises"eines Verbs und der Realisierung der entsprechenden Glieder im Satz besteht also ein Zusammenhang.

3.323 Zusammenfassung und Fazit

Den Beobachtungen Admonis und Porzigs zufolge hängt die variable Repräsentation von Satzgliedern also sowohl vom Grad der "Sinnvollständigkeit" eines Verbs als auch vom Umfang seines "Umkreises" ab. Beides, "Sinnvollständigkeit" und "Umkreis", scheinen miteinander zu korrelieren: einem engen "Umkreis" entspricht ein "reicher bedeutungsinhalt" (Porzig 1934, 75), also eine große "Sinnvollständigkeit"; einem weiten "Umkreis" eine geringe "Sinnvollständigkeit".

Um diese allgemeinen Erkenntnisse vertiefen und auf ihre Richtigkeit überprüfen zu können, hat sich die folgende Untersuchung auf die Beschaffenheit sowohl des Verbinhalts als auch der nominalen Selektionsbereiche des Verbs zu erstrecken. Die Untersuchung vollzieht sich damit auf der Ebene der bedeutungscharakterisierenden Selektionseinheiten, also der modalen Eigenmerkmale des Verbs und der semantischen Merkmale der Nomen seiner Umgebung[1]. Damit von dem Vorhandensein, der Art und Verteilung dieser Merkmale differenzierte Rückschlüsse auf die OS-Realisierung von Relationselementen gezogen werden können, sind die Merkmale möglichst genau und vollständig zu ermitteln, nach Funktion und Klassifikationsfähigkeit zu ordnen und auf ihre Auswirkung im Selektionsprozess zu prüfen.

4. Die semantische Analyse des Verbs und seiner nominalen Umgebung

4.1 Allgemeines zu den semantischen Merkmalen und zur semantischen Analyse

Die bedeutungscharakterisierende Analyse von Wörtern setzt die Beziehung der "Referenz" voraus, "die zwischen Wörtern einerseits und den Dingen, Ereignissen, Handlungen und Eigenschaften, <für die die Wörter stehen>, andererseits besteht" (Lyons 1971, 434). Die Beschreibbarkeit der außersprachlichen Relate nach "<Merkmalen> der physischen Welt" (Lyons 1971, 431) vermittelt die "Einsicht, daß Wortbedeutungen keine unanalysierbaren Ganzheiten sind", sondern "Komplexe von Bedeutungskomponenten oder semantischen Merkmalen" (Bierwisch 1969 a, 67). Allerdings

---

1 S.o. I, 3.22. Nur bei den Präfixverben scheinen neben bedeutungscharakterisierenden auch und vor allem strukturbildende Selektionseinheiten für die OS-Repräsentation verantwortlich zu sein (s.u. II, 3.1). Die Untersuchung beschränkt sich deshalb vorläufig nur auf Simplizia.

stellen diese Merkmale "keineswegs unmittelbar physikalische Eigenschaften dar, sondern die psychischen Bedingungen, gemäß denen die reale Umwelt durch den Menschen verarbeitet wird" (Bierwisch 1969a,72; ebenso 1970, 181). Sie beruhen "letztlich auf den kognitiven Fähigkeiten des Menschen [...], sind Verallgemeinerungen der für den Menschen relevanten Aspekte seiner Lebenserfahrung" (Hundsnurscher 1970, 31). Als "Informationseinheiten" der in einer semantischen Struktur enthaltenen "Informationsmenge" geben sie Auskunft über die "Bedeutungsunterschiede zwischen den Wörtern" (Hundsnurscher 1970, 30 f; U.v.m.), bezeichnen jedoch gleichzeitig die Gemeinsamkeiten der Wörter innerhalb einer Bedeutungsgruppe oder Klasse, also deren Klassenzugehörigkeit. Coseriu spricht in diesem Zusammenhang von dem "gemeinsamen inhaltsunterscheidenden Zug", durch den die Lexeme einer Klasse zusammenhängen (Coseriu [1967] 1974, 77).

Bei der semantischen Analyse eines Wortes wird also dessen komplexe Bedeutung in einzelne semantische Merkmale zerlegt. Jedes Merkmal bezeichnet ein bestimmtes Charakteristikum des Wortes, durch das dieses sich von anderen Wörtern unterscheidet. Gleichzeitig gibt das Merkmal die Zugehörigkeit des Wortes zu einer Bedeutungsgruppe an, in der alle Wörter mit gleichem Charakteristikum zusammengefaßt sind.

Abb. 6

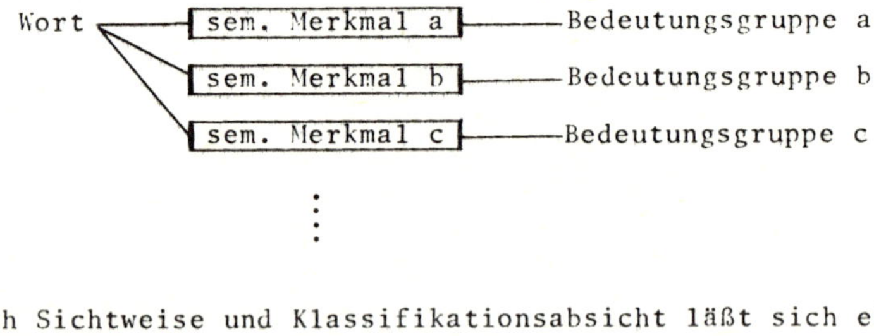

Je nach Sichtweise und Klassifikationsabsicht läßt sich ein semantisches Merkmal also entweder

- als die Teilbedeutung eines einzelnen Wortes oder
- als die gemeinsame Bedeutung einer Gruppe von Wörtern

interpretieren. Diese zweiseitig orientierte Charakterisierungsfähigkeit eines semantischen Merkmals ermöglicht es, mit Hilfe dieser Merkmale nicht nur einzelne Wörter, sondern auch ganze Wortgruppen oder -Klassen, etwa die nominalen Selektionsbereiche des Verbs, zu analysieren.

Als geeignetste Methode der Merkmalsgewinnung bietet sich - wie schon bei der Ermittlung der strukturbildenden Relationselemente (s.o. I, 3.235) - wiederum die "verbale Definition" an, also die paraphrasierende Beschreibung der Wortbedeutung. Sie läßt sich hier jedoch - zumindest bei den semantischen Merkmalen der Nomen - in gewissem Umfang systematisieren. Mit Hilfe eines Verfahrens, das Hundsnurscher "Ausdifferenzieren" nennt (1970, 42 ff), werden die Nomen nach generellen Kategorien einer ersten Grobgliederung unterzogen und dann aufgrund spezifischer Kriterien weitergehend, ggf. durch Minimalpaar-Kontrastierung, differenziert. Dieses Verfahren setzt eine relativ umfassende Merkmalshierarchie voraus (s.u. I, 4.322). Die Analyseergebnisse lassen sich durch verschiedene semantische Tests absichern[1].

Die Methode der "verbalen Definition" kann aber auch bei der semantischen Analyse des Verbinhalts, d.h. zur Ermittlung der modalen Eigenmerkmale des Verbs angewendet werden. Dem Wesen verbalen Geschehens entsprechend, bereitet deren Erfassung und Systematisierung jedoch größere Schwierigkeiten. Das folgende Kapitel geht näher darauf ein.

4.2 Die semantische Analyse des Verbinhalts

4.21 Das verbale Geschehen

Das Verb bezeichnet "solche Sachverhalte der Wirklichkeit, die in unserem Denken als Tätigkeiten, Vorgänge oder Zustände wiedergespiegelt werden; ihnen allen ist gemeinsam, daß sie als zeithaft bestimmte, als in der Zeit verlaufende Prozesse

1 Dazu im einzelnen Wheatly (1970), auszugsweise dargestellt in Hundsnurscher (1970, 49 ff). Zur Methodik der Bedeutungsanalyse vgl. auch Schippan (1975, 238 ff).

gesehen sind" (W. Schmidt 1973, 196. Vgl. auch Grebe 1973, 60; Erben 1972, 58 f)[1]. Da es jedoch in der Wirklichkeit, d.h. "in der mit den Sinnen wahrnehmbaren Welt keine Vorgänge im Sinne isolierter oder wenigstens abgegrenzter Erscheinungen" gibt, ist ein Geschehen immer an einen "Gegenstand" (im weitesten Sinne), also an einen Geschehensträger gebunden. "Unsere Sinne zeigen uns ruhende, sich bewegende oder verändernde Gegenstände oder Lebewesen, aber keine 'Vorgänge'" (Leisi 1967, 22).

Grundsätzlich kann ein Geschehen also nicht von seinem Geschehensträger losgelöst gesehen werden (ein Grundsatz, dem die Analyse der nominalen Umgebung des Verbs Rechnung trägt; s.u. I, 4.4). Auf der anderen Seite jedoch werden gleiche und ähnliche Geschehensweisen, die an den verschiedenen Geschehensträgern zu beobachten sind, von diesen abstrahiert, zu einer Gesamtbedeutung zusammengefaßt und sprachlich - im allgemeinen durch ein Verb - fixiert. Obwohl es also keine Geschehen an sich gibt, macht die Sprache glauben, es gäbe sie doch. Diese <u>gegenstandsgebundene Abstraktheit</u> eines jeden Geschehens erschwert die Analyse der semantischen Eigenmerkmale des Verbs sehr, ja macht sie sogar weitgehend unmöglich. Brauchbare Ergebnisse sind im Grunde nur zu erwarten, wenn das Geschehen eng genug begrenzt ist, d.h. wenn es sich auf nur relativ wenige Geschehensträger bezieht und sein Ablauf dadurch ziemlich eindeutig festliegt.

4.22 Exemplarische Einzelanalyse

Als Beispiel die (fortgeführte) Analyse des Verbs "<u>bügeln</u>" (s.o. I, 3.235). Um die inhärenten semantischen <u>Eigenmerkmale</u> des Verbs zu ermitteln, wird das Geschehen insbesondere im Hinblick auf die <u>Art und Weise seines Ablaufs</u> wie folgt weiter

---

1 Als <u>übergeordneten</u> Begriff für alle drei Bedeutungsgruppen "<u>Tätigkeit, Vorgang, Zustand</u>" verwende ich den Terminus "<u>Geschehen</u>". Dabei ist mir bewußt, daß "Zustände" kein "<u>Geschehen</u>" im eigentlichen Sinn des Wortes darstellen, sondern "Sein". (Erben 1972, 59)

aufgeschlüsselt[1]:

> Ein Mensch bewegt ein heißes Bügeleisen unter kräftigem Druck langsam und gleichmäßig über Textilien hin und her.

Diese Beschreibung enthält nunmehr sieben verschiedene Komponenten, und zwar

1. Mensch
2. heißes Bügeleisen
3. kräftig
4. langsam
5. gleichmäßig
6. Textilien
7. hin und her.

Die Komponenten 1., 2. und 6. sagen nichts über den Ablauf des Geschehens aus, sondern bezeichnen die nominalen Größen, an denen sich das Geschehen vollzieht, nämlich die Relationselemente AGT, INST[2] und PAT (s.o. I, 3.235). Sie bleiben im gegebenen Zusammenhang außer Betracht. Bei den übrigen vier Komponenten handelt es sich um die oben so bezeichneten semantischen Eigenmerkmale des Verbs (s.o. I, 3.22). Sie geben verschiedene modale, in diesem Fall dynamische Eigenschaften des Geschehensablaufs wieder, und zwar

---

1 Die Beschreibung ist sicher nicht vollständig; sie soll und kann es wahrscheinlich auch gar nicht sein. Zur Demonstration der Merkmalsklassifizierung reichen die aufgeführten Komponenten aus.

2. Indirekt gibt der INST allerdings doch über den Ablauf des Geschehens Auskunft. Denn das bei einem Geschehen verwendete Instrument hat einen wesentlichen Einfluß auf die Art und Weise seines Ablaufs. Obwohl dem INST damit in gewisser Weise bedeutungscharakterisierende Funktion zukommt, läßt er sich jedoch nicht den Eigenmerkmalen des Verbs gleichsetzen. Da der INST andererseits auch nicht eindeutig zu den Relationselementen gerechnet werden kann (s.o. I, 3.232 (3)), muß man ihn als eine Größe zwischen strukturbildenden und bedeutungscharakterisierenden Selektionseinheiten ansehen.

3. die Intensität (kräftig)
4. die Geschwindigkeit (langsam)
5. den Rhythmus (gleichmäßig)
7. die Frequenz (hin und her).

Andere geschehenscharakterisierende Merkmale, etwa solche der Abstufung (z.B. bei "spurten" = progressiv), der Zeitdauer (z.B. bei "leihen" = auf Zeit) oder der Lautstärke (z.B. bei "brüllen" = laut) sind beim Verb "bügeln" nicht relevant.

Bei den geschehenstypischen Merkmalen des Verbs handelt es sich zum Teil um Bedeutungseinheiten, die gewöhnlich als Aktionsarten bezeichnet werden. Grebe führt drei Obergruppen von Aktionsarten auf: "Zeitliche Verlaufsweise", "Wiederholung" und "Grad, Intensität" (Grebe 1973, 65). Im Grunde lassen sich aber auch Merkmale wie "Geschwindigkeit", "Rhythmus", "Abstufung" u.a. zu den Aktionsarten rechnen, da sie "die Art und Weise, wie das durch ein Verb bezeichnete Geschehen abläuft" (Grebe 1973, 65), beschreiben.

Üblicherweise jedoch wird einem bestimmten Verb immer nur eine Aktionsart zugeordnet. So gilt "streicheln" als iteratives, "schluchzen" als intensives Verb etc. Wenn in vielen Fällen auch eine Aktionsart vielleicht besonders deutlich hervortritt, so bedeutet das nicht, daß andere nicht zusätzlich gegeben sein können. Bei "streicheln" bspw. lassen sich auch der Intensitätsgrad (sanft) oder die Geschwindigkeit (langsam) bestimmen. Eine komplexe Verbanalyse, wie sie die Untersuchung der variablen Repräsentation der Valenz voraussetzt, verlangt aber eine Aufschlüsselung des Verbinhalts nach möglichst vielen relevanten Aktionsarten bzw. Eigenmerkmalen.

Die auf den ersten Blick relativ eindeutig erscheindende Analyse des Verbinhalts von "bügeln" verliert an Präzision und damit an Aussagewert, wenn man die vier relevanten Merkmale genauer auf ihre Charakterisierungsfähigkeit hin überprüft.

4.23 Probleme bei der Erfassung und Formalisierung der verbalen Eigenmerkmale

4.231 Die Relativität der Eigenmerkmale

Die verbalen Eigenmerkmale des Verbs sind vorwiegend relative Merkmale . Sie liefern keine absolute, endgültige Beschreibung der Verbmodalitäten, sondern sie sind nur denkbar aufgrund ihrer Beziehung zu anderen Größen. Was bspw. "schnell" bedeutet, läßt sich nur entscheiden, wenn man es zu "langsam" in Beziehung setzt. Absolute "Schnelligkeit" ist nicht vorstellbar. Ein Läufer wird die Geschwindigkeit von bspw. 30 km/h als "schnell" empfinden, ein Autofahrer hingegen als "langsam".

Trotzdem kann man das Tempomerkmal bei einem Verb wie "sprinten" mit "schnell", bei einem anderen wie "schlendern" mit "langsam" angeben. Diese Einschätzung ist möglich, weil eine Bezugsebene vorhanden ist, auf der sich die Geschwindigkeit eines Verbs im Verhältnis zur Geschwindigkeit anderer, vergleichbarer Verben messen läßt. Die Bezugsebene ergibt sich also aus einem Vergleich zwischen mehreren Verben derselben, das zu bestimmende Merkmal betreffenden Kategorie. Im Falle von "sprinten" und "schlendern" ist es die pedale Fortbewegungsgeschwindigkeit des Menschen (die sich im übrigen ziemlich genau abgrenzen läßt, von minimal0 bis maximal etwa 36 km/h). Dazwischen liegen verschieden abgestufte Geschwindigkeiten, von denen eine als die "Normalgeschwindigkeit" anzusehen ist, d.h. als eine normative Bezugsgröße, an der sich "schnell" und "langsam" scheiden (im vorliegenden Fall etwa das Tempomerkmal von "gehen"). Wie auch die anderen auf der Bezugsebene liegenden Merkmale läßt sich diese normative Bezugsgröße immer nur relativ festlegen.[1]

Die Spezifizierung der relativen Eigenmerkmale des Verbs (wie wohl auch anderer relativer semantischer Merkmale) setzt also

---

1 Vgl. auch Bierwisch (1969a,69 f bzw. 1970, 172 ff).

das Vorhandensein einer Bezugsebene und einer normativen Bezugsgröße voraus. Eben die möglichst exakte Fixierung dieser beiden Gegebenheiten bereitet bei vielen Verben Schwierigkeiten, und zwar auch dann, wenn der Geschehensablauf ziemlich genau festliegt und deshalb verhältnismäßig leicht analysierbar scheint. Das zeigt sich bereits bei dem Verb "bügeln".

Um die Qualität etwa der Geschwindigkeit genauer einordnen zu können, mit der beim Bügeln der Arm bewegt wird, ist das Verb "bügeln" mit anderen Verben zu vergleichen, dieebenfalls eine Armbewegung zum Inhalt haben. Als Bezugsebene ist demnach die Bewegungsgeschwindigkeit des menschlichen Arms anzusetzen. Da es jedoch im Gegensatz zu den "Fortbewegungsverben" keine einheitliche Gruppe der "Armbewegungsverben" gibt, muß ein mehr oder weniger zufälliger Vergleich von "bügeln" mit Verben wie "feilen, scheuern, boxen, werfen" oder anderen sehr viel divergierender und unpräziser ausfallen. Armbewegungen sind im allgemeinen variabler und ungleichmäßiger als die ziemlich regelmäßigen Beinbewegungen der Fortbewegung bei Verben wie "schlendern, gehen, marschieren, laufen, rennen" u.a. Die Geschwindigkeit der Armbewegungen läßt sich deshalb nicht so leicht und einheitlich messen wie die der Fortbewegung. Entsprechend groß sind Schwierigkeiten, auf einer solchen nur ungefähr bestimmbaren Ebene, eine normative Bezugsgröße festzulegen. Um Komplikationen dieser Art bei der Merkmalsbestimmung andeutungsweise zum Ausdruck zu bringen, erscheint es mir angebracht, bei dem Verb "bügeln" das Geschwindigkeitsmerkmal "langsam" entsprechend zu modifizieren in "verhältnismäßig langsam".

Bei den bisher angestellten Überlegungen wurde der Einfachheit halber vorausgesetzt, daß die Geschwindigkeit von "bügeln" konstant ist. Das ist bekanntlich nicht der Fall. Sie kann in bestimmten Phasen "langsam" sein (etwa beim Bügeln großer Flächen), sie kann aber auch "schnell" werden (etwa beim Bügeln kleiner Ecken, wobei sich übrigens auch die Frequenz erhöht). Eine Geschwindigkeit, die in unregelmäßigen, zeitlich nicht festzulegenden Abständen sowohl "langsam" als auch "schnell" sein kann, läßt sich nicht exakt bestimmen. Es bietet sich deshalb an, sie nach der vorherrschenden Qualität, im gegebenen Fall also als "langsam" zu klassifizieren. Um auch diese Problematik bei der Merkmalsspezifizierung anzudeuten, erscheint mir eine weitere Modifikation des Merkmals in "vorwiegend langsam" angebracht. Nach beiden Modifikationen heißt das Tempomerkmal von "bügeln" somit: "verhältnismäßig und vorwiegend langsam".

Ähnliche Einwände lassen sich auch bei der Erfassung und Formalisierung des Intensitäts- oder Rhythmusmerkmals von "bügeln" erheben. Wie "kräftig" der Druck des Arms auf das Bügeleisen zu sein hat oder wie "gleichmäßig" die Bewegung ausgeführt wird, läßt sich nicht endgültig festlegen.

Bei dem Frequenzmerkmal ergeben sich neue Probleme: Die Bedeutung von "hin und her" enthält zwei Teilkomponenten: Die eine drückt aus, daß die Bewegung wiederholt wird, die andere, wie die Bewegung lokal ausgerichtet ist, nämlich horizontal. Die lokale Komponente müßte eigentlich einem gesonderten Merkmal, etwa "lokale Ausrichtung", zugeordnet werden. Eine solche Trennung ist jedoch kaum möglich, da sich die Bedeutung von "hin und her" nicht in zwei gleichwertige Begriffe fassen läßt, von denen der eine nur die Frequenz, der andere nur die lokale Ausrichtung bezeichnet. So geben bspw. die Begriffe "wiederholt" (zur Bezeichnung der Frequenz) und "horizontal" (zur Bezeichnung der lokalen Ausrichtung) die spezifische Eigenheit von "hin und her" nur sehr unvollständig wieder. Unter Berücksichtigung all dieser Vorbehalte lassen sich die semantischen Eigenmerkmale des Verbs "bügeln" in etwa wie folgt spezifizieren:

- Intensität : verhältnismäßig und vorwiegend kräftig
- Geschwindigkeit: verhältnismäßig und vorwiegend langsam
- Rhythmus : verhältnismäßig und vorwiegend gleichmäßig
- Frequenz : (wiederholt und horizontal) hin und her.

4.232 Formalisierungsschwierigkeiten bei Verben mit größerem Abstraktionsgehalt

Wenn bereits bei der Analyse eines inhaltlich so eng abgrenzbaren Verbs wie "bügeln" derartige Einschränkungen gemacht werden müssen, dann dürften die Vorbehalte bei Verben mit höherem Abstraktionsgrad umso größer, wenn nicht gar unüberwindbar sein. Bei den nicht-dynamischen Verben lassen sich die verbeigenen Bedeutungseinheiten oft nicht einmal begrifflich fassen, da sie ihrem Wesen nach zu global, zu unbestimmt, zu abstrakt sind. Das trifft insbesondere zu auf

- Zustände wie "sitzen, glänzen" etc., zu denen auch die "Privativa" (Leisi 1967, 47) wie "fehlen, warten" etc. zu rechnen sind.
- mentale Prozesse wie "hören, denken" etc. (ausgenommen die Verben der Verbalisation).
- vergleichende Relationen wie "ähneln, gleichen" etc.

Weitere und noch kompliziertere Probleme ergeben sich bei Verben, denen nicht nur ein einziges, einigermaßen fest umrissenes Geschehen zugrundeliegt, sondern denen mehrere unterschiedliche Geschehen zugeordnet werden müssen, deren Anzahl und Ablauf oft nicht zu konkretisieren oder gemeinschaftlich zu erfassen ist.

4.233 Die Komprimierung mehrerer Geschehen

(1) Geschehensbündelung

Bei einem Verb, das die Selektion der Nomen auf Bereiche von relativ geringem Umfang beschränkt - das Verb "bügeln" bspw. auf die Bereiche "Mensch" (AGT), "Textilien" (PAT) und "Bügeleisen" (INST) - muß das zugrundeliegende Geschehen stets auf mehr oder weniger gleiche Art und Weise ablaufen. Der Bügelvorgang läßt sich deshalb als ein relativ eindeutiges, eng begrenztes Geschehen beschreiben und entsprechend präzise analysieren.

Besteht hingegen die nominale Umgebung eines Verbs aus sehr umfangreichen Selektionsbereichen, die eine Vielzahl von unterschiedlichen Geschehensträgern zur Auswahlstellen, so kann das Geschehen zwangsläufig nicht immer in der gleichen Weise vor sich gehen. Es hat sich vielmehr nach dem Charakter der jeweiligen Geschehensträger zu richten. Hier bezeichnet also ein einziges

Verb mehrere unterschiedliche Geschehensabläufe und bündelt sie zu einer gemeinsamen Bedeutung.

So läßt bspw. der Verbinhalt von "öffnen" nicht erkennen, auf welche Weise das Geschehen im einzelnen abläuft, schnell oder langsam, mit oder ohne Kraftaufwand, als einzelne oder wiederholte Bewegung. Denn je nachdem ob eine Tür, eine Flasche oder ein Buch geöffnet wird, ob die Tür mit einem Schlüssel oder einem Brecheisen, die Flasche mit einem Korkenzieher oder mit den Fingern, das Buch von einem Menschen oder vom Wind geöffnet wird, der Ablauf des Geschehens ist jedesmal ein anderer. Trotzdem wird in allen diesen Fällen (und anderen mehr) das gleiche Verb "öffnen" verwendet.

Es erscheint einleuchtend, daß sich aufgrund der Vielzahl und der Verschiedenheit der in solchen Verben wie "öffnen, reparieren, ändern, helfen, säubern" etc. gebündelten Geschehen keine einheitlichen Merkmale finden lassen, die den Verbinhalt näher spezifizieren.

(2) Geschehenskoppelung

Ähnliche Schwierigkeiten bei der Analyse bereiten Verben, deren Geschehen sich aus einer Reihe nacheinander ablaufender Einzelgeschehen zusammensetzt. Bei der Zerlegung des Geschehensablaufs dieser Verben lassen sich primär keine Merkmale ermitteln, die - wie im Fall von "bügeln" - das Geschehen nach unterschiedlichen Bedeutungskomponenten charakterisieren, sondern verschiedene Ablaufphasen, die jede für sich ein abgrenzbares Einzelgeschehen darstellen. Im Unterschied zu den "iterativen" Verben bzw. den "Vorgangskollektiva" (Leisi 1967, 52), bei denen ein und derselbe Geschehensteil (z.B. eine Pendelbewegung) sich in gleicher oder ähnlicher Weise mehrmals wiederholt, laufen hier verschiedene vollständige Einzelgeschehen nacheinander ab und bilden in ihrer Gesamtheit ein neues Geschehen. Das Gesamtgeschehen besteht also aus der Summe mehrerer aneinander gekoppelter Einzelgeschehen.

Ein Beispiel:

Das Geschehen des Verbs "essen" setzt sich zusammen aus folgenden sequenziellen Einzelgeschehen[1]:

essen: (zerkleinern)[2] + mit dem Eßgerät aufnehmen + zum Mund führen + (abbeißen)[2] + kauen + schlucken.

Als Zwischenergebnis der Analyse liegen damit eine Reihe neuer Geschehen vor, von denen wiederum jedes einzeln zu analysieren wäre, wollte man den Inhalt des Gesamtgeschehens vollständig erfassen.

Man braucht jedoch eine solche zweiphasige Analyse gar nicht erst in allen Einzelheiten durchzuführen, um zu erkennen, wie unzulänglich sie ist:

- Nicht alle Einzelgeschehen sind begrifflich geprägt. Sie lassen sich deshalb häufig nicht präzise und treffend genug beschreiben und analysieren, so etwa das Geschehen von "mit dem Eßgerät aufnehmen (aufheben, auffüllen, ergreifen u.ä.)".

- Die zu analysierenden semantischen Merkmale würden sich jeweils nur auf ein Einzelgeschehen beziehen. Sie sagen deshalb nichts über den Charakter des Gesamtgeschehens aus. Häufig widersprechen sie sich sogar. So charakterisiert bspw. das Frequenzmerkmal von "kauen" die Aktion als "wiederholtes", das von "schlucken" jedoch als "einmaliges" Geschehen. Ein gemeinsames Frequenzmerkmal aller Einzelgeschehen von "essen" läßt sich auf diese Weise nicht ermitteln.

Eine Analyse der Eigenmerkmale von Verben, die wie "essen, backen, kochen, putzen, kaufen, bauen" etc. verschiedene Einzelgeschehen zu einem Gesamtgeschehen koppeln, führt also ebenfalls nicht zu brauchbaren Ergebnissen.

---

1 Vgl. auch Leisi (1967, 68).

2 Je nach Art des Eßgeräts oder der Konsistenz des Essens kann der Zerkleinerungsvorgang am Anfang oder in der Mitte der Sequenz stehen bzw. vollständig fehlen.

Im übrigen treten die unterschiedlichen Verbtypen selten in Reinform auf. Die Vielschichtigkeit verbalen Geschehens führt zu Mischformen, in denen jeweils Elemente unterschiedlicher Typen vertreten sein können. Das Verb "reparieren" bspw. bündelt eine Reihe unterschiedlicher Geschehensabläufe je nach Art der zu reparierenden Gegenstände. Es erfaßt andererseits eine Folge miteinander gekoppelter Einzelgeschehen, die die unterschiedlichen Phasen einer Reparatur darstellen.

4.24 Zusammenfassung und Fazit

Wie sich gezeigt hat, ist die Analyse des Verbinhalts und seiner semantischen Eigenmerkmale mit großen Problemen verbunden. Sie führt letztlich nur bei einem Teil der Verben zu verhältnismäßig brauchbaren Ergebnissen, nämlich bei Verben, denen ein einziges, einigermaßen festumrissenes dynamisches Geschehen zugrundeliegt. Grundsätzliche Schwierigkeiten bei der Erfassung und Formalisierung der relativen Merkmale beeinträchtigen diese Ergebnisse zwar, stellen sie jedoch nicht vollständig in Frage.

So gut wie keine oder nur äußerst unzureichende Ergebnisse liefert die Analyse bei den Verben mit hohem Abstraktionsgrad, bei den Zuständen, den mentalen Prozessen und den vergleichenden Relationen. Verben, die unterschiedliche Geschehensabläufe zu einer Bedeutung bündeln oder die mehrere Einzelgeschehen miteinander zu einem Gesamtgeschehen koppeln, lassen eine entsprechende Analyse kaum möglich erscheinen.

Diese insgesamt gesehen dürftigen Analyseergebnisse reichen mit Sicherheit nicht aus, um aus der Zahl und der Beschaffenheit der verbalen Eigenmerkmale grundsätzliche und für alle Verben gleichermaßen geltende Erkenntnisse über die OS-Gestaltung der Verbstrukturen zu gewinnen. Obwohl eine solche Auswirkung des Verbinhalts durchaus gegeben zu sein scheint, läßt sie sich jedoch nicht exakt und vollständig genug nachweisen. Deshalb kann der Verbinhalt nicht oder ggf. nur ergänzend zur Bestimmung der variablen OS-Realisierung von Relationselementen mit herangezogen werden.

Weitaus brauchbarere Resultate liefert die semantische Analyse der nominalen Selektionsbereiche des Verbs. Sie setzt jedoch die semantische Analyse der Nomen voraus. Denn die Nomen sind eigenständige Größen, deren Bedeutung sich unabhängig von einem verbalen Geschehen erschließt. Bevor also auf die nominalen Selektionsbereiche näher eingegangen werden kann, wird die semantische Analyse der Nomen ausführlicher behandelt.

4.3 Die semantische Analyse der Nomen

4.31 Exemplarische Einzelanalyse

Als einführendes Beispiel die Analyse des Nomens "Ball"[1]. Die paraphrasierende Beschreibung von "Ball" als einem

runden, elastischen Gegenstand

enthält drei für die Bedeutung des Nomens relevante semantische Merkmale:

1. Kategorie	:	Gegenstand
2. Form	:	rund
3. Stoff	:	elastisch.

- Das Kategoriemerkmal ordnet das Nomen einer der grundlegenden Bedeutungsgruppen zu. Es steckt damit den Rahmen für die weiteren Klassifikationen ab, bei denen nur die gegenstandsbezogenen Merkmale relevant werden können, während die nur Lebewesen betreffenden Merkmale wie "Geschlecht, Verwandtschaft" u.a. ausgeschlossen werden.

- Das Formmerkmal von "Ball" ist wohl grundsätzlich als "rund" zu spezifizieren, obwohl Bälle auch oval sein können (so der beim Rugby verwendete Ball). Die runde Form dürfte jedoch so dominant sein (zumindest im deutschen Sprachraum, in dem Rugby so gut wie keine Rolle spielt)[2], daß eine zusätzliche

1 Hier und im folgenden nur im Sinne von "Spiel- und Sportgerät" verwendet. Vgl. auch Katz/Fodor ([1963] 1970, 248 ff.) und Weinreich (1970, 35). Der Anschaulichkeit halber beschränke ich mich hier auf die Analyse weniger, grundlegender Komponenten.

2 Hundsnurscher weist darauf hin, daß die in semantischen Merkmalen erfaßten Bedeutungsunterschiede nur aktiviert werden, "solange sie für eine Sprachgemeinschaft relevant sind" (1970, 31).

Charakterisierung als "oval" und damit eine mögliche Mehrfachbesetzung des Formmerkmals durch "rund/oval" nicht angebracht scheint.

- Das Stoffmerkmal hingegen müßte eigentlich mehrfach besetzt sein, etwa durch Einheiten wie "Leder, Gummi, Textil" u.a. Denn "elastisch" bezeichnet ja nicht das Material selbst, sondern eine gemeinsame Eigenschaft der verschiedenen relevanten Materialien. Offenbar läßt sich die Substanz eines Gegenstandes unterschiedlich und auf bestimmte Weise hierarchisch differenzieren (s.u. I, 4.323). In einem größeren Rahmen von Substanzmerkmalen muß deshalb an die Stelle des Merkmals "Stoff" das übergeordnete Merkmal "Konsistenz" treten, das sich durch "elastisch" eindeutig spezifizieren läßt. Mehrfachbesetzungen sollten möglichst vermieden werden, da sie ungenauer und oft nur unvollständig kategorisieren.

- Andere Merkmale als die genannten scheinen auf den ersten Blick für die Bedeutung von "Ball" nicht relevant zu sein. Die abwegige Vorstellung jedoch, daß es bspw. einen 2 mm oder 2 km großen Ball geben könnte, zeigt, daß die Größe eines Balles sich in bestimmten Grenzen hält. Sie läßt sich jedoch nicht genauer spezifizieren. Als einer relativen Eigenschaft fehlt ihr eine Bezugsebene, auf der sie sich im Vergleich zur Größe anderer adäquater Gegenstände messen läßt. Ein Nomen wie "Zwerg" hingegen kann deshalb als "klein" spezifiziert werden, weil bei ihm die Körpergröße des Menschen als Bezugsebene eine entsprechende Zuordnung ermöglicht.

  Obwohl das Größenmerkmal also einen gewissen Anteil an der Charakterisierung von "Ball" hat, läßt es sich nicht näher spezifizieren und deshalb nur als bedingt relevant ansehen. Ähnliches dürfte auch für das Gewichtsmerkmal von "Ball" gelten.

  Merkmale wie Farbe, Alter u.ä. schließlich sind für die Bedeutung von "Ball" in keiner Weise relevant.

In modifizierter Form lassen sich die semantischen Merkmale des Nomens "Ball" somit wie folgt spezifizieren:

1. Kategorie	:	Gegenstand	
2. Form	:	rund	
3. Substanz			
a) Konsistenz	:	elastisch	
b) Stoff	:	-	
4. Größe u.ä.	:	(-)	(= bedingt relevant, aber nicht spezifizierbar)
5. Farbe u.ä.	:	-	

Wie sich gezeigt hat, stellen die Bedeutungseinheiten der Nomen Merkmale bzw. Merkmalstypen unterschiedlicher Qualität dar. Zur gedanklichen und begrifflichen Klärung erscheint es mir deshalb von Nutzen, näher auf die Funktion und die Systematisierung dieser Merkmale einzugehen, bevor die dabei gewonnenen Erkenntnisse auf die nominalen Selektionsbereiche des Verbs übertragen und bei deren Analyse angewandt werden können.

4.32 Funktion und Systematisierung der semantischen Merkmale

4.321 Die Klassifikationsfähigkeit der semantischen Merkmale

Da das Prinzip der Über- und Unterordnung bei der semantischen Klassifizierung eine wesentliche Rolle spielt, ist man geneigt, die Gesamtstruktur des Wortschatzes bzw. seiner Bedeutungseinheiten als Hierarchie zu sehen. In der Tat lassen sich immer wieder Teilbereiche des Wortschatzes in streng hierarchisch geordnete Klassen und Subklassen aufgliedern. Andererseits jedoch wird jede hierarchische Klassifikation sehr bald unterbrochen, weil die Subkategorisierung "Klassifikationsüberschneidung <Kreuzklassifikation> mit sich bringt" (Chomsky [1965] 1970, 108; zit. nach Lyons 1971, 168)[1]. Die in einer Merkmalshierarchie auftretenden semantischen Merkmale können somit nach ihrer Klassifikationsfähigkeit in zwei Gruppen eingeteilt werden: in hierarchisch klassifizierende Merkmale und in kreuzklassifizierende Merkmale.

- Die hierarchisch klassifizierenden Merkmale haben die Fähigkeit, alternative Merkmale oder Merkmalskomplexe auszuschließen.

---

1 Vgl. auch Coseriu ([1967] 1974, 77); Dahlberg (1976, 92 ff).

Eine solche Klassifikation schreitet streng linear, also nur im Rahmen eines sich immer mehr verengenden Merkmalsstranges fort und läßt dadurch die übergeordneten Merkmale redundant werden. So schließt bspw. die Klassifikation eines Nomens als "Lebewesen" das alternative Merkmal "Gegenstand" aus. Durch die weiterführende Subklassifikation des Nomens als "Mensch" wird das übergeordnete Merkmal "Lebewesen" redundant.

- Die kreuzklassifizierenden Merkmale besitzen diese Eigenschaften nicht. Da sie mehrere unterschiedliche, sich gegenseitig ausschließende Merkmalsstränge gleichermaßen klassifizieren, können sie nicht alle alternativen Merkmale eliminieren, sondern immer nur die zur jeweils übergeordneten Klasse gehörigen. Wird also durch das Lebewesen wie Gegenstände klassifizierende Merkmal "groß" bspw. die Klasse "Lebewesen" subklassifiziert, so schließt dieser Vorgang nur alle "kleinen" Lebewesen aus, nicht jedoch auch die "kleinen" Gegenstände. Die übergeordneten Klassen bzw. Merkmale sind hier also zur Differenzierung der Analyse notwendig. Sie können deshalb bei der Klassifizierung durch kreuzklassifizierende Merkmale nicht redundant werden.

Trotz oder gerade wegen ihrer unterschiedlichen Klassifikationsfähigkeit ergänzen sich beide Merkmalstypen gegenseitig. Sie erfassen den Wortschatz netzartig:

Die hierarchisch klassifizierenden Merkmale zerlegen ihn vertikal in einzelne, voneinander getrennte Merkmalsstränge, die sich gegenseitig ausschließen und dadurch ihre Verschiedenheiten herausstellen.

Die kreuzklassifizierenden Merkmale verbinden die Merkmalsstränge - potentiell auf jeder Stufe der Hierarchie - horizontal wieder miteinander und heben dadurch deren Gemeinsamkeiten hervor.

Die Strukturierung dieser Merkmale bereitet beträchtliche Schwierigkeiten, da eine Hierarchie des Wortschatzes kein zwingend vorgegebenes, festgefügtes System darstellt, sondern eine den Erfordernissen der semantischen Analyse entsprechend veränderbare Konstruktion. Mit anderen Worten: eine naturgegebene Merkmalshierarchie, eine Hierarchie "an sich" gibt es nicht. Dagegen lassen sich eine ganze Reihe hypothetischer Hierarchien aufstellen, die sogar schon von der obersten Spitze an völlig unterschiedlich verlaufen können, je nachdem welche Merkmale als die grundlegendsten angesehen und eingesetzt werden. Eine primäre Aufgliederung der Nomen bspw. in Konkreta und Abstrakta ist ebenso möglich und folgerichtig wie eine solche in Eigennamen und Appellativa. Die weiterführenden Subklassifikationen zeigen die Abweichungen noch deutlicher: während im ersten Fall die Konkreta streng hierarchisch in Lebewesen und Gegenstände, die Lebewesen wieder in Menschen und Nicht-Menschen subklassifiziert werden können (Abb. 7 a), wird im zweiten Fall bereits auf der zweiten Stufe die erste Kreuzklassifikation notwendig, die sowohl Eigennamen wie Appellativa in Menschen und Nicht-Menschen aufgliedert (Abb. 7 b)[1].

Abb. 7 a

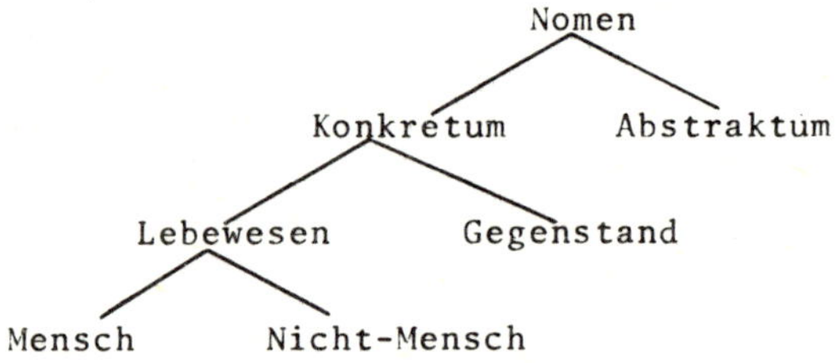

b

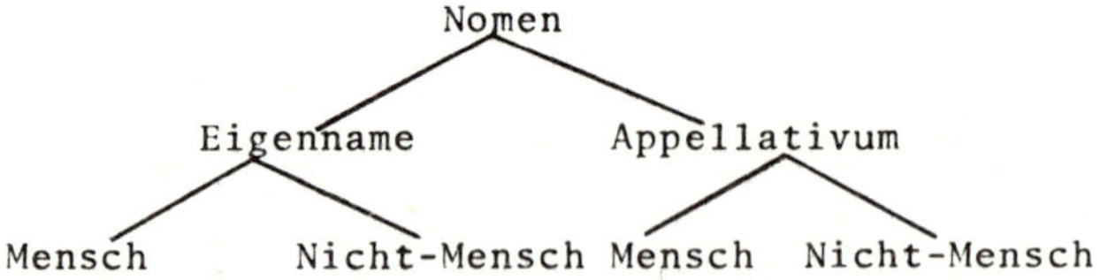

Diese Feststellungen lassen - über die dargestellte Problematik hinaus - zweierlei deutlich werden:

---

1 So Chomsky ([1965] 1970, 108).

- Sie zeigen, daß ein bestimmtes Merkmal grundsätzlich keinen vorgeschriebenen Platz in den jeweils verschiedenen Hierarchien einnehmen muß. Seine Position ist variabel und in gewissem Maße willkürlich. Wenn sich auch auf den oberen Klassifikationsstufen noch bestimmte grundlegende (hierarchische) Sequenzen anbieten (etwa Abb. 7 a), so läßt sich vor allem auf niederer Stufe - der sich häufenden Kreuzklassifikation wegen - der Rang einer Klassifikation nicht mehr ausmachen.

- Sie zeigen ferner, daß ein und dasselbe Merkmal in verschiedenen Hierarchien eine unterschiedliche Klassifikationsfähigkeit haben kann. So tritt im ersten Fall das Merkmal "Mensch" als hierarchisch klassifizierendes, im zweiten Fall hingegen als kreuzklassifizierendes Merkmal auf. Die Klassifikationsfähigkeit ist demnach unmittelbar abhängig von der Struktur der jeweiligen Hierarchie, in der es vorkommt.

4.322 Erstellung eines Merkmalssystems

Aus diesen Kriterien, dem potentiellen Vorhandensein mehrerer unterschiedlicher Hierarchien und der Variabilität von Position und Klassifikationsfähigkeit der Merkmale innerhalb dieser Hierarchien lassen sich entsprechende, für die semantische Analyse der Nomen wie auch der nominalen Selektionsbereiche des Verbs notwendige Konsequenzen ziehen: Es ist ein ganz bestimmtes, den Intentionen der Analyse am besten dienendes Merkmalssystem[1] zu erstellen, in dem Position und Klassifikationsfähigkeit der Merkmale im wesentlichen festliegen.

Als Basis für ein solches System läßt sich die verhältnismäßig kleine Gruppe von Merkmalen verwenden, die den Wortschatz konsequent hierarchisch in die Grundkategorien Konkretum-Abstraktum, Lebewesen-Gegenstand, Mensch-Nicht-Mensch aufgliedern. Diese Kategorien haben -so Hundsnurscher (1970, 38) - eine "unmittelbare Plausibilität". Sie entsprechen den Merkmalen ± Abstract, ± Animate, ± Human, die seit Katz/Fodor (1963) bzw. seit

---

1 Da es sich nur teilweise um hierarchische Klassifikationen handelt, verwende ich im folgenden für ein Ordnungsgefüge, das auch die nicht-hierarchischen Klassifikationen erfaßt, den Terminus "System".

Chomsky (1965) bei syntaktisch-semantischen Klassifikationen allgemein gebräuchlich sind[1]. (Graphische Darstellung mit deutschen Bezeichnungen vgl. Abb. 7 a). Da im vorliegenden Zusammenhang auf strenge Binarität kein Wert gelegt wird, läßt sich der Knoten "Lebewesen" statt in zwei vorteilhafter in drei Komponenten zerlegen, nämlich in "Mensch", "Tier", "Pflanze". Einschließlich der auf höherer Klassifikationsstufe stehenden Kategorie "Gegenstand" ergeben sich somit vier Endmerkmale der hierarchischen Basis, die die Konkreta in vier sich gegenseitig ausschließende Basisbereiche einteilen[2]. Darüberhinausgehende Subkategorisierungen führen meist zu Kreuzklassifikationen, die jeweils mehr als nur einen der vier Basisbereiche betreffen. Die entsprechenden Merkmale wie "Größe", "Form", "Farbe", "Gewicht" etc. können somit "bis zum Punkt der <abnehmenden Rentabilität>" (Lyons 1971, 167) in beliebiger Anzahl und auch in beliebiger Anordnung den jeweiligen Grundkategorien zugeordnet werden. Ich führe sie in alphabetischer Reihenfolge auf.

Abb. 8

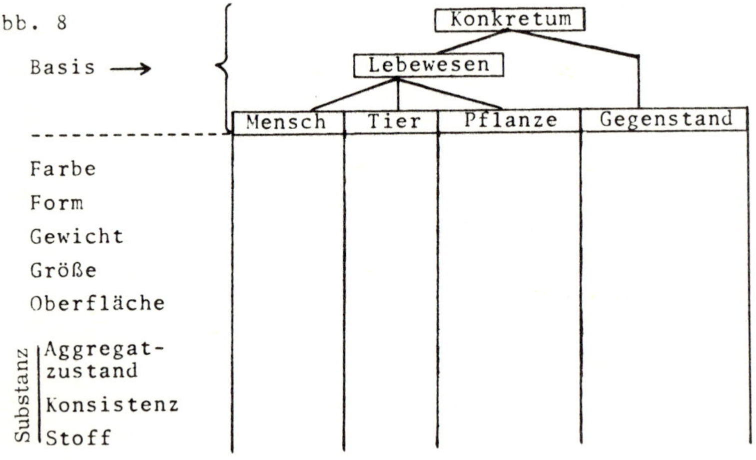

---

1 So u.a. bei Helbig und Schenkel zur Klassifizierung der Verben auf Stufe III (HuS 1973, 52 f).

2 Die Untersuchung beschränkt sich vorwiegend auf die Analyse der Konkreta. Die Abstrakta als fünfter Grundbereich werden nur global und am Rande mit einbezogen. Den Ansatz einer Merkmalsanalyse der Abstrakta beschreibt Hundsnurscher (1970, 65 ff).

4.323 Einschränkungen und Präzisierungen

Um das Merkmalssystem möglichst praktikabel zu gestalten, war es unumgänglich, die komplexen Klassifikationsbeziehungen weitgehend zu vereinfachen und dementsprechend unvollständig darzustellen. Dazu einige Anmerkungen:

1. Von den kreuzklassifizierenden Merkmalen wurden nur solche ausgewählt, die insbesondere der Klassifizierung von "Gegenständen" dienen. Denn die Vielfalt des gegenständlichen Bereichs scheint am deutlichsten Aufschluß über die unterschiedliche Beschaffenheit der Selektionsbereiche und damit voraussichtlich auch über die Eliminierbarkeit der entsprechenden Relationselemente zu geben. Merkmale wie "Alter", "Geschlecht", "Verwandschaft" u.ä., die hauptsächlich bzw. ausschließlich "Lebewesen" klassifizieren, wurden deshalb nicht mit aufgenommen.

2. Ein zumindest für den gegenständlichen Bereich wichtiges Merkmal, die "Mobilität", wurde ebenfalls nicht mit aufgeführt. Als ein Merkmal, das in den 3 Bereichen "Mensch", "Tier", "Pflanze" immanent mitgesetzt ist, hätte es bereits in der Basis Kreuzklassifikationen verursacht und dadurch die Darstellung erheblich verkompliziert. Es wird deshalb vorausgesetzt, daß - wenn nicht anders vermerkt - mit "Gegenstand" ein "mobiler Gegenstand" gemeint ist.

3. Da die kreuzklassifizierenden Merkmale insbesondere im Hinblick auf die Spezifizierung des gegenständlichen Bereichs ausgesucht wurden, brauchen sie bei den übrigen Basiskategorien nicht unbedingt als Klassifikationen realisierbar zu sein. Obwohl bspw. jede Pflanze zweifellos ein bestimmtes Gewicht hat, dürften sich wohl nur wenige zum Bereich "Pflanze" gehörige Begriffe finden, bei denen das Gewichtsmerkmal für eine Klassifizierung relevant wird.

4. Die vereinfachte Darstellung des Merkmal-Systems wird zudem der wichtigen Tatsache nicht gerecht, daß auch auf niedereren Klassifikationsstufen hierarchische Strukturen auftreten

können. Das Substanzmerkmal, ein kreuzklassifizierendes Merkmal, das alle vier Basis-Bereiche belegt, stellt gleichzeitig einen Merkmalskomplex dar, in dem die Merkmale "Aggregatszustand", "Konsistenz" und "Stoff" auf komplizierte Art hierarchisch zusammenhängen.

Abb. 9

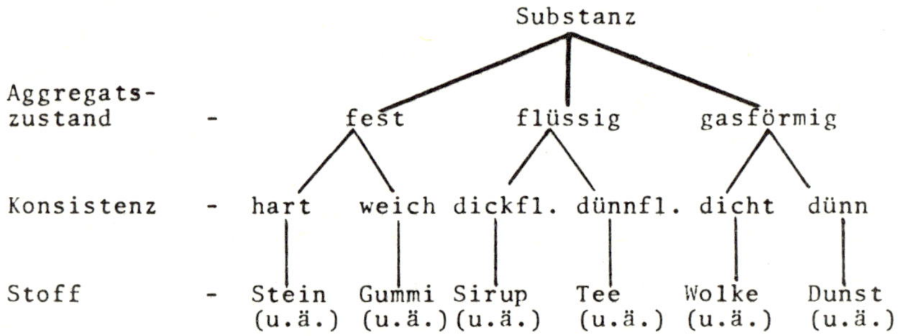

Um im vorliegenden Zusammenhang auf nur eine Besonderheit einzugehen, die aus der Doppelfunktion des Substanzmerkmals als hierarchisch klassifizierendem und kreuzklassifizierendem Merkmal entsteht: Alle drei Alternativen des Aggregatszustands-Merkmals ("fest", "flüssig", "gasförmig") und die daraus ableitbaren Subklassen werden nur im gegenständlichen Bereich relevant. In den Bereichen "Mensch", "Tier", "Pflanze" hingegen bleibt die Klassifikation von vornherein auf das Merkmal "fest" mit den entsprechenden Subklassen eingeschränkt. Zur Vermeidung unnötiger Komplikationen werden die drei Merkmale "Aggregatszustand", "Konsistenz" und "Stoff" als Subklassen des Substanzmerkmals in die Reihe der kreuzklassifizierenden Merkmale eingeordnet.

Mit Hilfe eines solchen Merkmalssystems lassen sich weite Bereiche des nominalen Wortschatzes angemessen beschreiben. Jedes Nomen wird zuerst auf seine Zugehörigkeit zu einer der vier semantischen Grundkategorien untersucht und daraufhin nach den jeweils relevanten kreuzklassifizierenden Merkmalen weitergehend spezifiziert. Dieses Verfahren, das im wesentlichen dem "Ausdifferenzieren" bei Hundsnurscher (1970, 42 ff) entspricht, ist - der in I, 4.1 beschriebenen zweiseitig orientierten Charakterisierungsfähigkeit der semantischen Merkmale gemäß - auf die semantische Analyse der nominalen Selektionsbereiche des Verbs übertragbar.

4.4 Die semantische Analyse der nominalen Selektionsbereiche des Verbs

4.41 Allgemeines

Die nominalen Selektionsbereiche eines Verbs umfassen diejenigen Nomen, die in der Umgebung des Verbs vorkommen können bzw. vorkommen müssen, damit ein sinnvoller Satz entsteht. Der Umfang dieser Selektionsbereiche läßt sich in den meisten Fällen nicht annähernd genau und vollständig ermitteln. Er erschließt sich jedoch in mehr oder weniger groben Umrissen aus bestimmten verbinhärenten Bedeutungseinheiten, die die gemeinsamen Charakteristika der mit dem Verb verbundenen Nomen wiederspiegeln. Diese verbinhärenten Bedeutungseinheiten entsprechen den semantischen Merkmalen der Nomen. Eine Analyse dieser Merkmale gibt Aufschluß über den Umfang der Selektionsbereiche.

4.42 Exemplarisch vergleichende Einzelanalyse

Als Beispiel die vergleichende, an die Spezifizierung von "Ball" anknüpfende Analyse der Selektionsbereiche von "rollen" (kausativ) und "werfen". Beide Verben haben die semantische Grundstruktur

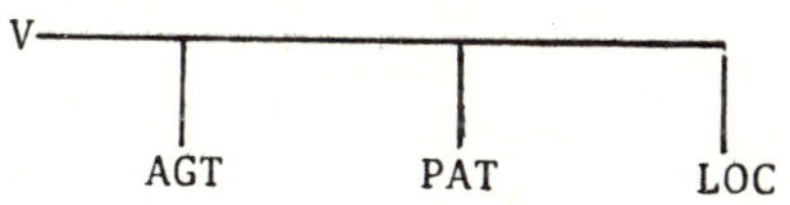

Die Analyse erstreckt sich vor allem auf den Selektionsbereich des PAT (PAT-Bereich). Der AGT wird jeweils nur global als "Mensch" spezifiziert, wobei die Möglichkeit, daß auch Tiere oder Maschinen etwas "rollen" oder "werfen" können, außer Betracht bleibt. Die Analyse des LOC folgt - der Besonderheiten dieses Relationselements wegen - zu einem späteren Zeitpunkt (s.u. II, 1.42).

Mit Hilfe des in I, 4.322 aufgestellten Merkmalsystems läßt sich der PAT-Bereich des Verbs "rollen" wie folgt analysieren:

V
rollen — AGT, PAT, LOC

	AGT	PAT
Basis	Mensch	Gegenstand
Farbe		-
Form		rund(lich)
Gewicht		(-)
Größe		(-)
Oberfläche		-
Aggregatsz.		fest
Konsistenz		-
Stoff		-

Der PAT-Bereich von "rollen" wird also durch die drei semantischen Merkmale "Gegenstand", "rund(lich)" und "fest" begrenzt. Er umfaßt damit alle Nomen, die feste, rund(lich)e Gegenstände bezeichnen, also Nomen wie "Ball, Kugel, Rad, Apfel" u.a. Anders der PAT-Bereich des Verbs "werfen":

V
werfen — AGT, PAT, LOC

	AGT	PAT
Basis	Mensch	Gegenstand
Farbe		-
Form		-
Gewicht		(-)
Größe		(-)
Oberfläche		-
Aggregatsz.		fest
Konsistenz		-
Stoff		-

Bei "werfen" wird der PAT-Bereich nur durch zwei Merkmale, nämlich "Gegenstand" und "fest", begrenzt. Er erfaßt damit alle Nomen, die feste Gegenstände bezeichnen, also nicht nur die als "rund(lich)" eingestuften wie "Ball" oder "Kugel", sondern auch noch eine Vielzahl anderer, der Form nach nicht näher bestimmbaren Nomen wie "Stein", "Schlüssel", "Bonbon" etc.

Das Verb "rollen" hat folglich einen engeren PAT-Bereich als das Verb "werfen". Es enthält zwar die größere Anzahl relevanter semantischer Merkmale, selektiert dadurch jedoch die kleinere Anzahl von Nomen. Aus diesem Sachverhalt läßt sich der folgende Grundsatz ableiten:

> Die Zahl der in einem Verb relevanten nominalen semantischen Merkmale entscheidet über den Umfang der jeweiligen Selektionsbereiche des Verbs. Je größer die Zahl der Merkmale, umso kleiner der Umfang der Selektionsbereiche; je kleiner die Zahl der Merkmale, umso größer der Umfang der Selektionsbereiche.

Trotz dieses eindeutigen und im gegebenen Rahmen sicherlich korrekten Ergebnisses bedarf die Analyse einiger Einschränkungen und Präzisierungen.

4.43 Einschränkungen und Präzisierungen

4.431 Vollständigkeit

Wie bereits erwähnt, stellt das verwendete Merkmalssystem ein vereinfachtes Modell dar, das deshalb weder vollkommen noch vollständig sein kann. Eine größere Anzahl von semantischen Merkmalen würde sicherlich zu einer differenzierteren Abgrenzung der Selektionsbereiche beitragen. Doch abgesehen davon, daß absolute Vollständigkeit wohl grundsätzlich nicht zu erreichen sein dürfte, ist eine derartige, das Verfahren unnötig verkomplizierende Präzision auch gar nicht verlangt. Die Unterschiede im Umfang der Selektionsbereiche sind - wie die vergleichende Analyse gezeigt hat - auch schon mit relativ wenigen Merkmalen exakt genug zu ermitteln, um ggf. Rückschlüsse auf die OS-Realisierung der Relationselemente zuzulassen.

Unabhängig davon besteht natürlich auch weiterhin die Möglichkeit, ja die Notwendigkeit, das Merkmalssystem je nach Bedarf, d.h. den verschiedenen Verbtypen entsprechend, zu ergänzen oder zu verändern. Denn die Analyse eines mentalen Prozesses oder eines Lokal- oder Temporalverbs verlangt z.T. andere Merkmale als die hier verwendeten.

4.432 Genauigkeit

Die hier angewandte Abgrenzungsmethode arbeitet rein quantitativ, d.h. sie orientiert sich nur an der Zahl der relevanten Merkmale. In dem o.a. Beispiel ist der Umfang des PAT-Bereichs von "rollen" deshalb stärker eingeschränkt als der von "werfen", weil er zusätzlich durch das Merkmal "rund" spezifiziert wird. Wie stark diese Einschränkung jedoch wirklich ist, in welchem Größenverhältnis also runde Formen zu allen anderen Formen stehen, läßt sich mit diesem Verfahren nicht feststellen. Kämen bspw. - und der Anschein spricht dafür - eckige, unregelmäßige und andere Formen weitaus häufiger vor als runde, so würde die Spezifizierung "rund" eine besonders starke Einschränkung bereits des Formmerkmals und dementsprechend auch des Gesamtbereichs darstellen, da sie nur einen kleinen Teil aller möglichen Formen erfaßt und somit den größeren Teil der Formen ausschließt.

Derartige Differenzierungen erfordern eine eingehende qualitative wie quantitative Untersuchung der Wortfelder, die im Rahmen dieser Arbeit nicht zu leisten ist[1].

4.433 Relative Merkmale

Wie bereits in I, 4.31 dargestellt, tragen relative Merkmale bei bestimmten Nomen zwar in gewissem Umfang zur Bedeutungscharakterisierung bei, sie können jedoch bei der Analyse nicht berücksichtigt werden, weil sie sich nicht näher spezifizieren lassen. Die gleichen Probleme treten bei der Analyse der nominalen Selektionsbereiche auf. So haben im Fall von "rollen" und "werfen" das Gewichts- und das Größenmerkmal zweifellos einen gewissen Anteil an der Abgrenzung der PAT-Bereiche. Denn nur Gegenstände,

---

1 Zur Diskussion der verschiedenen Ansätze in der Wortfeldtheorie vgl. Geckeler (1971) und L. Schmidt (Hrsg.) (1973).

deren Gewicht und Größe sich in bestimmten Grenzen halten, lassen sich rollen oder werfen. Eine genaue Spezifizierung dieser Merkmale ist jedoch nicht möglich, da eine Bezugsebene zu den entsprechenden Bedeutungseinheiten vergleichbarer Verben nicht gegeben ist. Die Merkmale "Gewicht" und "Größe" können also auch hier nur als bedingt relevant angesehen werden.

4.44 Zusammenfassung und Fazit

Im Unterschied zu der Analyse des Verbinhalts liefert die Analyse der nominalen Selektionsbereiche des Verbs - bei allen Vorbehalten - brauchbarere Ergebnisse. Mit Hilfe eines differenzierten Systems von semantischen Merkmalen und eines daran orientierten Analyseverfahrens lassen sich die Selektionsbereiche relativ genau abgrenzen und dadurch in ihren Abstufungen erfassen. Da, den gegebenen Voraussetzungen entsprechend, jedes Verb mit bestimmten Nomen verbunden ist, kann diese Analyse grundsätzlich bei allen Verben durchgeführt werden. Aufgrund ihrer korrekteren und umfassenderen Resultate eignet sie sich deshalb besser für die Untersuchung der variablen OS-Repräsentation des Verbs als die Analyse des Verbinhalts.

In den folgenden Einzeluntersuchungen, in denen bei verschiedenen Verbtypen die OS-Realisierung der Relationselemente PAT, EXP, BEN, LOC, TEMP und MAN bestimmt werden soll, verwende ich deshalb vorwiegend diese Selektionsbereichsanalyse. Um die Korrelation von Verbinhalt und nominalen Selektionsbereichen zu demonstrieren, ziehe ich in geeigneten Fällen die Analyse des Verbinhalts ergänzend mit heran.

II. Einzeluntersuchungen

1 Verbsimplizia

1.1 Die variable OS-Realisierung des PAT

1.11 Exemplarische Analyse von sieben Verben

Im folgenden sollen die PAT-Bereiche von sieben ausgewählten Verben analysiert und auf mögliche Ursachen für die unterschiedliche OS-Realisierung des PAT untersucht werden. Da die OS-Gestaltung von Verbvarianten und Verbkomposita (Präfixverben) zum Teil anderen Gesetzmäßigkeiten zu unterliegen scheint als die der Verben ohne Varianten und der Verbsimplizia, werden nur variantenfreie Simplizia in diese Analyse aufgenommen.

Um von einer möglichst einheitlichen Vergleichsbasis ausgehen zu können, wird ferner Wert darauf gelegt, daß die Verben

- die gleiche semantische Grundstruktur haben, nämlich

- als PAT möglichst nur Nomen des gegenständlichen Bereichs erfassen
- ein dynamisches Geschehen bezeichnen, das eine ergänzende Analyse des Verbinhalts zuläßt.

Die Verben "stricken, bügeln, schnitzen, polieren, sortieren, fabrizieren, ändern" entsprechen im großen und ganzen diesen Voraussetzungen. Da bei ihnen nur der PAT als potentiell eliminierbares Relationselement angesehen werden kann, liegt das Schwergewicht der Untersuchung auf der Analyse des PAT-Bereichs. Der AGT wird ohne nähere Differenzierung der Vollständigkeit halber mit einbezogen.

Die zusätzliche Analyse des Verbinhalts dient der Ergänzung und der Bestätigung der Ergebnisse aus der Selektionsbereichsanalyse. Die entsprechenden Merkmale werden in alphabetischer Reihenfolge aufgeführt. Auf die bei ihnen meist notwendigen Relativierungen wird der Übersichtlichkeit wegen verzichtet.

Abb. 10

Semantische Analyse der Selektionsbereiche und des Verbinhalts bei den aufgeführten Verben

	stricken	bügeln	schnitzen	polieren	sortieren	fabrizieren	ändern
AGT-Bereich		/	/	/	/	/	/
Basis	Mensch	Mensch	Mensch	Mensch	Mensch	Mensch	-
PAT-Bereich	/	/	/	/	/	/	/
Basis	Gegen-stand	Gegen-stand	Gegen-stand	Gegen-stand	Gegen-stand	Gegen-stand	-[1]
Farbe	-	-	-	-	-	-	-
Form	flach	flach	-	-	-	-	-
Gewicht	-	-	-	-	-	-	-
Größe	(-)	(-)	(-)	-	-	-	-
Oberfläche	-	-	-	glatt	-	-	-
Aggregats-zustand	fest	fest	fest	fest	fest	-	-
Konsistenz	weich	weich	hart	-	-	-	-
Stoff	Textil	Textil	Holz	-	-	-	-
verarb. Stoff	Woll-kleidg.	-	-	-	-	-	-
Summe	6	5	4	3	2	1	0
Verb-inhalt	/	/	/	/	/	/	/
Abstufung	-	-	-	-	-	-	-
Dauer	lange	-	lange	-	-	-	-
Frequenz	wieder-holt	hin + her	wieder-holt	hin + her	wieder-holt	wieder-holt	-
Geschwin-digkeit	schnell	lang-sam	-	rasch	-	-	-
Intensität	leicht	stark	stark	leicht	-	-	-
Rhythmus	gleich-mäßig	gleich-mäßig	ungleich-mäßig	gleich-mäßig	-	-	-
Summe	5	4	4	4	1	1	0

1 Als Basis wäre hier der über den gegenständlichen Bereich hinausreichende allumfassende Bereich "Konkretum/Abstraktum" anzusetzen. Da bei den übrigen Verben jedoch das Merkmal "Gegenstand" als das umfassendste und letzte noch zählbare Merkmal angesehen wird, kann der übergeordnete Merkmalskomplex "Konkretum/Abstraktum" hier nicht mitgezählt werden.

Wie aus Abb. 10 hervorgeht, läßt sich bei den einzelnen Verben jeweils eine unterschiedliche Anzahl relevanter Merkmale ermitteln. Im PAT-Bereich reicht die Skala von 6 Merkmalen bei "stricken" bis zu 0 Merkmalen bei "ändern". Nach dem Grundsatz, daß der Umfang eines Selektionsbereichs zur Anzahl der relevanten Merkmale im umgekehrten Verhältnis steht (s.o. I, 4.42), hat der PAT von "stricken" mit 6 Merkmalen den engsten, der von "ändern" mit 0 Merkmalen den weitesten Selektionsbereich. D.h.: bei "stricken" erfaßt der PAT-Bereich die im Vergleich zu den anderen Verben kleinste Anzahl von Nomen, nämlich nur solche die "Wollkleidung" bezeichnen, bei "ändern" hingegen die größtmögliche, nicht näher einzuschätzende Zahl von Konkreta und Abstrakta. Dazwischen liegen die mehr oder weniger genau abgrenzbaren PAT-Bereiche mittleren Umfangs der übrigen Verben.

1.12 Rückschlüsse

Aus diesen Fakten lassen sich für die OS-Realisierung des PAT der aufgeführten Verben erste, wichtige Schlußfolgerungen ziehen:

- Ein Verb mit engem, stark eingegrenztem PAT-Bereich, das sich auf eine verhältnismäßig kleine Anzahl lexematisch leicht zu spezifizierender Nomen bezieht, macht auch dann eine ziemlich eindeutige und bis zu einem gewissen Grad vollständige Aussage über die als PAT auftretenden Nomen, wenn der PAT nicht in der OS realisiert wird[1]. Bei einem solchen Verb kann auf die OS-Realisierung des PAT verzichtet werden, ohne daß dadurch der Aussage wesentliche Informationen verloren gingen.

- Ein Verb mit weitem, nur vage bestimmbarem PAT-Bereich hingegen, das sich auf eine sehr große Anzahl unterschiedlicher Nomen bezieht, verlangt nach einer Spezifizierung der Aussage durch Repräsentation der Nomen in der OS. Bei einem solchen Verb kann deshalb auf die OS-Realisierung des PAT nicht verzichtet werden.

- Bei einem Verb mit einem PAT-Bereich mittleren Umfangs schließ-

---

1 Hundsnurscher weist darauf hin, "daß die an der Oberfläche ausgesparten Objekte im Merkmalbündel der Verben durch ihre relevanten Merkmale repräsentiert sind" (1970, 80).

lich, das sich auf nur in Umrissen konkretisierbare Komplexe von Nomen bezieht, kann eine Entscheidung über die Notwendigkeit der OS-Realisierung des PAT nicht eindeutig und endgültig gefällt werden. Sie dürfte davon abhängen, inwieweit die relevanten Merkmale als ausreichend angesehen werden, die im Kommunikationsprozess erforderlichen Informationen zu liefern.

Die Richtigkeit dieser Schlußfolgerungen läßt sich mit Hilfe des Eliminierungstests überprüfen. Der Eliminierungstest fungiert hier also nicht - wie bei Helbig und Schenkel - als die allein entscheidende Operation bei der Abgrenzung von "obligatorisch" und "fakultativ", sondern er ergänzt als zusätzliche Kontrollinstanz die semantische Analyse.

Aus diesen Gegebenheiten kann der folgende Grundsatz abgeleitet werden:

> Die Eliminierbarkeit des PAT bei der OS-Realisierung hängt entscheidend vom Umfang seines Selektionsbereichs ab. Je enger der PAT-Bereich, umso größer die Eliminierbarkeit; je weiter der PAT-Bereich, umso geringer die Eliminierbarkeit.

1.13 Formalisierung der Ergebnisse

Aufgrund der relativ breit gefächerten Differenziertheit der PAT-Bereiche bei den einzelnen Verben bedarf die Eliminierbarkeit[1] einer über die Klassifizierung "obligatorisch" und "fakultativ" hinausgehenden, nuancierteren Abstufung. Der jeweils gegebene, nur ungenau bestimmbare Grad der Eliminierbarkeit ist also zu konkretisieren und - der Anschaulichkeit halber - möglichst durch Maßeinheiten zu fixieren.

---

1 Gemeint ist hier und im folgenden immer die Eliminierbarkeit von Relationselementen bei der OS-Realisierung bzw. in der OS.

Da der Umfang des PAT-Bereichs sowohl zur Anzahl der relevanten Merkmale als auch zur Eliminierbarkeit in umgekehrt proportionalem Verhältnis steht (s.o. I, 4.42 und II, 1.12), müssen sich relevante Merkmale und Eliminierbarkeit zueinander proportional verhalten. Mit anderen Worten: die Eliminierbarkeit nimmt in gleichem Maße zu oder ab wie die Anzahl der relevanten Merkmale. Es bietet sich deshalb an, in einem Koordinatensystem Eliminierbarkeit und relevante Merkmale so zu kombinieren, daß sich aus der Zahl der relevanten Merkmale der Grad der Eliminierbarkeit ergibt. Der PAT von "stricken", dessen Selektionsbereich durch 6 relevante Merkmale begrenzt wird, erhält somit den hohen Eliminierbarkeitsgrad E 6, der PAT von "bügeln" E 5, der von "sortieren" E 2 etc. Insgesamt lassen sich also - der durchgeführten exemplarischen Analyse entsprechend - sieben verschiedene Eliminierbarkeitsgrade festlegen, beginnend bei der niedrigsten Stufe E 0 (= nicht eliminierbar) über mehrere Zwischenstufen der Eliminierbarkeit bis hin zur höchsten Stufe E 6 (= eliminierbar). Für die oben analysierten Verben gibt Abb. 11 eine Übersicht über die Abstufung der Eliminierbarkeit im Verhältnis zum (nur relativ präzisierten) Umfang der PAT-Bereiche.

Abb. 11

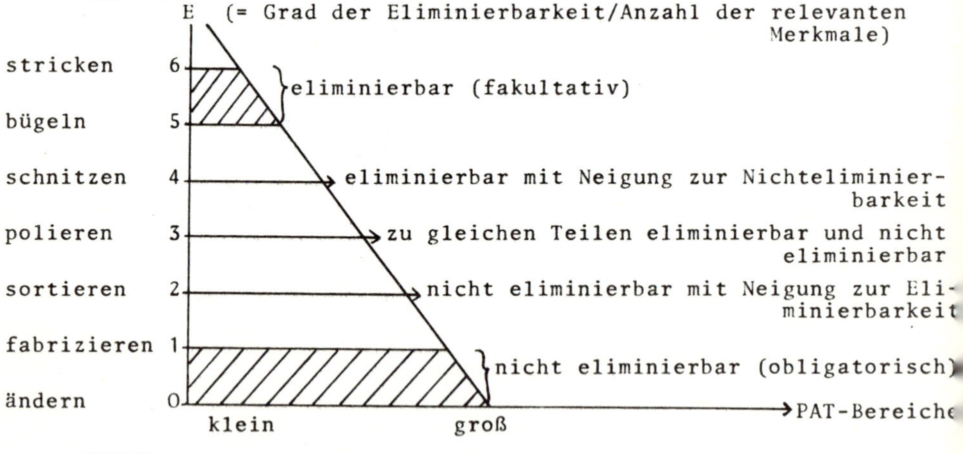

1 Mit dieser Zuordnung soll keineswegs ausgeschlossen werden, daß bei anderen Verben oder Verbtypen auch weiterreichende Abstufungen in der Eliminierbarkeit möglich sind.

Die Verben mit den Eliminierbarkeitsgraden E 0 und E 1 sowie E 5 und E 6 lassen eine relativ eindeutige Entscheidung über die OS-Realisierung des PAT zu: bei "ändern" und "fabrizieren" ist er nicht eliminierbar, bei "bügeln" und "stricken" ist er eliminierbar. Zwischen E 0 und E 1 bzw. E 5 und E 6 scheint kein großer Unterschied in der Eliminierbarkeit zu bestehen. Nur Verben dieser Eliminierbarkeitsgrade können als "obligatorisch" bzw. "fakultativ" bezeichnet werden.

Schwierigkeiten bereitet die Bestimmung der OS-Repräsentation bei den Verben mit den Zwischenstufen E 3, E 4, E 5. Bei ihnen gleichen sich Eliminierbarkeit und Nicht-Eliminierbarkeit in subtilen Abstufungen so sehr an bzw. aus, daß ein Urteil über die OS-Realisierung des PAT in höherem Maße der Intuition des kompetenten Sprechers unterliegt und deshalb nicht eindeutig zu fällen ist. Obwohl bei "schnitzen" die Neigung, den PAT in der OS zu eliminieren, sicherlich größer ist als bei "sortieren", können Verben dieser Eliminierbarkeitsgrade nicht einfach als "obligatorisch" oder "fakultativ" angesehen und bezeichnet werden.

Diese Feststellungen lassen sich in einem für die variable OS-Repräsentation der Verben wesentlichen Grundsatz zusammenfassen:

> Die <u>Eliminierbarkeit</u> ist keine undifferenzierte, alternativ als gegeben oder nicht gegeben anzunehmende Eigenschaft des Verbs. Sie tritt vielmehr bei den einzelnen Verben in unterschiedlichen <u>Abstufungen</u> auf und läßt sich deshalb im Grenzbereich zwischen Eliminierbarkeit und Nicht-Eliminierbarkeit nicht eindeutig festlegen.

Die Ergebnisse der Selektionsbereichsanalyse werden grundsätzlich durch die <u>ergänzende</u> Analyse des Verbinhalts <u>bestätigt</u>. Abb. 10 macht deutlich, daß die meisten modalen Eigenmerkmale bei den Verben mit engem und mittlerem PAT-Bereich relevant sind, während sie sich bei den Verben mit weitem PAT-Bereich nicht konkretisieren lassen. Eine solche Korrelation der relevanten Merkmale von Verbinhalt und nominaler Umgebung ist durchaus konsequent. Sie entspricht der festen Bindung zwischen Geschehen und Geschehensträgern. Ein Geschehen, das sich nur auf eine begrenzte Anzahl von Geschehensträgern bezieht, ist nicht sehr variabel und deshalb leichter in seiner Bedeutung zu erfassen als ein Geschehen, das sich auf eine große Anzahl unterschiedlicher Geschehensträger erstreckt und entsprechend vielfältig ablaufen kann.

Wie vermutet, wirkt sich die semantische Beschaffenheit der gesamten Verbstruktur, also des Verbinhalts und der nominalen Selektionsbereiche, auf die Eliminierbarkeit aus. Wenn der Untersuchung bisher und auch weiterhin vorwiegend die Analyse der Selektionsbereiche zugrundeliegt, so allein der nur unzureichenden und unvollständigen Analyse des Verbinhalts wegen.

1.14 Ergänzungen und Modifizierungen

Mit dieser, an einigen ausgewählten Verben sozusagen als exemplarischem Idealfall entwickelten Selektionsbereichsanalyse läßt sich grundsätzlich bei allen variantenfreien Simplizia mit einem potentiell eliminierbaren PAT dessen Eliminierbarkeit in der OS näher bestimmen. Irregularitäten, die etwa durch mangelnde Vollständigkeit der Analyse oder durch uneinheitliche Selektionsfähigkeit einzelner Merkmale entstehen, können die Ergebnisse beeinflussen, sie dürften sich jedoch in tolerierbaren Grenzen halten. Darüberhinaus jedoch ergeben sich bei einer Reihe von Verben Besonderheiten, die, soweit sie als Regelmäßigkeiten erfaßbar sind, eine Ergänzung und Modifizierung der Analyse notwendig machen.

1.141 Die "Reichweite" der Basisbereiche

Der potentielle Umfang der Selektionsbereiche hängt wesentlich von den vier übergeordneten Basisbereichen "Mensch", "Tier",

"Pflanze", "Gegenstand" ab. Jeder von ihnen scheint eine unterschiedliche "Reichweite" zu haben, d.h. eine unterschiedliche Zahl von Spezifikationsmöglichkeiten zu bieten. Dem relativ weitgespannten gegenständlichen Bereich steht der sehr enge menschliche Bereich gegenüber, bei dem im allgemeinen bereits die undifferenzierte Klassifizierung "Mensch" ausreicht, um die Eliminierbarkeit des Verbs als relativ hoch anzusetzen. Verben wie "grüßen", "drohen", "mahnen", "heiraten" u.a.[1], deren PAT-Bereich jeweils als "Mensch" zu spezifizieren ist, realisieren den PAT fakultativ in der OS.

Die "Reichweite" der Basisbereiche "Tier" und "Pflanze" ist weniger eindeutig festzulegen. Von einer Reihe gebräuchlicher, spezifisch tierischer und pflanzlicher Merkmale abgesehen, sind ins einzelne gehende biologische oder genealogische Beschreibungskriterien für den allgemeinen Sprachgebrauch kaum relevant und deshalb hier nicht verwendbar. Dennoch muß der potentielle Umfang beider Bereiche wohl als relativ weit angesehen werden. Jedenfalls ist im tierischen wie im pflanzlichen Bereich und erst recht im wahrscheinlich noch umfangreicheren gegenständlichen Bereich im allgemeinen nur bei weitergehender Spezifizierung fakultativer Gebrauch möglich.

Allerdings braucht diese Spezifizierung nicht immer vollständig ausgeführt zu werden, damit der Selektionsbereich als eng begrenzt erkennbar wird. Häufig reicht dazu allein die Angabe einer niederen Klasse aus, so bei den folgenden Verben, deren PAT

- "Tiere" erfaßt: "angeln": PAT ⌈Fisch⌉, "schlachten": PAT ⌈Haustiere⌉, "jagen": PAT ⌈Wild⌉, "melken": PAT ⌈Kuh/Ziege⌉ u.a.
- "Pflanzen" erfaßt: "mähen": PAT ⌈Gras/Getreide⌉, "ernten": PAT ⌈Frucht⌉, "dreschen": PAT ⌈Getreide⌉, "jäten": PAT ⌈Unkraut⌉ u.a.

---

1 Bei der Aufzählung der Verben läßt es sich nicht vermeiden, gelegentlich auch Verbvarianten mit anzuführen. Wenn die Varianten eine andere als die im Vordergrund stehende Bedeutung ausdrücken, werden sie entsprechend - durch Angabe der Bedeutung in Parenthese - gekennzeichnet.

- "Gegenstände" erfaßt: "malen": PAT ⌈Bild⌉, "singen": PAT ⌈Lied⌉, "trinken": PAT ⌈Getränk⌉, "backen": PAT ⌈Gebäck⌉, "braten": PAT ⌈Fleisch⌉, "feiern": PAT ⌈Fest⌉, "pflügen": PAT ⌈Feld⌉ u.a.

All diese Verben realisieren den PAT fakultativ in der OS.

Geht ein Selektionsbereich über einen Basisbereich hinaus, umfaßt er also mehrere Basisbereiche, so ist er meist auf niederer Ebene nicht weiter spezifizierbar (Ausnahmen: s.u. II, 1.142 f). Bei den entsprechenden Verben reicht deshalb die globale Angabe der Basisbereiche zur Klassifizierung und Bestimmung der Eliminierbarkeit aus. Verben wie "holen": PAT ⌈Konkretum⌉, "kaufen": PAT ⌈Tier/Pflanze/Gegenstand⌉, "greifen": PAT ⌈Konkretum⌉, "heben": PAT ⌈Konkretum⌉, "säubern": PAT ⌈Konkretum⌉, "konstruieren": PAT ⌈Gegenstand/Abstraktum⌉ u.a. realisieren den PAT dementsprechend obligatorisch in der OS.

1.142 Abstrakte Merkmale

Bei einer Reihe von Verben kann ein umfangreicher konkreter Selektionsbereich durch abstrakte, bestimmte Relationen oder Präsuppositionen[1] ausdrückende Merkmale so stark eingeengt werden, daß fakultativer Gebrauch möglich ist.

Ein Beispiel:

Das Verb "erben" umfaßt als PAT im Grunde den sehr weiten Selektionsbereich "Tiere/Pflanzen/Gegenstände (mobil und immobil)" mit entsprechend geringer Eliminierbarkeit. Da "erben" jedoch nicht jeden Eigentumserwerb bezeichnet, sondern nur den Erwerb von "Nachlaß", also von "Dingen", die ein Mensch nach seinem Tode hinterläßt, kann der PAT-Bereich durch ein Merkmal wie

---

1 Ob und inwieweit diese Merkmale als Präsuppositionen oder als Bedeutungseinheiten aufzufassen sind und welche Rolle der Präsupposition überhaupt in einem syntaktisch-semantischen Konzept zukommt, kann - der umfangreichen Problematik wegen - hier nicht weiter diskutiert werden. Vgl. dazu u.a. Fillmore (1970, 120 ff und 1971 a, 273 ff).

Einen ausführlichen Überblick über die verschiedenen Interpretationen des Präsuppositionsbegriffs gibt S.J. Schmidt (1973, 92 ff).

"nachgelassen" als begrenztes, aus der Vielfalt aller möglichen Tiere, Pflanzen und Gegenstände herausgehobenes Bedeutungsfeld weitergehend spezifiziert werden. Sein Umfang wird dadurch erheblich eingeschränkt und erlaubt ggf. fakultativen Gebrauch.

(55) Er hat geerbt.

Auf ähnliche Weise scheinen Verben wie "suchen": PAT ⌈Konkretum - Abstraktum $/_a$ verborgen, vermißt⌉, "kämpfen, siegen": PAT ⌈Mensch - Tier $/_a$ gegnerisch⌉, "strafen": PAT ⌈Mensch - Tier $/_a$ eines Vergehens schuldig⌉ u.a. durch abstrakte Merkmale näher spezifiziert und in ihrer Eliminierbarkeit positiv beeinflußt zu werden.

1.143 Fakultativer Sondergebrauch

Eine ganze Reihe von Verben, die aufgrund ihres weiten PAT-Bereichs grundsätzlich obligatorisch in der OS realisiert werden, erlauben in Fällen, in denen sich das Verb auf ein ganz bestimmtes Nomen bezieht, ohne dabei eine andere Bedeutung anzunehmen, die Eliminierung des PAT. Diese Eigenart, über deren Ursachen sich nur Vermutungen anstellen lassen, dürfte auf Besonderheiten des Sprachgebrauchs zurückgehen, die eine spezifische Verb-Nomen-Kombination aufgrund der Häufigkeit ihres Vorkommens, aufgrund ihrer sprachgeschichtlichen Entwicklung oder aus anderen Gründen von den übrigen Selektionsmöglichkeiten abheben. Die Beziehung bleibt auch dann eindeutig, wenn das Verb in eliminierter Form gebraucht wird.

Ein Beispiel:

Der PAT von "öffnen" umfaßt den Selektionsbereich "Gegenstand$/_a$ geschlossen", der trotz Einschränkung durch ein präsuppositionales Merkmal immer noch als relativ weit angesehen werden muß und deshalb obligatorisch realisiert wird.

(56) Er öffnete das Fenster.

In Verbindung mit dem Nomen "Tür" jedoch ist fakultativer Gebrauch möglich.

(56 b) Er öffnete (die Tür).

Daß auch die eliminierte Form

(56 c) Er öffnete.

nicht anders als im Sinne von "Tür öffnen" interpretiert werden kann, zeigt ihre Verwendung im Kontext:

(56 d)+ Er ging zum Fenster und öffnete.
(56 e) Er ging zur Tür und öffnete.

In all diesen Fällen hat "öffnen" m.E. die gleiche Bedeutung. Der fakultative Sondergebrauch kann also nicht als eine Bedeutungsvariante des Verbs angesehen werden, wenn auch zwischen beidem deutliche Affinitäten bestehen. So ließe sich durchaus darüber streiten, ob bspw. "geben" in seiner besonderen Verwendung im Sinne von "Karten verteilen"

(57) Er gibt.

als fakultativer Sondergebrauch oder als Variante einzuordnen ist. Helbig und Schenkel behandeln diese spezielle Verbindung nicht als eigene Variante, sondern als Sonderfall zur obligatorisch dreiwertigen $Variante_1$ von "geben" (= reichen).

(57 b) Er gibt dem Kind einen Apfel.
(57 c) Er gibt (den Mitspielern) (die Karten).

(HuS 1973, 312 u. 313 Anm.).

M.E. jedoch kann zwischen "Karten verteilen" und "Karten reichen" (etwa zum Mischen, Zählen, Sortieren etc.) ein Bedeutungsunterschied gesehen werden, der es zumindest nicht ausschließt, "Karten verteilen" auch als eigene Variante von "geben" zu betrachten.

Eindeutig als Variante hingegen dürfte "legen" im Sinne von "Eier legen" einzuordnen sein[1].

(58) Die Henne legt.

---

1 So auch HuS (1973, 338 f). Zur Abgrenzungsproblematik und Eliminierbarkeit der Verbvarianten s.u. II, 2.

Weitere Verben mit fakultativem Sondergebrauch sind "waschen": PAT⌈Konkretum $/_f$ Wäsche⌉, "mischen": PAT ⌈Gegenstand $/_f$ Karten⌉, "kürzen": PAT ⌈Gegenstand - Abstraktum $/_f$ mathematischer Bruch⌉, "putzen": PAT ⌈Gegenstand $/_f$ Raum⌉, "streuen": PAT ⌈Gegenstand $/_f$ Mittel gegen Glätte⌉ u.a.

1.144 Feste Verbindungen

Obwohl im allgemeinen ein enger Selektionsbereich zur Eliminierung des PAT führt, gibt es einige Verben, bei denen das Gegenteil der Fall ist. Verb und nominale Umgebung, die hier meist nur aus einem einzigen Nomen besteht, sind bei ihnen so direkt aufeinander bezogen, daß sie die jeweilige Bedeutung nur gemeinsam ausdrücken können. Verbverbindungen wie "Zähne blecken", "Zähne fletschen", "Faust ballen", "Schwert/Dolch zücken" u.ä., von denen "zähnefletschen" sogar als Zusammensetzung gebräuchlich ist (Fleischer 1975, 309), dürften deshalb den "festen Verbindungen" der stehenden Redewendungen bzw. der Funktionsverbfügungen zuzuordnen sein (Grebe 1973, 437 f), die eine Eliminierung des PAT in der OS nicht zulassen.

1.145 Verbmodalitäten

Bei einigen Verben schließlich scheinen bestimmte Verbmodalitäten (modale Eigenmerkmale des Verbs) so gewichtig, so dominant zu sein, daß sie die Besonderheiten des Geschehensablaufs hervorheben und dadurch die nominale Umgebung als weniger bedeutsam in den Hintergrund treten lassen. Eine solche Bedeutungskonzentration im Verbinhalt kann ggf. die Eliminierbarkeit des PAT erhöhen, selbst wenn er einen relativ weiten Umfang hat wie z.B. bei "stehlen": V ⌈heimlich, unrechtmäßig⌉ - PAT ⌈Tier - Pflanze - Gegenstand⌉, "zielen": V ⌈mit Präzision, sorgfältig⌉ - PAT ⌈Konkretum⌉, "schießen": V ⌈explosionsartig, mit Wucht⌉ - PAT ⌈Konkretum⌉ u.a. Hierher gehören vor allem eine Reihe von Fortbewegungsverben wie "schleichen, torkeln, hinken" etc., bei denen der LOC, der ohnehin grundsätzlich einen hohen Eliminierbarkeitsgrad hat, als kaum noch zur Verbstruktur gehörig empfunden wird (s.u. II, 1.423).

1.15 Zusammenfassung und Fazit

Die bisherigen Untersuchungen haben gezeigt, daß zwischen dem Umfang des PAT-Bereichs und der Eliminierbarkeit des PAT in der OS ein Zusammenhang besteht. Hat der PAT-Bereich einen geringen Umfang, weil er sich durch eine größere Zahl relevanter semantischer Merkmale relativ eindeutig spezifizieren läßt, so kann auf die OS-Realisierung des PAT verzichtet werden, d.h. der PAT ist in der OS eliminierbar. Bei einem Selektionsbereich mit weitem, nicht genauer abzugrenzenden Umfang hingegen muß der PAT in der OS repräsentiert werden, er ist in diesem Falle also nicht eliminierbar. Da bei vielen Verben der PAT-Bereich auch einen mittleren Umfang haben kann, aufgrund dessen die Eliminierbarkeit des PAT nicht absolut festzulegen ist, muß die alternative Einteilung in "obligatorisch" oder "fakultativ" durch eine differenziertere Klassifikation ersetzt werden, die die unterschiedliche Abstufung der Eliminierbarkeit bei den einzelnen Verben besser berücksichtigt. Diese Ergebnisse der grundlegenden Selektionsbereichsanalyse unterliegen gelegentlich bestimmten Modifikationen.

Die Selektionsbereichsanalyse, die zur Bestimmung der Eliminierbarkeit von Relationselementen entwickelt und am PAT exemplarisch demonstriert wurde, läßt sich grundsätzlich in gleicher oder ähnlicher Weise auch bei anderen Verbtypen und auf andere Relationselemente anwenden. In den folgenden Kapiteln wird die Eliminierbarkeit des PAT bei mentalen Prozessen (einschließlich des EXP bei den Verben der sprachlichen Kommunikation), des BEN und der Umstände LOC, TEMP und MAN näher untersucht. Wiederum sollten der Untersuchung möglichst variantenfreie Simplizia zugrundeliegen. Aus Mangel an geeigneten Verbbeispielen müssen gelegentlich jedoch auch Varianten und insbesondere bei den Zeit- und Verhaltensverben auch Komposita bzw. Präfixverben mit einbezogen werden.

1.2 Die variable OS-Realisierung des PAT (und des EXP) bei mentalen Prozessen

Bei der Analyse der schwer faßlichen mentalen Prozesse ("mental process", Halliday 1970, 153) ergeben sich bereits auf strukturbildender Ebene Probleme, die erst eingehender dargestellt werden müssen, bevor auf die Eliminierbarkeit näher eingegangen werden kann. Diese Probleme betreffen vor allem die strukturelle Funktion des PAT, die ja von Chafe nicht ausreichend geklärt wurde (s.o. I, 3.232 (1)), sie beziehen aber zwangsläufig auch den EXP und seine für einen mentalen Prozeß wesentliche Rolle mit ein.

1.21 Zur strukturellen Funktion der Relationselemente eines mentalen Prozesses

Chafes Versuch, die "experiential"-Verben in sein vom dynamischen Geschehen ausgehendes Grundschema "state-process-action" einzupassen, mußte unbefriedigend ausfallen, da ein solches Schema dem Wesen der undynamischen mentalen, also im geistig-seelischen Bereich vor sich gehenden Prozesse nicht gerecht wird. Zwar ist bei ihm der EXP nicht der Auslöser einer Handlung ("instigator of an action"), sondern - in partieller Entsprechung zu Fillmore[1] - jemand, der eine mentale Erfahrung ("mental experience") macht (Chafe 1970, 145). Der PAT jedoch behält auch weiterhin den Status einer vom Geschehen "betroffenen" Größe, den er in einem "normalen" "action-process" hat. Diesen Widerspruch, der sich aus der Gegenläufigkeit einer mentalen Erfahrung (zum EXP hin ⟵) einerseits und einem davon Betroffensein (⟶ zum PAT hin) andererseits ergibt, hat Chafe nicht geklärt.

Halliday geht in seiner Darstellung der mentalen Prozesse konsequenter vor. Bei ihm sind die inhärenten Rollen eines mentalen Prozesses "those of a human, or at any rate animate, being whose consciousness is impinged upon, and some phenomenon which impinges upon it" (Halliday 1970, 153). Ein mentaler Prozess enthält demnach zwei ihm gemäße Größen, nämlich einen "processer", dessen Bewußtsein angestoßen wird, und ein "phenomenon", das es anstößt. Dieser Definition nach scheint

---

1 In Fillmore (1970, 116) wird der "case" "Experiencer" definiert als "the entity which receives or accepts or experiences or undergoes the effect of an action (earlier called by me 'Dative')". Er ist damit weiter gefaßt als bei Chafe

das Geschehen eines mentalen Prozesses als Gesamtheit in einer dem dynamischen Geschehen entgegengesetzten Richtung abzulaufen:[1] der dem EXP entsprechende "processer" stellt die "angestoßene" Größe dar, das dem PAT entsprechende "phenomenon" die "anstoßende" Größe.

processer (EXP) ⟵——— phenomenon (PAT)

Obwohl sich diese Sichtweise vor allem bei den eigentlichen Verben der sinnlichen Wahrnehmung wie "sehen, hören, fühlen" etc. anzubieten scheint, trifft sie m.E. weder bei ihnen noch bei den anderen "experiential"-Verben den Kern eines mentalen Geschehens.

Ein mentaler Prozeß, also das sinnliche, emotionale und rationale Geschehen eines "experiential"-Verbs spielt sich grundsätzlich innerhalb des vom EXP-Nomen repräsentierten Relatums (Mensch-Tier) ab, d.h. es beginnt und endet dort, genauer in seinem Gehirn, ohne daß ein anderer Geschehensträger direkt davon "betroffen" wird. Deshalb ist es nicht verifizierbar, von außen nicht als solches wahrnehmbar und demzufolge auch nicht durch referenzielle Beschreibung, sondern nur in Analogie zur persönlichen Erfahrung des Beschreibenden bestimmbar. Zwar weist gegebenenfalls das Verhalten des EXP-Geschehensträgers auf Vorhandensein und Charakter eines mentalen Geschehens hin. Dieses Verhalten stellt aber nicht das mentale Geschehen selbst dar, es zeigt vielmehr nur dessen Auswirkung. Wenn z.B. eine Mutter ihr Kind umarmt, weil sie es liebt, so zeigt die Umarmung nur die Auswirkung der Liebe, die sie dem Kind gegenüber empfindet, nicht aber die Liebe selbst.

Als ein Geschehen, das sich nicht an den verschiedenen Geschehensträgern, sondern sozusagen nur im EXP-Geschehensträger manifestiert, berührt ein mentaler Prozess den einem PAT entsprechenden Geschehensträger nur indirekt, nämlich nur insofern, als er auf ihn gerichtet ist, ihm entgegengebracht wird. Das Kind im o.a. Beispiel, dem die Mutter ihre Liebe entgegenbringt, wird davon nicht unmittelbar tangiert bzw. "betroffen". Es bekommt allenfalls die Auswirkungen davon - etwa die Umarmung - zu spüren.

1 Zur Gerichtetheit der semantischen Relationen im einzelnen s.o. I, 3.311.

Der PAT mag das mentale Geschehen zwar hervorgerufen haben, mag der "Anstoß" ("stimulus", Fillmore 1971b,42) dafür gewesen sein, daß das Geschehen überhaupt im EXP entstanden ist, hervorgebracht - und das scheint mir für die Verbbedeutung ausschlaggebend zu sein - hat es allein der EXP. Mit anderen Worten: ein "experiential"-Verb wie "lieben" drückt nicht aus, daß der PAT dieses Gefühl im EXP erzeugt, sondern vielmehr, daß der EXP es "hervorbringt" und dem PAT "entgegenbringt". Das gilt m.E. auch für die Verben der sinnlichen Wahrnehmung, wenn es bei ihnen auch weniger offensichtlich ist. Obwohl optische, akustische oder sonstige Reize auf den EXP-Geschehensträger einwirken, produziert dieser erst den eigentlichen Prozess des "Sehens", "Hörens" etc.

Der Geschehensablauf eines mentalen Prozesses unterliegt m.E. also der gleichen Gerichtetheit wie die übrigen dynamischen Geschehen. Um jedoch im Modell und bei der Terminologie von Chafe zu bleiben, werden die beiden grundlegenden Relationselemente eines mentalen Prozesses auch weiterhin als EXP und PAT - letzteres mit zusätzlichem Index als PATexp - bezeichnet. Dabei steht

- EXP für die Größe, die den mentalen Prozess hervorbringt,
- PATexp für die Größe, auf die der mentale Prozess gerichtet ist.

Im folgenden soll die Eliminierbarkeit des PAT_exp bei den verschiedenen mentalen Prozessen und des EXP bei den Verben der sprachlichen Kommunikation eingehender untersucht werden.

1.22 Klassifizierung der mentalen Prozesse

Der Analyse liegt Hallidays Klassifikation der mentalen Prozesse zugrunde, die sich von der Chafes durch bessere Differenzierung und größere Vollständigkeit auszeichnet (Halliday 1970, 153). Halliday teilt die - seinem System entsprechenden - "mental process clauses" in vier Gruppen ein, in solche der

- "perception", i.e. Verben der sinnlichen Wahrnehmung wie wie "sehen, hören" etc.
- "reaction", i.e. Verben, die ein emotionales Geschehen bezeichnen, wie "lieben, hassen" etc.
- "cognition", i.e. Verben, die ein rationales Geschehen bezeichnen, wie "denken, wissen" etc.
- "verbalization", i.e. Verben der sprachlichen Kommunikation wie "sagen, fragen" etc.

Die Verben der ersten drei Typen haben die semantische Grundstruktur

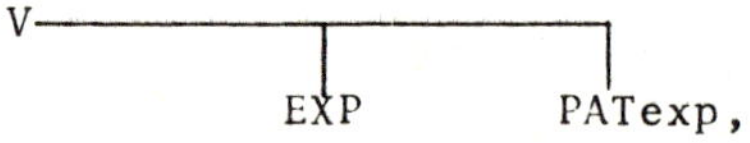

die der letzten Gruppe die Struktur

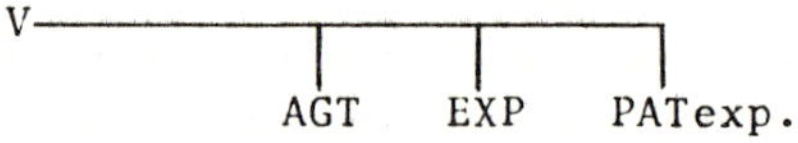

Bei all diesen Verben erfaßt der Selektionsbereich des EXP grundsätzlich "Menschen", daneben z.T. auch "Tiere", über deren mentale Prozesse sich jedoch keine endgültigen Aussagen machen lassen, da eine adäquate Analogiebildung nur annäherungsweise möglich ist. Der Selektionsbereich des PATexp hingegen ist bei den meisten mentalen Prozessen sehr viel umfangreicher und - seiner besonderen Beschaffenheit in vielen Fällen wegen - nur schwer abzugrenzen. So kann er über den Bereich der "Konkreta" hinaus auch "Abstrakta" enthalten und bei einer Reihe von Verben sogar außerdem noch das, was Halliday ein "metaphenomenon" nennt, nämlich "a fact or a report - a phenomenon that has already as it were been filtered through the medium of language. Here words as well as things may participate in the process" (Halliday 1970, 153 f). Diese potentiell weitgesteckten PATexp-Bereiche lassen bei den mentalen Prozessen auf ein grundsätzlich geringes Maß an Eliminierbarkeit des PATexp in der OS schließen. Die Analyse einzelner Verben bzw. Verbgruppen bestätigt diese Vermutung.

1.221 Die Prozesse der sinnlichen Wahrnehmung ("perception")

Von den Verben der "perception", die die mit den fünf Sinnen erfahrbaren Geschehen bezeichnen, werden im vorliegenden Zusammenhang nur die Verben des "Sehens", "Hörens" und "Fühlens" auf die Eliminierbarkeit des PATexp untersucht. Die Eliminierbarkeit der als Kausativa wie Inkausativa gebräuchlichen Verben "riechen" und "schmecken" läßt sich nur nach den für Varianten geltenden Besonderheiten bestimmen (s.u. II, 2.).

(1) Verben des "Sehens"

Die Verben des "Sehens" wie "sehen (visuell wahrnehmen), blicken, schauen, gucken, starren (unbewegt blicken), spähen, stieren" u.a. erfassen als PATexp (bzw. als LOC)[1] alles Sichtbare, also grundsätzlich den sehr weiten Bereich der "Konkreta". Die Eliminierbarkeit des PATexp (bzw. LOC) ist entsprechend gering. Bei Verben wie "glotzen" oder "gaffen" scheint der PATexp (bzw. LOC) bereits in der Grundstruktur zu fehlen. Hier bilden Präfixformen wie "anglotzen" und "angaffen" die entsprechenden zweiwertigen Strukturen.

Fragmentarische Sätze wie

(59) Ich sehe.
(60) Ich höre.
(61) Ich weiß.[2]

können m.E. nicht als Ergebnis fakultativen Gebrauchs angesehen werden. Sie sind stereotype, nur in der 1. Person Singular vorkommende Sonderformen mit jeweils spezieller Aussage im Kommunikationsprozess:

- (59) Ich sehe: ist der Hinweis für den Partner, daß man seiner Demonstration folgt;
- (60) Ich höre: die Aufforderung an den Partner zu sprechen;
- (61) Ich weiß: der Hinweis für den Partner, daß man seine Ausführungen bereits kennt.

---

1 Auf die Schwierigkeiten bei der Einordnung des entsprechenden Relationselements wurde bereits hingewiesen (s.o. I, 3.235).

2 Vgl. dazu auch Jespersen (1927, 321 f (§ 16.15)).

(2) Verben des "Hörens"

Die - relativ wenigen - Verben des "Hörens" wie "hören (akustisch wahrnehmen), horchen, lauschen" erfassen als PATexp akustische Äußerungen, die auch "metaphenomena" sein können. An die Stelle der akustischen Äußerungen können darüberhinaus auch die Konkreta treten, die diese Äußerungen hervorbringen.

(62) Er hört den Gesang.
(62 b) Er hört den Sänger.

Obwohl sich der Umfang von Bereichen wie "akustische Äußerung" oder "metaphenomenon" nicht annähernd genau bestimmen läßt, dürfte der gesamte PATexp-Bereich als relativ weit anzusehen sein und damit eine geringe Eliminierbarkeit des PATexp zur Folge haben. Andererseits jedoch scheinen bei "horchen" oder "lauschen" Verbmodalitäten wie "absichtlich, aufmerksam, heimlich, neugierig" u.a. so sehr hervorzutreten und darüberhinaus bestimmte (freie) Ortsangaben wie "an der Wand/Tür" u.ä. so eng an die Verben gebunden zu sein, daß fakultativer Gebrauch möglich ist.

(63) Er horcht / lauscht (an der Tür).

(3) Verben des "Fühlens"

Die Verben des "Fühlens" wie "fühlen, spüren, merken, ahnen" u.a., die neben körperlichem vor allem auch seelisches Empfinden bezeichnen, erfassen als PATexp sowohl "Konkreta" wie "Abstrakta". Ein solch globaler, nicht näher spezifizierbarer PATexp-Bereich bewirkt, daß bei diesen Verben der PATexp in der OS nicht eliminierbar ist.

1.222 Die emotionalen Prozesse ("reaction")

Die mentalen Prozesse der "reaction" wie "lieben, hassen, mögen, achten, ehren, würdigen, huldigen, trauen (vertrauen)" u.a. bezeichnen die Gefühlsäußerungen, die vorwiegend Personen, aber auch Tieren, Pflanzen und Gegenständen, also prinzipiell allen Konkreta, und darüberhinaus sogar abstrakten

Vorstellungen (etwa "Leben, Schicksal, Gott" etc.) entgegengebracht werden. Der PATexp-Bereich dieser Verben ist demnach so umfangreich und undifferenziert, daß der PATexp bei der OS-Realisierung nicht eliminiert werden kann. Das Verb "trauern" läßt fakultativen Gebrauch zu, da der PATexp-Bereich vorwiegend auf "Menschen" und ggf. "Haustiere" beschränkt ist, zwei Komplexe, die durch das abstrakte Merkmal "tot" noch weiter eingeschränkt werden können. Auch bei "lieben" und "hassen" kann sich die Eliminierbarkeit des PATexp eventuell erhöhen, wenn diese Gefühle einem Menschen entgegengebracht werden, zu dem der EXP in einer persönlichen Beziehung steht.

(64) Er liebt. (= Er ist in einen anderen Menschen verliebt)
(65) Er haßt. (= Ein anderer Mensch ist ihm verhaßt)

1.223 Die rationalen Prozesse ("cognition")

Verben der "cognition" wie "denken, glauben (denken, meinen), meinen (denken, glauben), kennen, wissen, wünschen, hoffen, lernen" u.a.[1] bezeichnen die Aktivitäten des Intellekts. Sie erfassen als PATexp hauptsächlich Abstrakta und "metaphenomena", einige von ihnen beziehen sich darüberhinaus auch noch auf Konkreta. Der bei all diesen Verben kaum konkretisierbare, äußerst umfangreiche PATexp-Bereich hat grundsätzlich die obligatorische OS-Realisierung des PATexp zur Folge. "denken" im Sinne von "nachdenken" könnte ggf. als besondere (einwertige) Variante angesehen werden

(66) Der Philosoph denkt.

Bei "lernen" scheint in Bezug auf "(schulischen) Lernstoff" fakultativer Sondergebrauch gegeben. Das Verb "studieren" (lernen) schließlich bezieht sich nur auf relativ wenige Lehrfächer und läßt sich deshalb fakultativ verwenden.

1.224 Die Prozesse der sprachlichen Kommunikation ("verbalization")

Die Verben der "verbalization" wie "sagen, sprechen, reden,

---

1 Die meisten dieser Verben haben eine relativ große Zahl von Varianten, die sich untereinander nur schwer abgrenzen lassen. Im übrigen sind die Aktivitäten des Intellekts nicht immer eindeutig von denen des Gefühls zu trennen.

schildern, nennen, diktieren (ansagen), diskutieren, fragen, antworten" u.a. bezeichnen die sprachliche Kommunikation zwischen mehreren (vorwiegend zwei) Kommunikationspartnern. Dementsprechend unterscheiden sie sich von den übrigen mentalen Prozessen

- durch ihre dreigliedrige Grundstruktur, die neben dem EXP und PATexp noch einen AGT enthält, das Relationselement des ersten Kommunikationspartners.
- durch die Art des Geschehens, das sich verifizierbar an AGT und PATexp manifestiert. Die Verben bezeichnen somit ein Geschehen, das zwischen mentalem Prozess und dynamischer Aktion angesiedelt zu sein scheint.
- dadurch, daß der EXP, das Relationselement des zweiten Kommunikationspartners, in potentiell eliminierbarer Position steht. Da er vorwiegend den Bereich "Mensch" selektiert, läßt er sich grundsätzlich in der OS eliminieren.
- durch den PATexp-Bereich, der grundsätzlich nur "metaphenomena" erfaßt.

Wenn sich auch der Umfang eines nur aus "metaphenomena" bestehenden Selektionsbereichs - wie schon gesagt - kaum genau abgrenzen läßt, so scheinen sich bei einigen Verben dennoch spezifische Teilbereiche bestimmen zu lassen, die als Einengung des Gesamtbereichs angesehen werden können. Im Gegensatz zu dem Verb "sagen", das die allgemeinste "Mitteilung" an einen Kommunikationspartner ausdrückt, beziehen sich bspw. die Verben "fragen, antworten, diskutieren, diktieren" nur auf ganz bestimmte, im Vergleich zum PATexp-Bereich von "sagen" eingeschränkte "Mitteilungen": So bezeichnet

- "fragen" eine "Mitteilung", auf die eine Antwort erwartet wird;
- "antworten" die auf eine Frage gegebene "Mitteilung";
- "diskutieren" eine "Mitteilung" in Form eines wechselseitigen (Streit-)Gesprächs;
- "diktieren" eine mündliche "Mitteilung", die schriftlich festgehalten werden soll.

Während "sagen" seines weiten PATexp-Bereichs wegen nur obligatorisch verwendet werden kann, scheinen bei den anderen genannten Verben die Spezifizierungen den PATexp-Bereich so einzuschränken, daß der PATexp eliminierbar wird.

(67) Er fragt.
(68) Er antwortet.
(69) Die Studenten diskutieren.
(70) Der Chef diktiert.

Ein intuitiv leicht, formal jedoch schwer erfaßbarer Unterschied, der sich auch auf die Eliminierbarkeit niederschlägt, besteht zwischen "sagen" einerseits und "sprechen" und "reden" andererseits. Helbig und Schenkel interpretieren ihn wie folgt: ""sagen" ist objekt- bzw. inhaltsgerichteter, "reden" und "sprechen" dagegen akzentuieren den Vorgang selbst stärker" (HuS 1973, 410 Anm. 2). M.E. jedoch kann von einer Akzentuierung des Geschehens nur dann gesprochen werden, wenn die beiden fakultativen Verben "reden" und "sprechen" - wie im übrigen alle fakultativen Verben - in eliminierter Form auftreten[1], wenn also der Satz lautet:

(71) Er redet/spricht.

Der Satz hingegen:

(71 b) Er redet/spricht mit ihm über das Wetter.

akzentuiert m.E. das Geschehen ebensowenig wie der Satz

(72) Er sagt ihm, daß es regnet.

Die unterschiedliche Eliminierbarkeit des PATexp bei diesen Verben hängt m.E. wiederum von der Verschiedenartigkeit der jeweiligen PATexp-Bereiche ab. Im Vergleich zu dem weiten Bereich einer nicht näher präzisierbaren "Mitteilung" bei "sagen" erfassen "sprechen" und "reden" den sehr viel engeren Bereich "Gesprächsthema", über das sich jeweils wiederum eine Vielzahl von "Mitteilungen" machen läßt.

---

1 Vgl. dazu auch 1, 3.321.

1.23 Zusammenfassung

Trotz grundlegender Schwierigkeiten führt die Selektionsbereichsanalyse auch bei solch abstrakten Geschehen wie den mentalen Prozessen zu Ergebnissen, die Rückschlüsse auf die Eliminierbarkeit des PATexp zulassen. Von Ausnahmen - insbesondere bei den Verben der "verbalization" - abgesehen, haben die weiten, oft über "Konkreta" und "Abstrakta" hinausreichenden PATexp-Bereiche eine entsprechend *geringe* Eliminierbarkeit des PATexp zur Folge. Allerdings sind diese Ergebnisse in ihrer Exaktheit und Endgültigkeit mit gewissem Vorbehalt zu betrachten, da es nur in Ansätzen und in groben Zügen möglich ist, den Umfang der PATexp-Bereiche abzugrenzen, und da sich ergänzende Analysen der verbalen Eigenmerkmale im allgemeinen nicht durchführen lassen. Die Bestimmung der Eliminierbarkeit unterliegt damit in noch größerem Maße als bei den übrigen Verben dem Sprachgefühl und der sprachlichen Intuition des kompetenten Sprechers.

1.3 Die variable OS-Realisierung des BEN

Die Verben, bei denen das Relationselement BEN potentiell eliminierbar ist, lassen sich klassifizieren in

- Verben der *Zuwendung* wie "nutzen (Nutzen bringen), schaden, helfen, dienen" u.ä. (wobei die "Zuwendung" - wie im Fall von "schaden" - auch *negative* Auswirkungen haben kann). Ihnen liegt die semantische Grundstruktur

zugrunde. Diese Strukturierung läßt neben Sätzen wie

(73) Der Arzt hilft dem Kranken.

auch Sätze zu wie

(73 b) Das Medikament hilft dem Kranken.

in dem das Subjekt "das Medikament" als INST (bzw. "Mittel") anzusehen ist, das den AGT ersetzt (s.o. I, 3.232 (3)).

- Verben des "Gebens und Nehmens" (Tesnière 1959, 255 ff) wie "geben (reichen), nehmen, schenken, leihen, reichen (geben), bringen, liefern, senden (schicken), schicken" u.ä. mit der Grundstruktur

Bereits die grundlegende strukturelle Kategorisierung des BEN als die Größe, der ein Geschehen zum Nutzen oder zum Schaden gereicht, gibt ihm im Vergleich zu den anderen Relationselementen einen verhältnismäßig präzisen Charakter und trifft damit schon auf strukturbildender Ebene eine Vorentscheidung über Art und Umfang des zugehörigen Selektionsbereichs: der BEN erfaßt grundsätzlich den Bereich "Mensch", bei einigen Verben darüberhinaus noch bestimmte "Tiere" und ggf. sogar "Pflanzen".

Im Bereich "Mensch" unterscheiden Helbig und Schenkel noch einmal zwischen dem Individuum Mensch und einer Institution ("Abstr (als Hum)", HuS 1973, 97). Eine solche Differenzierung dürfte für die Klassifizierung nicht von Bedeutung sein. Letztlich handelt es sich in den meisten Fällen, in denen eine Institution die Stelle des BEN einnimmt, um Formen der Metonymie, also um stilistisch relevante Wortsetzung. In den Sätzen

(74) Er schadet der Firma.
(75) Er schickt der Firma ein Schreiben.

tritt die Institution "Firma" an die Stelle der Individuen, denen eigentlich "geschadet" bzw. "ein Schreiben geschickt" wird. Aus diesem Grunde bedeutet m.E. die Einbeziehung der Institutionen in den Bereich "Mensch" keine echte Erweiterung des Selektionsbereichs.[1]

Die strukturbildende und bedeutungscharakterisierende Spezifizierung des BEN als (vorwiegend) Mensch, dem ein Geschehen zum Nutzen oder Schaden gereicht, schränkt den BEN-Bereich im allgemeinen so stark ein, daß der BEN meist in der OS

---

1 Vgl. dazu auch Engelen (1975 I, 125).

eliminiert werden kann.

Ausnahmen lassen sich ggf. damit begründen, daß viele der genannten Verben mehrere Varianten haben, deren OS-Repräsentation besonderen Gesetzmäßigkeiten unterliegt (s.u. II, 2). Bei "leihen" dürfte die Eliminierbarkeit deshalb gering sein, weil das Verb im Sinne von "entleihen" und "verleihen" gebraucht werden kann und eine Eliminierung des BEN zu Verwechslungen zwischen beiden Bedeutungen führen könnte. So vermittelt der Satz

(76) (+)Er leiht ein Buch.

das Gefühl von Unvollständigkeit, da er sowohl als

(76 b) Er leiht sich ein Buch. (= entleihen)

wie auch als

(76 c) Er leiht ihm ein Buch. (= verleihen)

interpretierbar ist.

1.4 Die variable OS-Realisierung der Umstände

Die Umstände bezeichnen die lokalen, temporalen, modalen und kausalen Gegebenheiten, unter denen ein Geschehen abläuft. Seit bei Erben (1958) und Grebe (1959)"auch Umstandsangaben in der syntaktischen Rolle von Ergänzungen auftreten" und dadurch "die Grenze zwischen Objekten und Umständen der traditionellen Grammatik" beseitigt wird (Grebe 1973, 504), bereitet die Bestimmung des strukturellen Status eines Umstandes große Schwierigkeiten. Das gilt nicht nur für eine Beschreibung auf formal-struktureller Ebene, sondern auch für eine Erfassung auf semantischer Ebene. Um die zu einer semantischen Grundstruktur gehörigen potentiell eliminierbaren Umstände genauer festzulegen und von den übrigen Umständen abzusetzen, bedarf es deshalb vorab einer eingehenderen Erörterung der angedeuteten Problematik.

1.41 Klassifizierungsprobleme

1.411 Graduelle Bindungsfestigkeit der Umstände

Das Hauptproblem bei der Klassifizierung der Umstände besteht wohl darin, daß zwar grundsätzlich jedes verbale Geschehen unter bestimmten örtlichen, zeitlichen und sonstigen Umständen vor sich geht, daß die Umstände jedoch nur bei einigen, relativ wenigen Verben zu den Strukturelementen gerechnet werden können. In der Mehrzahl der Fälle sind sie als außerhalb des Geschehens liegende Begleiterscheinungen anzusehen, die weder inhaltlich noch strukturell mit dem Verb in Beziehung stehen. Sie ergänzen dann das Verb und seine semantische Grundstruktur als freie Angabe ohne semantische Korrelation zum Verb, also sozusagen von außen

(77) Er repariert das Auto in zwei Stunden.

Eine Reihe von Verben jedoch beziehen die Umstände in das Geschehen mit ein. Die Umstände treten dann entweder

- als semantische Eigenmerkmale des Verbinhalts oder
- als Relationselemente der semantischen Grundstruktur

auf.

Als semantische Eigenmerkmale bezeichnen die Umstände bestimmte modale, temporale und sonstige Charakteristika des Geschehensablaufs (s.o. I, 4.2). So enthält bspw. der Verbinhalt von "leihen" (Grundstruktur: $^{V}\overline{AGT\ BEN\ PAT}$) den temporalen Umstand "auf Zeit" (Bondzio 1971, 93), der dem verbalen Geschehen - neben anderen Komponenten - seine spezifische Eigenheit verleiht und es von anderen Geschehen wie z.B. dem von "schenken" unterscheidet. Da der Umstand nicht zu den Relationselementen gehört, ergänzt er das Verb - im Falle einer Repräsentation im Satz - ebenfalls nur als freie Angabe, diesmal allerdings mit semantischer Korrelation zum Verb, also sozusagen von innen.

(78) Er leiht mir das Auto für zwei Stunden.

Typische (Sonder)Fälle "innerer" Ergänzungen sind freie Angaben, die ein relevantes Eigenmerkmal des Verbs pleonastisch in der OS repräsentieren.

(79)+ Er schenkt mir das Auto für immer.

Drückt ein Verb die Beziehung eines Konkretums oder Abstraktums zu einem Ort, einem Zeitpunkt oder einem anderen Umstand aus, so erfaßt es den Umstand als Relationselement. Das Geschehen manifestiert sich dann an dem Umstand wie an einem konkreten oder abstrakten Geschehensträger, es ist - unabhängig von seiner OS-Repräsentation - letztlich ohne ihn nicht vorstellbar.

(80) Das Konzert dauert zwei Stunden.

In solchen Fällen gehören die Umstände wie andere Relationselemente zur semantischen Grundstruktur des Verbs und können - je nach Beschaffenheit - bei der OS-Realisierung eliminiert oder nicht eliminiert werden.

Die Grenzen zwischen diesen drei Stufen der Klassifizierung sind fließend und in vielen Fällen keineswegs so eindeutig zu ziehen, wie es den gegebenen Beispielen zufolge den Anschein hat. Eben weil nun einmal jedes Geschehen an bestimmte Begleitumstände gebunden ist, wird bei der Klassifizierung letztlich nicht über die Relevanz eines Umstandes für das Geschehen entschieden, sondern über den Grad der Relevanz. Es ist einleuchtend, daß eine solche Differenzierung wiederum in hohem Maße der sprachlichen Intuition des kompetenten Sprechers unterliegt. Zwar scheint Übereinstimmung darin zu bestehen, daß bei bestimmten Verbtypen entsprechende Umstände als valenzgebunden angesehen werden, etwa bei den Fortbewegungsverben direktive, den Verben der "örtlichen Befindlichkeit" lokale, den Verben des "sich Verhaltens" modale Umstände etc.[1] Dennoch dürfte in vielen Fällen die Zuordnung nicht einheitlich ausfallen. So wird bspw. "folgen" bei Helbig und Schenkel als zweiwertiges Verb ohne valenzgebundene Lokalbestimmung eingeordnet.

(81) Das Kind folgt dem Jäger.

(HuS 1973, 310). Aufgrund der vom Verb ausgedrückten räumlichen Veränderung könnte m.E. jedoch eine (fakultative) Lokalbestimmung als strukturnotwendig angesetzt werden.

(81 b) Das Kind folgt dem Jäger (in den Wald).

---

1 So bspw. HuS (1973, 46). Vgl. auch Grebe (1973, 504 ff); Engelen (1975, 133 ff); Leisi (1961, 79 ff).

Als definitiv kann die Klassifikation der Umstände eigentlich nur bei den streng obligatorischen "Umstandsverben" angesehen werden, also bei Verben wie "wohnen", "dauern" u.a., bei denen die Umstandsbestimmung nicht eliminierbar ist. Bei den übrigen Verben lassen sich unterschiedliche Zuordnungen nicht ausschließen. Allem Anschein nach werden die konkreten, augenfälligen und daher sprachlich wohl auch häufiger verwendeten Umstände wie die lokalen[1] von den Verben häufiger und eindeutiger als Relationselemente erfaßt als die abstrakten, weniger deutlich in Erscheinung tretenden wie etwa die kausalen. Deren Einordnung bereitet folglich auch größere Schwierigkeiten.
So gibt Grebe bspw. (nur) 3 Verben an, in denen - seiner Ansicht nach - "Begründungsergänzungen" zur Satzstruktur gehören: "geschehen", "sich ereignen", "entstehen" (Grebe 1973, 506). Da meinem Sprachempfinden nach bei diesen Verben die kausale Komponente nicht so sehr hervortritt, daß das Geschehen sie bedingt, und da darüberhinaus die Stelle des kausalen Umstands ebensogut von einem lokalen, temporalen oder modalen Umstand eingenommen werden kann, erscheint mir diese definitive Zuordnung zumindest anfechtbar.[2]

1.412 Alternatives Auftreten verschiedenartiger Umstände

Damit ist eine weitere Ursache angesprochen, die die Schwierigkeiten bei der Klassifizierung von Umständen zusätzlich erhöht: die Eigenschaft einer Reihe von "Umstandsverben", unterschiedliche Umstände alternativ oder auch gleichzeitig zuzulassen, wobei nicht immer eindeutig auszumachen ist, ob die jeweiligen Umstände als Relationselemente oder als nicht zur Grundstruktur gehörige Größen einzustufen sind.

(82) Das Konzert findet in der Musikhalle statt.
(82 b) Das Konzert findet um 20.00 Uhr statt.

---

1 Vgl. Grebe (1973, 504): "Sätze mit einer Raumergänzung sind häufig. Sie stehen zahlenmäßig hinter den Sätzen mit einem Akkusativobjekt an zweiter Stelle [...]. Die Raumkomponente spielt also im Bereich der Satzbaupläne eine entscheidende Rolle. Demgegenüber tritt hier die Zeitkomponente [...] ganz zurück. Ihr Bereich ist das Tempus".

2 Grebe selbst rechnet übrigens an anderer Stelle "sich ereignen" zu den Satzbauplänen mit einer Raumergänzung. Beispiel: Das Unglück ereignete sich am Bahnhof (Grebe 1973, 504).

(82 c) Das Konzert findet um 20.00 Uhr in der Musikhalle statt.

Selbst bei so eindeutig klassifizierbaren Verben wie bspw. dem obligatorischen Lokalverb "wohnen" kann die Lokalangabe durch eine Artangabe ersetzt werden.

(83) Er wohnt in Hamburg.

(83 b) Er wohnt sehr gemütlich.

In diesem Fall ist jedoch wohl die Ortsangabe als Relationselement und die Artangabe als freie Angabe anzusehen, die ggf. die Position eines Relationselements einnehmen kann.

Einige Verben schließlich müssen als Varianten angesehen werden, wenn sie verschiedene Umstände alternativ verwenden:

(84) Das Grundstück zieht sich bis zum Nachbargarten hin. (Var_1: sich <u>räumlich</u> erstrecken)

(84 b) Die Konferenz zieht sich bis zum Nachmittag hin. (Var_2: sich <u>zeitlich</u> erstrecken).

Trotz derartiger Komplikationen lassen sich eine Reihe von Verben relativ eindeutig nach den in der Grundstruktur als Relationselemente auftretenden Umständen klassifizieren. Im folgenden werden Verben mit den lokalen, temporalen und modalen Relationselementen LOC, TEMP und MAN eingehender auf ihre Eliminierbarkeit untersucht. Verben mit kausalen Umständen werden nicht berücksichtigt.

1.42 Die variable OS-Realisierung desLOC

1.421 Besonderheiten der Merkmalsspezifizierung

Bei den Verben mit einem <u>lokalen</u> Umstand als Relationselement (LOC) erfaßt der Selektionsbereich des LOC nicht Gegenstände, Menschen, Tiere etc., sondern <u>Befindlichkeiten im Raum</u>, <u>Örtlichkeiten</u>. Um den LOC-Bereich einzugrenzen und daraus Schlußfolgerungen auf die Eliminierbarkeit des LOC ziehen zu können, bedarf es somit einer verbinhärenten Spezifizierung von räumlichen bzw.

örtlichen Gegebenheiten.

Wesentliches Kennzeichen eines Ortes ist seine Lage. Sie läßt sich durch Positions- oder Richtungsmerkmale wie "oben", "unten", "nach oben", "nach unten", "zu X hin", "von X weg" etc. näher bestimmen.

Neben der Lage kann die Beschaffenheit eines Ortes zur Spezifizierung des LOC-Bereichs beitragen. Eine wichtige Rolle spielen dabei die Merkmale der elementaren Beschaffenheit (Aggregatszustände) "fest" (Land), "flüssig" (Wasser), "gasförmig" (Luft). Sie können gegebenenfalls weiter subklassifiziert werden, so bspw. das Merkmal "fest" in "hart", "weich", "glatt", "uneben" etc.

Ihren jeweiligen Besonderheiten entsprechend, lassen sich die Lokalverben in zwei Gruppen einteilen: in

- statische Lokalverben oder Lageverben (= "states")
- direktionale Lokalverben oder Richtungsverben (= "processes", "actions" und "action-processes")[1].

1.422 Die statischen Lokalverben

Statische Lokalverben wie "s. befinden, s. aufhalten, weilen, wohnen, hausen, sitzen, liegen, hängen, knien" u.a. mit der Grundstruktur

drücken aus, daß sich eine in der Rolle des PAT auftretende

---

1 Vgl. Engelen (1975 I,131 ff); Engel (1970,373); auch HuS (1973,46 u. 72).

2 Zur Unterscheidung bezeichne ich den LOC bei den statischen Lokalverben als LOCstat, bei den direktionalen Lokalverben als LOCdir.

Größe an einem bestimmten Ort befindet. Bei den meisten von ihnen lassen sich nähere Angaben über Lage und Beschaffenheit des jeweils vom LOC erfaßten Ortes nicht machen. Der LOC-Bereich hat damit den weitest möglichen Umfang. Die Eliminierbarkeit des LOC ist entsprechend gering.

Das gilt insbesondere für Verben, die als "Archilexeme" (Engelen 1975 I, 137) der statischen Lokalverben angesehen werden können, also für "sein (s. befinden), weilen" oder die reflexiven Komposita "s. befinden, s. aufhalten".

Die Verben des Wohnens wie "wohnen, hausen, siedeln, residieren" u.a. nehmen unter den statischen Lokalverben eine Sonderstellung ein. Sie drücken nicht aus, daß sich die Größe in der Rolle des PAT - hier ein "Mensch" - an einem bestimmten Ort befindet, sondern daß dieser Mensch dort seine Wohnung (Behausung etc.) hat, während er selbst sich - zumindest zeitweilig - auch an einem anderen Ort aufhalten kann. Obwohl also der PAT in der OS stets als "Mensch" repräsentiert wird, bezeichnet er in der semantischen Struktur die "Wohnung" (Wohnsitz) dieses Menschen.

(85) Paul wohnt in Hamburg.
(85 b) = Die Wohnung von Paul ist in Hamburg.

Weitergehende Charakterisierungen etwa der Beschaffenheit der Wohnung - so bei "hausen" (= ärmlich), bei "siedeln" (= gemeinschaftlich) und bei "residieren" (= herrschaftlich) - betreffen danach den PAT-Bereich und nicht den LOCstat-Bereich. Sie haben deshalb auf den Umfang des LOCstat-Bereichs und damit auf die Eliminierbarkeit des LOCstat keinen Einfluß[1]. Da sich darüberhinaus auch die Lage des Ortes, an dem sich die Wohnung (Behausung etc.) befindet, nicht näher spezifizieren läßt, nimmt der LOCstat-Bereich bei den Verben des Wohnens den weitest möglichen Umfang ein. Die Eliminierbarkeit des LOCstat ist entsprechend gering.

---

1 Allerdings dürften sich die Merkmale der zum PAT-Bereich gehörenden "Wohnung" und des im LOCstat bezeichneten Ortes häufig entsprechen.

(a) Paul haust in einer Baracke.
(b) = Pauls Behausung (=ärmlich) ist in einer Baracke (=ärmlich).

Ein Teil der statischen Lokalverben sind Inkausativa, deren kausative Äquivalente zu den direktionalen Lokalverben gehören. Sie bezeichnen "den Zustand, der durch die von dem Verb mit Direktionale bezeichnete Aktion herbeigeführt worden ist" (Engelen 1975 I, 136 f). Hierzu zählen u.a.

- die drei grundlegenden Positionsverben "sitzen, liegen, stehen" (kaus.: "setzen, legen, stellen") (als ausgesprochen variantenreiche Verben werden sie in II, 2. ausführlicher behandelt).
- formal identische Verbpaare wie "hängen" (befestigt sein) (kaus.: "hängen" (befestigen)), "stecken" (kaus.: "stecken"), "lehnen" (kaus.: "lehnen") u.a.
- Verben mit einem (echten) Reflexivum[1] als direktionalem Äquivalent wie "hocken" (kaus.: "sich hocken"), "kauern" ("s. kauern"), "knien" ("s. knien") u.a.

Auch bei diesen Verben ist der LOC_{stat} aus den genannten Gründen im allgemeinen obligatorisch in der OS zu realisieren, wenn auch in einigen Fällen Ausnahmen möglich sind. Bei "hängen" bspw. scheint die Eingrenzung des LOCstat-Bereichs durch das Positionsmerkmal "nach unten" und das Beschaffenheitsmerkmal "in der Luft" eine Erhöhung der Eliminierbarkeit mit gelegentlich fakultativen Gebrauch zur Folge zu haben.

(86) Das Bild hängt (an der Wand).

Bei "stecken" ist fakultativer Sondergebrauch möglich, wenn es sich bei dem PAT um einen "Schlüssel" handelt, der damit den LOCstat eindeutig festlegt.

(87) Der Schlüssel steckt (im Schloß).

Bei "hocken, kauern und knien" scheinen bestimmte hervortretende Verbmodalitäten (etwa die Körperhaltung) den Grad der Eliminierbarkeit zu verändern, obwohl anscheinend nur "knien" fakultativ

---

1 Bei den "echten" reflexiven Verben wird das nicht substituierbare "sich" nicht als Mitspieler bzw. Relationselement angesehen, sondern zum Prädikat gerechnet. Vgl. dazu auch Helbig und Schenkel (1973, 58); zu den Reflexiva im einzelnen siehe Stötzel (1970).

verwendet werden kann,

(88) Das Mädchen kniet (auf dem Rasen).

nicht hingegen "hocken" und "kauern".

(89) Das Mädchen hockt/kauert auf dem Rasen.

1.423 Die direktionalen Lokalverben

Direktionale Lokalverben mit den Grundstrukturen

```
V─┬──────────┐
  PAT        LOCdir              ("process")

V─┬──────────┐
  AGT        LOCdir              ("action")

V─┬──────────┬──────────┐
  AGT        PAT        LOCdir   ("action-process")
```

bezeichnen die räumliche Veränderung der als AGT oder PAT an einem Geschehen teilnehmenden Größe. Diese Veränderung im Raum bedingt, daß der LOCdir nicht nur einen, sondern mehrere Örtlichkeiten (L) umfaßt, von denen sich zwei festlegen lassen:

- L_1 = der Ort, von dem das Geschehen ausgeht,
- L_2 = der Ort, an dem das Geschehen endet.

Aus der räumlichen Beziehung von L_1 zu L_2 (und ggf. umgekehrt) ergibt sich die Richtung des Geschehens.

Der LOC-Bereich der direktionalen Lokalverben kann somit - weitergehend als bei den statischen Lokalverben - auf dreifache Weise eingegrenzt werden:
durch Bestimmung

- der Position von L_1
- der Position von L_2
- der Beschaffenheit aller Örtlichkeiten (einschließlich L_1 und L_2), auf denen sich das Geschehen abspielt.

Bei einer großen Anzahl von <u>Fortbewegungsverben</u>, den direktionalen Lokalverben mit den Grundstrukturen

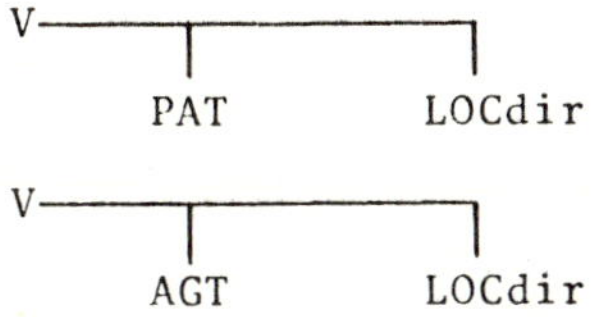

lassen sich diese Positions- und Beschaffenheitsmerkmale verb-inhärent bestimmen. Sie engen dadurch den LOCdir-Bereich stark ein und bewirken eine entsprechend <u>hohe Eliminierbarkeit</u> des LOCdir bei der OS-Realisierung.

Abb. 12

LOCdir-Bereiche der Fortbewegungsverben			Verbbeispiele
Positions-merkmal von L_1	Positions-merkmal von L_2	Beschaffenheits-merkmal von L_1 - L_2	
oben	unten	fest (Land) flüssig (Wasser) gasförmig (Luft)	rutschen sinken, tauchen fallen stürzen
unten	oben	fest flüssig gasförmig	klettern, steigen steigen (auftauchen) steigen
in etwa gleicher oder wechselnder Höhe		fest: hart – glatt, uneben; weich flüssig gasförmig	gehen, laufen, rennen schliddern, rutschen stolpern waten schwimmen, kraulen schweben, fliegen, gleiten
in gegenläufiger Richtung		-	kommen

Fortbewegungsverben sind also grundsätzlich fakultative Verben. Ausnahmen sind relativ selten. So scheint das Verb "steigen", das eine räumliche Veränderung sowohl auf dem Land, als auch im Wasser und in der Luft ausdrückt,

(90) Der Tourist steigt auf den Berg.
(90 b) Der Korken steigt an die Wasseroberfläche.
(90 c) Der Ballon steigt (in die Luft).

nur im letzten Fall fakultativen Gebrauch zuzulassen. Anscheinend handelt es sich hier um verschiedene Varianten des Verbs "steigen".

Über die Spezifizierung des LOCdir-Bereichs durch Positions- und Beschaffenheitsmerkmale hinaus, treten bei vielen der Fortbewegungsverben bestimmte verbale Eigenmerkmale (häufig auch der INST) deutlich in den Vordergrund und bewirken, daß der LOCdir kaum noch als zur Grundstruktur gehörig empfunden wird. So etwa bei "schleichen (heimlich, behutsam), hinken (ungleichmäßig, mit einem kürzeren Bein), stürzen (heftig, plötzlich), torkeln (unsicher, schwankend), marschieren (im Gleichschritt), sprinten (schneller werdend), fliegen (mit Flügeln), rudern (mit Ruderboot), reiten (auf einem Pferd)" etc.[1]

Die dreigliedrigen direktionalen Lokalverben mit der Grundstruktur

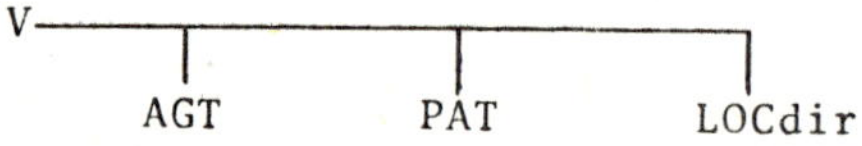

realisieren den LOCdir weniger eindeutig und wohl vorwiegend obligatorisch in der OS, da sich bei ihnen der LOCdir-Bereich nicht oder jedenfalls nicht so präzise abgrenzen läßt wie bei den Fortbewegungsverben. Das gilt insbesondere für die drei grundlegenden Positionsverben "setzen, legen, stellen" in ihren (kausativen) Grundbedeutungen "sitzen machen", "liegen machen" und "stehen machen", aber auch für die Kausativa "hängen, stecken,

1 Die Fortbewegungsverben eignen sich besonders gut für eine semantische Analyse sowohl der Selektionsbereiche ihrer Relationselemente als auch und vor allem des Verbinhalts (s.o. I, 4.22). Vgl. dazu auch Hundsnurscher (1970, 84 ff) in Verbindung mit Baumgärtner (1967, 177 ff); Grebe (1973, 454 f); Leisi (1961, 82 f); W. Schmidt (1965, 44 ff).

lehnen" u.a.. Bezeichnet bei "hängen" der PAT einen "Menschen", so wird dadurch der LOCdir-Bereich so eindeutig festgelegt, daß der LOCdir in der OS eliminiert werden kann:

(91) Man hängt den Verbrecher (an den Galgen).

(ob es sich hierbei um eine eigene Variante von "hängen" oder um fakultativen Sondergebrauch handelt, sei dahingestellt).

Verben wie "werfen (schleudern), schleudern" u.ä. scheinen aufgrund der Spezifizierung der Richtung "vom AGT weg" und der Beschaffenheit "durch die Luft" eine Neigung zur Eliminierbarkeit des LOCdir zu haben, wenn auch obligatorischer Gebrauch vorherrschen dürfte. M.E. vermitteln Sätze wie

(92) Er wirft den Ball.
(93) Er schleudert den Speer.

das Gefühl von Unvollständigkeit. Ähnliches gilt für die Verben "schieben" (vorwärtsdrücken) und "ziehen" (hinter sich her bewegen), bei denen die lokale Spezifizierung "nach vorn" bzw. "hinter dem AGT her" wohl nur dann fakultativen Gebrauch ermöglicht, wenn es sich bei dem PAT um ein "Fahrzeug" handelt.

(94) Er schiebt/zieht den Wagen (über die Straße).

Da die meisten der hier aufgeführten Verben sehr variantenreich sind, müssen die gegebenen Klassifikationen mit entsprechendem Vorbehalt betrachtet werden.

1.43 Die variable OS-Realisierung des TEMP

Die Verben, deren semantische Grundstruktur das Relationselement TEMP enthält, drücken aus, daß ein als PAT auftretendes Ereignis unter bestimmten zeitlichen Umständen abläuft oder einer zeitlichen Veränderung unterliegt bzw. unterworfen wird. Der TEMP bezeichnet dabei entweder einen Zeitpunkt oder die Zeitdauer des Ablaufs bzw. der Veränderung. Diesen Charakteristika entsprechend, lassen sich zwei Typen von Zeitverben unterscheiden, die jeweils in der OS-Realisierung des TEMP voneinander abweichen:

- Die Verben "dauern" und "währen"[1] mit der Grundstruktur

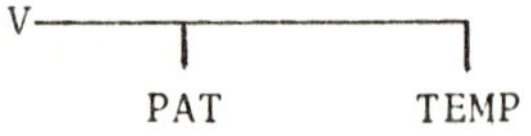

  bezeichnen einen Zeitablauf, dessen Begrenzung nicht festliegt und verbinhärent nicht zu ermitteln ist, sondern durch eine Zeitangabe explizit festgelegt werden muß. Sie realisieren deshalb den TEMP streng obligatorisch in der OS.

- die übrigen Zeitverben hingegen mit den Grundstrukturen

  setzen die Begrenzung des Zeitablaufs als festliegend voraus. Sie bezeichnen dann

  - entweder eine die Begrenzung überschreitende Veränderung des Zeitablaufs, in dem sich das Ereignis abspielt (= Ausweitung) ("sich hinziehen, sich ausdehnen u.a.; ausdehnen, ausweiten u.a.");
  - oder die zeitliche Veränderung des gesamten Ereignisses selbst (= Verschiebung) ("sich verzögern, sich verschieben u.a.; verzögern, zurückstellen, verschieben, vertagen, vorverlegen, vorziehen u.a.").

Da bei diesen Verben die zeitliche Begrenzung als gegeben vorausgesetzt wird und nicht eigens durch eine Zeitangabe festgelegt werden muß, erfaßt der TEMP-Bereich nur die zeitlichen Gegebenheiten der Veränderung. Diese lassen sich jedoch meist verbinhärent bestimmen, so etwa bei

"s. hinziehen, ausdehnen" durch ein Merkmal wie
"Ende des Ereignisses später (als vorgesehen)"

---

1 Andere Simplizia dieses Typs sind mir nicht bekannt.

"(s.) verzögern, verschieben" durch ein Merkmal wie
"Beginn und damit gesamtes Ereignis später (als vorgesehen)"

"vertagen" durch ein noch weitergehend präzisiertes Merkmal wie
"Beginn und damit gesamtes Ereignis ein Tag oder mehrere Tage später (als vorgesehen)"

"vorverlegen" durch ein Merkmal wie
"Beginn und damit gesamtes Ereignis früher (als vorgesehen)".
etc.

Diese Spezifizierungen scheinen den TEMP-Bereich der o.a. Zeitverben stark genug einzuengen, um fakultativen Gebrauch des TEMP zu ermöglichen.

(95) Die Veranstaltung zieht sich (bis zum Abend) hin.
(96) Der Schiedsrichter verschiebt das Spiel (um eine halbe Stunde).
(97) Die Firma vertagt die Generalversammlung (auf morgen).
(98) Er verlegt die Sitzung (um zwei Stunden) vor.

1.44 Die variable OS-Realisierung des MAN

Die Verben mit dem Relationselement MAN drücken das Verhalten[1] einer als AGT oder PAT auftretenden Größe aus. Der MAN gibt dabei - im allgemeinen in adjektivischer Form - die Art des Verhaltens an. Meist läßt sich das Adjektiv aber auch durch ein Nomen bzw. eine Nominalphrase ersetzen. Das Nomen stellt dann eine Vergleichsgröße dar, deren typisches, allgemein als bekannt vorausgesetztes Verhalten zu dem des AGT bzw. PAT in Beziehung gesetzt wird und es dadurch - sozusagen indirekt - charakterisiert.

(99) Er benimmt sich schlecht.
(99 b) Er benimmt sich wie ein Schwein (= schlecht, da Schweine sich immer schlecht benehmen).

---

1 Verhalten im allgemeinen Sinn. Auch die "Wirkung", die "Ausstrahlung" ist dazuzurechnen.

Verhaltensverben wie "gelten (bekannt sein als), wirken, aussehen, erscheinen, s. erweisen" u.ä. haben die semantische Grundstruktur

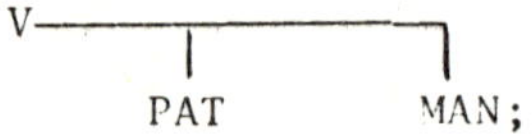

solche wie "s. verhalten, s. benehmen, s. geben, s. führen, s. gebärden, s. zeigen (s. verhalten)" u.ä. die Grundstruktur

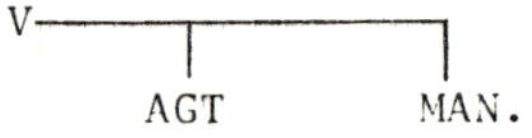

Sie erfassen im *MAN-Bereich* vorwiegend sozialen Wertmaßstäben unterliegende Verhaltensnormen. Eine Kategorisierung dieser Normen nach dem antonymen Grundmuster "positiv-negativ", im einzelnen also "richtig-falsch", "gut-böse", "klug-dumm" etc., gibt dem vom Verb im Grunde neutral ausgedrückten Verhalten erst seine spezielle Bedeutung. Da der MAN-Bereich jeweils *beide* sich gegenseitig ausschließende Alternativen (einschl. aller Zwischengrößen) einbezieht, ist die gemeinte Kategorie stets ausdrücklich zu benennen, der MAN also grundsätzlich *obligatorisch* in der OS zu realisieren. Ausnahmen sind selten. So erlaubt etwa "s. benehmen" im Sinne von "sich *gut* benehmen" fakultativen Sondergebrauch, insbesondere in Wendungen wie

(100) Er weiß sich zu benehmen.

Ähnliches gilt für "wirken" im Sinne von "sich *positiv* auswirken".

(101) Die Medizin wirkt.

Bei fehlendem MAN scheint das Verb also grundsätzlich das *positive* Verhalten auszudrücken.

1.5 Die variable OS-Realisierung der vergleichenden Relationen

Eine Gruppe von Verben unterscheidet sich von den bisher behandelten dadurch, daß sie nicht so sehr die semantischen Relationen zwischen einem Verb und den Nomen seiner Umgebung bezeichnet, sondern vielmehr die Relationen der Nomen *zueinander*. Solche Verben wie "ähneln, gleichen, entsprechen, begegnen, treffen (begegnen)" etc. bereiten einer semantischen Theorie, nach deren Voraussetzung jedes Relationselement nur einmal in einem einfachen Satz vorkommen darf[1], von je her Schwierigkeiten.

Fillmore muß denn auch in Fillmore (1971 b) mit semantisch sehr subtilen Unterscheidungen argumentieren, um die dem Satz

(102) John resembles Fred.

zugrundeliegenden "cases" als verschieden zu interpretieren. S.E. sagt der Satz aus, daß bestimmte Eigenschaften, die in John beobachtbar ("observable") sind, in Beziehung gesetzt werden zu Eigenschaften, die Fred zuschreibbar ("attributable") sind (Fillmore 1971 b, 39). Chafe setzt zwar in Chafe 1971a für ein entsprechendes Verb ("collide") grundsätzlich zwei PAT-Relationen an, modifiziert diese Klassifizierung jedoch durch bestimmte Ableitungen wieder und gelangt schließlich zu der semantischen Grundstruktur

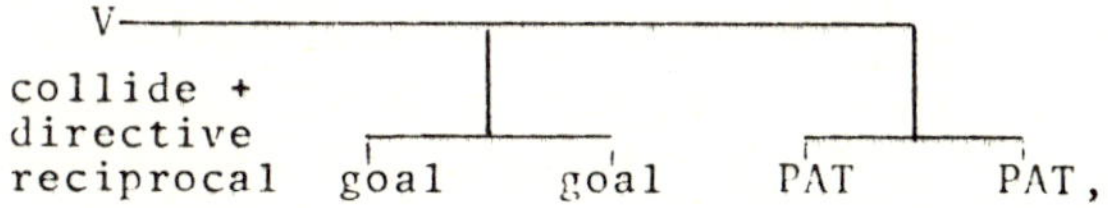

die Sätze erlaubt wie:

(103) The truck collided with the bus.
(103 b) The bus collided with the truck.
(103 c) The truck and the bus collided.

(Chafe 1971a, 10 ff).

Welche semantische Grundstruktur man diesen Verben auch immer zugrundelegt, die aufgeführten Beispiele zeigen jedenfalls, daß hier die Relationselemente nicht so sehr aufgrund des Geschehensablaufs interpretiert und definiert werden können, sondern daß sie vielmehr nur aufgrund einer anderen Relationsgröße und im Verhältnis zu ihr denkbar und beschreibbar sind. Die Relationsgrößen bedingen sich gegenseitig. Eine dient dazu, die andere

1 Vgl. Fillmore (1968 a, 21) bzw. Kap. I, 3.11.

zu identifizieren (Halliday 1970, 155). Das Verb spielt dabei hauptsächlich die Rolle eines Verbindungsgliedes zwischen den Relationsgrößen und hat damit eine sehr viel schwächere Funktion im Satz. Die Gleichsetzungsfunktion ("equation", Halliday 1970, 155) solcher "symmetric predicates" (Fillmore 1968 b, 379) kommt darin deutlich zum Ausdruck, daß die entsprechenden Relationsgrößen vertauschbar sind (Fillmore 1968 b, 379; vgl. auch Chafe 1971 a, 10).

(104) Paul ähnelt Karl.
(104 b) Karl ähnelt Paul.

Diese sich gegenseitig bedingende Präsenz der Relationsgrößen und deren Vertauschbarkeit verlangt eine strikt obligatorische Repräsentation der vergleichenden Relationen in der OS. Das Gleiche gilt auch für Verben, die wie "überragen, übertreffen" u.ä. (Fillmore: "transitive predicates", 1968 b, 379) unsymmetrische vergleichende Relationen bezeichnen.

Zu den vergleichenden Relationen lassen sich m.E. auch solche Verben zählen, bei denen eine Relationsgröße Maße und Gewichte bezeichnet, z.B. "wiegen, kosten" etc.[1] Im Unterschied zu den übrigen vergleichenden Relationen tritt hier jedoch die zweite Größe, die den Vergleich gewährleistet, offensichtlich nicht direkt auf, sondern sie wird durch eine Normangabe vertreten, an der sich alle entsprechenden Größen orientieren.

(105) Paul wiegt 70 kg (= soviel wie auch X oder Y wiegen).

Auch die Normangabe ist stets obligatorisch zu repräsentieren.

1.6 Zusammenfassung und Fazit

Wie sich gezeigt hat, läßt sich mit der Selektionsbereichsanalyse nicht nur die Eliminierbarkeit des PAT, sondern analog auch die der potentiell eliminierbaren Relationselemente PATexp, EXP, BEN,

---

1 Chafe rechnet diese Verben - m.E. zu Unrecht - zu den Verben mit einer COMP-Relation (Chafe 1970, 157).

LOC, TEMP und MAN näher bestimmen. Von Schwankungen bei einzelnen Verben abgesehen, sind bei diesen Relationselementen bestimmte grundsätzliche Neigungen zur Eliminierbarkeit oder Nicht-Eliminierbarkeit festzustellen. Im allgemeinen ist

- der PATexp nicht eliminierbar (außer bei einer Reihe von Verben der "verbalization")
- der EXP eliminierbar
- der BEN eliminierbar
- der LOCstat nicht eliminierbar
- der LOCdir eliminierbar (außer bei dreiwertigen Verben)
- der TEMP meist eliminierbar
- der MAN nicht eliminierbar.

Die vergleichenden Relationen wurden in diesem Zusammenhang mit behandelt, obwohl bei ihnen Gegebenheiten der strukturbildenden Ebene über die Eliminierbarkeit entscheiden. Da sich bei ihnen die Relationsgrößen gegenseitig bedingen, sind sie grundsätzlich nicht eliminierbar.

Von gelegentlichen Abweichungen abgesehen, erstreckte sich die Untersuchung der Eliminierbarkeit von Relationselementen bisher grundsätzlich auf Verben ohne Bedeutungsvarianten, also auf solche Verben, denen jeweils nur eine einzige Bedeutung zugrundeliegt. Eine große Anzahl von Verben jedoch haben - bei gleicher Erscheinungsform - mehrere Bedeutungsvarianten, die erst im Rahmen unterschiedlicher Kontexte aktualisiert und als solche erkennbar werden. Diese bei allen Varianten gegebene Diskrepanz zwischen formaler Einheit und semantischer Vielfalt (Polysemie) erschwert die Bestimmung ihrer OS-Repräsentation. Bevor darauf jedoch näher eingegangen werden kann, ist es angebracht, das Wesen der Varianten, ihre Differenzierung und Klassifizierung genauer zu untersuchen.

2 Verbvarianten

2.1 Die semantische Differenzierung der Verbvarianten

2.11 Allgemeines zur Differenzierung

Um die Bedeutungsunterschiede eines polysemen Wortes möglichst exakt erfassen und voneinander abgrenzen zu können, ist es notwendig, "die Art der Anordnung der Bedeutungselemente im polysemen Wort und die Beziehung der Sememe zueinander" zu beschreiben (Schippan 1975, 94). Da bei einem Verb verbales Geschehen und nominale Umgebung zusammengehören, muß sich die Differenzierung der Verbvarianten sowohl auf die Verbinhalte als auch auf die semantischen Relationen erstrecken.

Unter diesen Voraussetzungen ist die Definition von Helbig und Schenkel unzureichend, wonach es sich dann um mehrere "Varianten" eines Verbs handelt, "wenn das gleiche Verb der Zahl oder Art nach verschiedene Mitspieler hat" (HuS 1973, 50). Denn bei ihnen werden die Varianten nach rein formalen Kriterien und allein nach den unterschiedlichen Umgebungen des Verbs, nicht aber nach seinen unterschiedlichen Bedeutungen differenziert und klassifiziert. Sie setzen die Bedeutungsunterschiede offensichtlich als gegeben voraus, wenn sie die Umgebungen beschreiben, ohne jedoch zu klären, wie sie zu diesen Unterschieden gekommen sind[1]. Deshalb erscheint bei ihnen das Zustandekommen und die Differenzierung der Varianten bis zu einem gewissen Grade willkürlich und unreflektiert.

2.12 Differenzierung der Varianten nach ihren Verbinhalten

Im Gegensatz zu Helbig und Schenkel versucht W. Schmidt in (1965) die Varianten vor allem nach der Beschaffenheit ihrer Verbinhalte abzugrenzen und einzuordnen. Er geht dabei von dem Unterschied zwischen "lexikalischer" und "aktueller" Bedeutung aus, also dem Unterschied zwischen dem komplexen Inhalt eines Wortes und seiner eindeutigen Determinierung im Kontext (W. Schmidt 1965, 23). Die als Varianten aufzufassenden

---

1 Dazu Klimonow (1970, 305):" Die sog. Varianten der Verben sind in Wirklichkeit nichts anderes als die formalisierten einzelnen (in der Regel die typischsten und allgemeinsten) Bedeutungen der Verben."

"aktuellen Bedeutungen" sind demnach "die verschiedenen auf der Ebene der Rede auftretenden Realisationen der Möglichkeiten, die die lexikalische Bedeutung, die Wortbedeutung auf der Ebene der Sprache, enthält " (W. Schmidt 1965, 28). Um alle aktuellen Bedeutungen eines Wortes systematisch zu erfassen, ist unter ihnen die Hauptbedeutung zu bestimmen und in einzelne Bedeutungselemente zu zerlegen. Hauptbedeutung ist diejenige "aktuelle Bedeutung, welche als die zu einem bestimmten Zeitpunkt gesellschaftlich wichtigste Bedeutung bei isolierter Nennung des Wortes, also auf der Ebene der langue, im Bewußtsein der meisten Sprachgenossen zuerst realisiert wird" (W. Schmidt 1965, 26). Die übrigen aktuellen Bedeutungen werden dann zu dieser Hauptbedeutung in Beziehung gesetzt und je nach dem Grad der Übereinstimmung oder Abweichung ihrer Bedeutungselemente mit denen der Hauptbedeutung als Varianten unterschiedlicher Ordnung eingestuft (W. Schmidt 1965, 44). Zu unterscheiden sind

- "Varianten erster Ordnung" mit "direktem Bezug" zur objektiven Realität, in denen die "konkret-anschaulichen Bedeutungselemente dominieren".
- "Varianten zweiter Ordnung" mit "übertragener Bedeutung", in denen die "konkret-anschaulichen Bedeutungen abgeschwächt oder aufgegeben sind".

(W. Schmidt 1965, 49 f, U.v.m.).

Schmidt veranschaulicht sein Vorgehen an mehreren (einwertigen) Varianten des Verbs "fallen". Ausgangsbasis sind u.a. die folgenden Kontexte (W. Schmidt 1965, 45 ff):

(106) Der Stein fällt.
(106 b) Der Weg fällt.
(106 c) Der Soldat fällt.

Beispiel (106) gibt die Hauptbedeutung des Verbs wieder, die "unmittelbar der konkret-sinnlichen Beobachtung [entspringt]", nämlich eine " 'schnelle, unwillkürliche Bewegung nach unten, die durch die natürliche Schwere hervorgerufen wird' " (W. Schmidt 1965, 45). Von den in dieser Definition enthaltenen vier Bedeutungselementen "schnell" (a), "unwillkürlich" (b), "nach unten gerichtet" (c) und "Bewegung" (d) scheint (c) das dominante zu sein. Denn es bleibt in der Verbbedeutung von Beispiel (106 b) erhalten, während (a) und (b) vernachlässigt werden und (d) durch das Merkmal "Erstreckung" (e) ersetzt wird. Trotz dieser Abweichungen liegt in (106 b) immer noch "direkte Benennung des gemeinten Sachverhaltes vor" (W. Schmidt 1965, 49; U.v.m.), so daß beide aktuellen Bedeutungen zu den Varianten erster Ordnung zu rechnen sind. In Beispiel (106 c) hingegen, das als "Der Soldat erleidet den Tod" aufzufassen ist (W. Schmidt 1965, 50), sind "konkret-anschauliche" Bedeutungselemente nicht mehr gegeben. Das Verb tritt nicht in seiner direkten, sondern in uneigentlicher, übertragener Bedeutung auf und ist deshalb als Variante zweiter Ordnung einzustufen.

Eine solche vergleichende Verbinhaltsanalyse erlaubt es, die Bedeutungsunterschiede der Varianten eines Verbs nicht nur intuitiv, sondern durchaus methodisch und systematisch zu erfassen und zu formalisieren. Allerdings dürfte es bei vielen Verben kaum möglich sein, unter den "aktuellen" Bedeutungen jeweils die Hauptbedeutung zu bestimmen, an der sich die übrigen Bedeutungen orientieren, zumal häufig keineswegs alle Varianten eines Verbs in einem gemeinsamen Bedeutungszusammenhang stehen[1]. Darüberhinaus lassen sich - wie bereits in I, 4.232 dargelegt - eine große Zahl vorwiegend abstrakter Geschehen nicht annähernd so präzise beschreiben wie die relativ konkreten Varianten von "fallen", von denen sogar die Variante mit übertragener Bedeutung noch eine deutliche Beziehung zur konkret-anschaulichen Hauptbedeutung aufweist. Die Abstufung und Klassifizierung der Varianten nach ihren Verbinhalten bleibt also zwangsläufig lückenhaft. Weitaus vollständigere Ergebnisse verspricht - analog zur semantischen Analyse der Simplizia - eine Differenzierung der Varianten nach der Quantität und der Qualität ihrer semantischen Relationen.

2.13 Differenzierung der Varianten nach ihren semantischen Relationen

Die folgende semantische Analyse der Varianten und ihre

---

1 Vgl. dazu auch Schippan (1975, 68).

Differenzierung nach der Zahl und Beschaffenheit der semantischen Relationen basiert auf dem Valenzmodell von Chafe. Chafe geht zwar nicht ausdrücklich auf die Verbvarianten ein, sein Klassifikationsverfahren auf mehreren Stufen erlaubt es jedoch, die Unterschiede auch der Varianten relativ exakt zu erfassen und zu beschreiben. Im Rahmen dieses Modells können sich die Varianten eines Verbs unterscheiden

- in der Zahl ihrer Relationselemente
- in der strukturbildenden Qualität ihrer Relationselemente
- in der bedeutungscharakterisierenden Qualität der Selektionsbereiche ihrer Relationselemente.

Als Beispiel die drei Varianten von "lenken", deren semantische Grundstrukturen sich quantitativ und qualitativ wie folgt voneinander unterscheiden[1]:

Var_1: lenken (= steuern)

V — AGT / PAT

AGT: Mensch — PAT: Fahrzeug

(107) Er lenkt das Auto.

Var_2: lenken (= unter Kontrolle haben)

V — AGT / PAT

AGT: Mensch — PAT: Mensch - Abstraktum

(107 b) Er lenkt die Diskussion.

Var_3: lenken (= in Beziehung bringen)

V — AGT / BEN / PAT

AGT: Mensch — BEN: Konkretum-Abstrakt. — PAT: Abstraktum

(107 c) Er lenkt den Verdacht auf den Freund.[2]

1 Zur Aufschlüsselung der Varianten vgl. HuS (1973, 295 f). Der Übersichtlichkeit halber werden hier wie auch in späteren Beispielen die Selektionsbereiche nicht immer vollständig aufgeführt. - Die Varianten von "lenken" lassen auch eine Verbinhaltsanalyse im Sinne von W. Schmidt zu: Das Geschehen von Var_1, das etwa als "physische Kontrolle ausüben" beschrieben werden kann, stellt die Hauptbedeutung dar, deren dominantes Merkmal "Kontrolle" in Var_2 noch eindeutig vorhanden, in Var_3 jedoch fast geschwunden ist.

2 In der OS steht das Präpositionalobjekt, die Realisierung des BEN, hinter dem Akkussativobjekt, der Realisierung des PAT.

Var_3 unterscheidet sich von Var_1 und Var_2 in der Zahl und der strukturbildenden Qualität ihrer Relationselemente. Alle Varianten unterscheiden sich in den Selektionsbereichen zumindest eines Relationselements voneinander.

Diese dreistufige Differenzierung schafft Varianten unterschiedlicher Ausprägung, deren Bedeutungen mehr oder weniger voneinander abweichen, je nachdem auf welcher bzw. welchen der drei Stufen die Unterschiede auftreten. Helbig und Schenkel konnten "beobachten, daß die Bedeutungsunterschiede derjenigen Varianten, die sich bereits auf Stufe I unterscheiden, im allgemeinen größer sind als in den Fällen, in denen eine Differenzierung erst auf Stufe II oder gar auf Stufe III zutage tritt"(HuS 1973, 61). Diese Beobachtung, die auch für eine Klassifizierung nach dem semantischen Modell gelten dürfte, entspricht im Grunde der Erwartung, daß eine dreifache Differenzierung die Varianten eindeutiger voneinander abgrenzt als eine nur zwei- oder einfache. Damit ist jedoch noch nichts über die Unterscheidungsfähigkeit der Stufen im einzelnen gesagt, also darüber, welchen Anteil jeweils quantitative, strukturbildend oder bedeutungscharakterisierend qualitative Unterschiede an der Abgrenzung haben.

Da die Effektivität der Differenzierungen auf nur einer Stufe deutlicher wird, wenn auf den beiden anderen Stufen keine Unterschiede bestehen, werden im folgenden möglichst "einstufige" Varianten zur Untersuchung herangezogen.

2.131 Differenzierung nach der Zahl der Relationselemente

Varianten, die sich in der Zahl ihrer Relationselemente unterscheiden, weisen zwangsläufig auch qualitative Unterschiede auf. Denn das zusätzliche Vorhandensein eines Relationselements bedeutet gleichzeitig zusätzliche semantische Qualität. Eine Reihe von Verbvarianten jedoch, die wie "rollen (rollen machen/ gerollt werden) dto. trocknen, stürzen, brechen, hängen, lehnen" etc. in einem Kausativ/Inkausativ-Verhältnis zueinander stehen, entsprechen sich - häufig vollkommen - in der Qualität aller Relationselemente außer einem, dem AGT. Das zeigt ein Vergleich etwa der beiden Varianten von "rollen":

Var_1: rollen (= rollen machen/ kausativ)

```
V——————┬——————————┬————————————┐
       AGT        PAT          LOC
       Mensch     Gegenstand   Ort
                  rund         fest
                  fest
```

(108) Er rollt den Reifen über die Straße.

Var_2: rollen (= gerollt werden/ inkausativ)

```
V——————┬——————————┐
       PAT        LOC
     Gegenstand   Ort
     rund         fest
     fest
```

(108 b) Der Reifen rollt über die Straße.

Bei beiden Varianten sind die Relationselemente PAT und LOC in strukturbildender wie in bedeutungscharakterisierender Qualität identisch. Die kausative Variante enthält jedoch ein Relationselement mehr als die inkausative, nämlich das eines AGT. Sie stellt damit das Geschehen - von zusätzlichen Relationen abgesehen - stets als eine "action" dar, die neben anderen die geschehensauslösende Größe mit einbezieht. Die inkausative Variante hingegen bezeichnet das gleiche Geschehen nur im Hinblick auf die vom Geschehen betroffene(n) Größe(n) als "process" oder "state", der jeweils durch die "Aktion herbeigeführt worden ist" (Engelen 1975 I, 137). Damit erweist sich der quantitative Unterschied zwischen den Varianten grundsätzlich als ein Strukturunterschied, der die individuelle Bedeutung der Varianten nicht berührt.

2.132 Differenzierung nach der strukturbildenden Qualität der Relationselemente

Verbvarianten, die sich nur in der strukturbildenden Qualität ihrer Relationselemente und nicht gleichzeitig auch in der Qualität ihrer Selektionsbereiche voneinander unterscheiden, dürften nur selten vorkommen[1]. Denn Unterschiede in der

1 Ich habe jedenfalls keine gefunden.

strukturbildenden Qualität sind im allgemeinen an Unterschiede in den Selektionsbereichen gebunden, da jedes Relationselement bestimmte, ihm eigene semantische Felder vorprägt, in deren Rahmen die jeweiligen Selektionsbereiche angesiedelt sein müssen. Ein LOC bspw. verlangt Selektionsbereiche aus dem Feld "Örtlichkeiten", ein BEN vorwiegend solche aus dem Feld "Mensch" etc., wobei häufig das ganze Feld als Selektionsbereich auftreten kann.

Aufgrund dieser engen Bindung eines Selektionsbereichs an das zugehörige Relationselement, haben Unterschiede in der strukturbildenden Qualität Konsequenzen sowohl für die Grundstruktur der Varianten als auch für die potentiellen Selektionsbereiche. Zum Vergleich die - zahlenmäßig gleichen - Grundstrukturen zweier Varianten eines nicht spezifizierten Verbs[1]:

Var_1

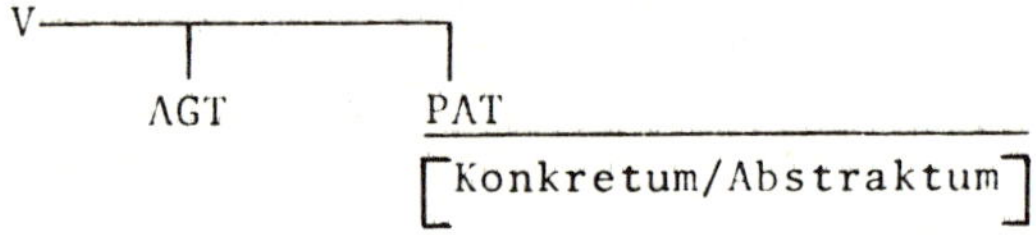

Var_2

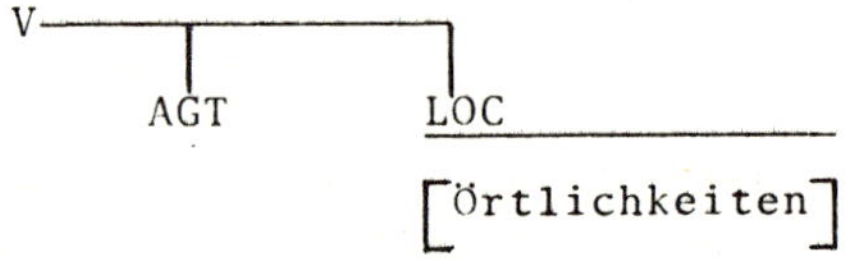

Wie diese Gegenüberstellung zeigt, werden durch die unterschiedlichen semantischen Relationen bzw. Relationselemente vor allem die semantischen <u>Grundstrukturen</u> beider Varianten eindeutig voneinander abgegrenzt, also Var_1 als "action-process" und Var_2

---

1 In diese Grundstrukturen lassen sich bspw. zwei Varianten von "treten" einfügen:

Var_1: treten (= mit dem Fuß stoßen), (a) Er tritt seinen Freund.

Var_2: treten (= sich begeben), (b) Er tritt in das Zimmer.

Die eckigen Klammern repräsentieren hier die Felder der potentiellen Selektionsbereiche.

als "action" mit direktionaler Ausrichtung charakterisiert. Die Selektionsbereiche sind nur indirekt und sehr global betroffen. Zwar stecken die jeweiligen Relationselemente die semantischen Felder ab, in denen die potentiellen Selektionsbereiche angesiedelt sein müssen, sie nehmen damit jedoch - wie der Vergleich zwischen den o.a. Strukturen deutlich zeigt - in dieser Form noch keinen Einfluß auf die individuelle Bedeutung der Varianten.

2.133 Differenzierung nach der bedeutungscharakterisierenden Qualität der Selektionsbereiche

(1) Allgemeines zur Problematik

Da von den quantitativen und strukturbildend qualitativen Unterschieden der Relationselemente auf den ersten beiden Klassifikationsstufen hauptsächlich die strukturelle Basis der Varianten betroffen wird, muß sich die individuelle Bedeutungsdifferenzierung auf der dritten Stufe vollziehen. Die Klassifizierung solcher Varianten, die sich nur in der Qualität der Selektionsbereiche ihrer Relationselemente unterscheiden, bereitet besonders große Schwierigkeiten. Da sich die Selektionsbereiche häufig nicht eindeutig genug abstecken lassen und gelegentlich überschneiden, stehen mit ihnen nur unzureichende Mittel zur Verfügung, die oft nur vagen und kaum voneinander abweichenden Bedeutungsunterschiede der Varianten zu formalisieren. Deshalb kann in solchen Fällen nicht immer endgültig festgelegt werden, wann ein Bedeutungsunterschied als Variante anzusetzen ist und wann nicht, und zwar auch dann nicht, wenn eine zusätzliche Verbinhaltsanalyse die Bedeutungen klarer differenziert.

(2) Exemplarische vergleichende Einzelanalyse

Zur Darlegung der Probleme, die bei der Abgrenzung solcher "Selektionsbereichs-Varianten" auftreten können, die vergleichende Analyse der Verben "prüfen" und "wählen":

Das Verb "prüfen":

Helbig und Schenkel beschreiben "prüfen" als dreiwertig[1] fakultatives Verb ohne Varianten (HuS 1973, 349). Nach dieser Klassifikation, der in semantischer Notation die (in ihrer Wertigkeit modifizierte) Grundstruktur

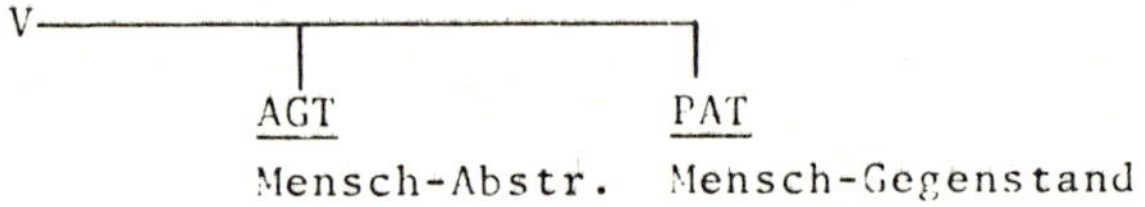

entspricht, hätte das Verb also in den folgenden, von Helbig und Schenkel genannten Beispielssätzen stets die gleiche Bedeutung:

(109) Er prüft das Gerät.
(109 b) Er prüft den Lehrling.
(109 c) Das Leben prüft ihn.

In der Tat scheinen größere Bedeutungsunterschiede nicht zu bestehen. In allen drei Fällen drückt das Verb aus, daß Gegenstände oder Personen auf bestimmte Charakteristika hin untersucht werden. Allerdings handelt es sich nicht immer um die gleichen Charakteristika, die es zu untersuchen gilt, sondern jeweils um verschiedene:

- in (109) um das korrekte Funktionieren oder die Unversehrtheit eines Gegenstandes;
- in (109 b) um das Wissen oder um bestimmte Fähigkeiten einer Person;
- in (109 c) um bestimmte Tugenden (wie Mut, Ehrlichkeit etc.) einer Person.

Aufgrund dieser Spezifizierung ließen sich bei "prüfen" nun doch Bedeutungsunterschiede ansetzen und etwa wie folgt formulieren:

1 In dem einzigen Beispiel, das Helbig und Schenkel für die Dreiwertigkeit anführen ((a) Er prüft das Gerät auf Genauigkeit), stellt m.E. das Glied "auf Genauigkeit" eine Konstituente der Nominalphrase und nicht des Verbs dar. Der Sätz läßt sich entsprechend umformen in (b) Er prüft die Genauigkeit des Geräts. M.E. ist "prüfen" deshalb als zweiwertiges Verb anzusehen.

- die Korrektheit, Unversehrtheit feststellen (gem. Bsp. (109))
- examinieren (gem. Bsp. (109 b))
- auf die Probe stellen (gem. Bsp. (109 c)).

Obwohl diese Bedeutungen letztlich nur geringfügig voneinander abweichen, könnte man sie als Varianten ansehen. Ihre Unterschiede lassen sich jedenfalls durch Differenzierung der Selektionsbereiche eindeutig formalisieren:

Var_1: prüfen (= die Korrektheit, Unversehrtheit feststellen)

V
AGT — Mensch
PAT — Gegenstand

Var_2: prüfen (= examinieren)

V
AGT — Mensch
PAT — Mensch

Var_3: prüfen (= auf die Probe stellen)

V
AGT — Mensch-Abstr.
PAT — Mensch

Var_1 und Var_2 entsprechen sich in ihren AGT-Bereichen, unterscheiden sich jedoch in ihren PAT-Bereichen voneinander. Die PAT-Bereiche "Gegenstand" und "Mensch" können damit als sich gegenseitig ausschließende Kontrastbereiche angesehen werden.

Var_2 und Var_3 entsprechen sich in ihrem PAT-Bereichen, unterscheiden sich jedoch teilweise in ihren AGT-Bereichen. Da sich der AGT-Bereich von Var_3 aus den Teilbereichen "Mensch" und "Abstraktum" zusammensetzt, überschneidet er sich mit dem AGT-Bereich von Var_2 und verursacht dadurch Homonymien.[1] So ist der Satz (109 b) (Er prüft den Lehrling.) doppeldeutig. Er

1 Vgl. dazu HuS (1973, 75 f); siehe auch Ullmann ([1957] 1967, 117 ff); Schippan (1975, 99 ff).

läßt sich interpretieren als
- Er examiniert den Lehrling (in Bezug auf sein Wissen, seine Fähigkeiten).
- Er stellt den Lehrling auf die Probe (in Bezug auf seine Tugenden wie Fleiß, Ehrlichkeit etc.).

Var$_1$ und Var$_3$ schließlich unterscheiden sich in ihren AGT-Bereichen teilweise, in ihren PAT-Bereichen vollständig voneinander. Trotz Überschneidung der AGT-Bereiche treten hier keine Homonymien auf, da die PAT-Bereiche Kontrastbereiche sind und ein AGT-Bereich "Abstraktum" einen PAT-Bereich "Gegenstand" ausschließt.

(109 d) + Das Leben prüft das Gerät.

<u>Das Verb "wählen"</u>:

Im Gegensatz zu "prüfen" ist "wählen" bei Helbig und Schenkel ein Verb mit <u>zwei</u> jeweils dreiwertig[1] fakultativen Varianten (HuS 1973, 306). Dieser Klassifikation entsprechen in semantischer Notation die (in ihrer Wertigkeit modifizierten) Grundstrukturen:

Var$_1$: wählen (= aussuchen, sich entscheiden)

V
- AGT: Mensch
- PAT: Mensch-Ggstd.-Abstr.

(110) Er wählte eine Tänzerin.

(110 b) Er wählte eine Krawatte.

(110 c) Er wählte eine Telefonnummer.

Var$_2$: wählen (= stimmen für)

V
- AGT: Mensch
- PAT: Mensch

(110 d) Sie wählten eine neue Leitung.

(Beispiele aus HuS 1973, 306).

---

1 Auch hier scheint mir keine echte Dreiwertigkeit vorzuliegen (Beispiel zu Var$_1$: Sie wählte ihn zum Vorbild; zu Var$_2$: Sie wählten ihn zum Vorsitzenden), da die Glieder "zum Vorbild" bzw. "zum Vorsitzenden" ebenfalls als Konstituenten der Nominalphrase und nicht des Verbs aufgefaßt werden können. Andernfalls müßte - nach semantischer Interpretation - eine semantische Relation wie "Funktion" o.ä. in das Strukturmodell mit aufgenommen werden. Ich behandele "wählen" deshalb als <u>zweiwertiges</u> Verb.

Beide Varianten entsprechen sich in ihren AGT-Bereichen und - in Bezug auf das Merkmal "Mensch" - auch in ihren PAT-Bereichen. Sie erzeugen dadurch Homonymien. So sind Satz (110) und (110 d) doppeldeutig. Satz (110) (Er wählte eine Tänzerin) läßt sich interpretieren als:

- Er suchte sich eine Tänzerin aus (bei einer Party).
- Er stimmte für eine Tänzerin (bei einer Wahl) (wobei einmal "Tanzpartnerin", das andere Mal "Berufstänzerin" gemeint ist.

(110 d) (Sie wählten eine neue Leitung) kann bedeuten:

- Sie stimmten für eine neue Leitung.
- Sie entschieden sich für eine neue Leitung.

Gerade die beiden letzten Interpretationen zeigen, wie eng die Bedeutungen dieser Varianten beieinander liegen. Eindeutige Kriterien für die Unterscheidung von Var_1 und Var_2 sind - mir zumindest - nicht einsichtig. Zwar lassen sich Unterschiede etwa in den Intentionen oder in der Art des Geschehens (Wahlmodus) feststellen. Ähnliche Unterschiede bestehen aber auch im Rahmen von Var_1 selbst. Die Auswahl einer Tänzerin unterscheidet sich in Intention und Art sicherlich von dem Aussuchen einer Krawatte oder dem Wählen einer Telefonnummer. Diese Kriterien dürften also nicht ausreichen, um jeweils eine neue Variante anzusetzen. Deshalb erscheint es mir gerechtfertigt, die Bedeutung von "wählen" einheitlich etwa wie folgt zu definieren: "<u>wählen</u>" = sich für eine von mehreren Möglichkeiten entscheiden. In diesem Sinne wäre "wählen" ein Verb <u>ohne</u> Varianten mit der Grundstruktur:

V
AGT — PAT
Mensch — Mensch-Ggstd.-Abstr.

(3) Schlußfolgerungen

Die vergleichende Analyse der Verben "prüfen" und "wählen" hat gezeigt, welche Schwierigkeiten auftreten können, wenn die Varianten nur nach der <u>Qualität der Selektionsbereiche</u> ihrer Relationselemente abgegrenzt werden. Zwar lassen sich aus dem Verhältnis der Selektionsbereiche eines oder mehrerer sich entsprechender Relationselemente zueinander bestimmte Unterscheidungskriterien ermitteln, die bei der Differenzierung hilfreich sein können. So erlauben Selektionsbereiche, die sich gegenseitig vollständig ausschließen (Kontrastbereiche), ihrer Kontrastwirkung wegen eine relativ eindeutige Unterscheidung der Varianten, während Selektionsbereiche, die sich nur teilweise ausschließen, sich also in Teilbereichen entsprechen und dadurch Homonymien hervorrufen, die Unterscheidung der Varianten erschweren.

Doch diese Kriterien reichen augenscheinlich nicht aus, um die Bedeutungsunterschiede eindeutig genug festzulegen. Häufig sind Bedeutungsnuancen so subtil, daß sie sich nur intuitiv und selbst dann auch nur vage erfassen lassen. Damit aber unterliegt die Entscheidung darüber, ob überhaupt ein Bedeutungsunterschied als gegeben angesehen werden kann und ob er ggf. ausreicht, eine Variante zu bilden oder nicht, weit mehr als in anderen Fällen semantischer Klassifikation der subjektiven Einschätzung des einzelnen Sprechers. Das bedeutet aber, daß auch die Festlegung der Selektionsbereiche als Kontrast-, Teil- oder Gesamtbereiche weitgehend subjektiv geprägt ist. Ergänzende Verbinhaltsanalysen können zwar klärend auf die Differenzierung einwirken, jedoch die grundsätzlichen Probleme nicht beseitigen.

Es läßt sich deshalb nicht vermeiden, daß die Differenzierung der Varianten allein nach der Qualität der Selektionsbereiche ihrer Relationselemente sehr viel eher zu strittigen, voneinander abweichenden Ergebnissen führt als die strukturbezogene Differenzierung.

2.134 Zusammenfassung

Während eine Abgrenzung der Varianten eines Verbs nach ihren Verbinhalten nur unvollkommen ausfällt, führt die Differenzierung der Varianten nach der Zahl und Art ihrer semantischen Relationen zu grundsätzlich akzeptablen Ergebnissen. Unterschiede auf den ersten beiden Stufen der Klassifikation betreffen vorwiegend das strukturelle Grundgerüst. Hier scheint sich die grundlegende Abgrenzung der Varianten zu vollziehen:

- am gröbsten und gleichzeitig nach außen wohl auch am deutlichsten nach der Zahl der Relationselemente auf Stufe 1;
- schon differenzierter, die Selektionsbereiche vorprägend nach der strukturbildenden Qualität der semantischen Relationen auf Stufe 2.

Da sich die Relationselemente (von Ausnahmen abgesehen) verhältnismäßig eindeutig bestimmen lassen, ihre Zahl verhältnismäßig gering und ihre Verteilung und Kombination im Rahmen einer semantischen Grundstruktur verhältnismäßig begrenzt ist, bereitet die strukturelle Differenzierung nur geringe Schwierigkeiten.

Die "Feinabstufung" sozusagen, also die individuelle Bedeutungsdifferenzierung der Varianten leisten die Selektionsbereiche auf Stufe 3. Hier ergeben sich jedoch - insbesondere bei mangelnder Unterscheidung auf den ersten beiden Stufen - größere Komplikationen, da sich die Selektionsbereiche überschneiden können oder - trotz ergänzender Verbinhaltsanalyse - nicht eindeutig festlegen lassen, so daß häufig nicht mit Sicherheit festzustellen ist, ob es sich um eine Variante handelt oder nicht. Die Entscheidung darüber ist daher weitgehend subjektiven Kriterien unterworfen. Da sich die Varianten meist jedoch nicht nur auf einer, sondern gleichzeitig auf mehreren Stufen voneinander unterscheiden, fallen etwaige Schwierigkeiten bei der Differenzierung auf Stufe 3 weniger ins Gewicht.

2.2 Die formale Differenzierung der Verbvarianten

2.21 Die Rolle des Kontexts bei der formalen Differenzierung

Die OS-Repräsentation der Varianten eines Verbs wird - wie bereits angedeutet - von der Diskrepanz zwischen formaler Einheit und semantischer Vielfalt bestimmt. Ein solches Verb, das mehrere unterschiedliche Bedeutungen, aber stets die gleiche Erscheinungsform hat, verlangt im Kommunikationsprozess nach Monosemierung, bei der "durch Kontext und Situation alle nicht relevanten potentiellen Bedeutungsmöglichkeiten [...]

ausgeschaltet, alle relevanten unterstützt bzw. aktualisiert werden" (Lewandowski II 1975, 425; U.v.m.)[1]. So kann bspw. das Verb "halten", von dem Helbig und Schenkel insgesamt 14 Varianten anführen (HuS 1973, 321 ff), nur in Verbindung mit einem Subjekt wie "Wagen" als die Variante "anhalten", mit einem Subjekt wie "Strick" als die Variante "ganz bleiben", mit einem Subjekt wie "Mann" und einem Objekt wie "Lampe" als die Variante "festhalten" etc. identifiziert und eindeutig festgelegt werden.

(111)	Der Wagen hält.	= Var_1[2]: anhalten
(111 b)	Der Strick hält.	= Var_2 : ganz bleiben
(111 c)	Der Mann hält die Lampe.	= Var_3 : festhalten

Um die folgenden Untersuchungen nicht unnötig zu verkomplizieren, lasse ich die "Situation", also den <u>außersprachlichen</u> Kontext, hier außer Betracht und beschränke mich auf den <u>sprachlichen</u> Kontext.

Schippan unterscheidet zwei Formen des <u>sprachlichen</u> Kontexts: den lexikalischen und den - im gegebenen Zusammenhang irrelevanten - grammatischen Kontext. Unter <u>lexikalischem Kontext</u> versteht sie - in Anlehnung an W. Schmidt (1965, 34 ff) - die "lexisch-semantischen Bedingungen des Wortgebrauchs" (Schippan 1975, 107). So kann bspw. das <u>Adjektiv</u> "groß" je nach Art des jeweiligen Kontextpartners die Bedeutung "räumlich ausgedehnt" ("großer Raum"), "zeitlich ausgedehnt" ("große Pause") oder "bedeutend" ("großer Dichter") annehmen. Entsprechendes gilt für die <u>Substantive</u>, die durch Adjektive, Verben, Substantive als Attribute und Präpositionen aktualisiert werden können, wie auch für die <u>Verben</u>, bei denen Substantive als <u>Subjekte</u> oder <u>Objekte</u> die aktualisierenden Partner sein können (Schippan 1975, 108 f).

---

1 Vgl. u.a. W. Schmidt (1965, 33 ff), Meier (1965), Kallmeyer u.a. (1974 I, 119 ff), Schippan (1975, 105 ff).

2 Die Indizierung der Varianten entspricht hier wie auch in den folgenden Beispielen immer der Reihenfolge ihres Vorkommens <u>in dieser Arbeit</u> und nicht der Indizierung bei Helbig und Schenkel.

2.22 "Interner" und "externer" Kontext

Bei den Verben, die im gegebenen Zusammenhang vor allem interessieren, besteht der lexikalische Kontext also aus den konstitutiven Satzgliedern bzw. aus den in der OS realisierten Relationselementen der jeweiligen Varianten. Ein solcher Kontext ist damit nicht willkürlich gesetzt und nicht in dem Maße frei verfügbar wie ein über die Valenzbeziehungen hinausgehender Kontext, sondern er ist an die Selektionsbereiche der Relationselemente der jeweiligen Varianten gebunden. Zur Unterscheidung bezeichne ich den valenzabhängigen Kontext als internen Kontext, den über die konstitutiven Satzglieder oder die Satzgrenzen hinausgehenden Kontext (einschl. der hier nicht berücksichtigten außersprachlichen "sachlichen Umstände und situativen Zusammenhänge einer Äußerung" (Lewandowski I 1973, 351)) als externen Kontext.[1]

Im allgemeinen reicht eine Spezifizierung durch den internen Kontext aus, um die Varianten eines Verbs in der OS eindeutig zu differenzieren (s.o. Bsp. (111), (111 b) und (111 c)). Dabei sind die einzelnen Glieder grundsätzlich maximal zu lexikalisieren, also durch Nomen bzw. Nominalphrasen zu repräsentieren und nicht durch Pronomen. Insbesondere Varianten mit quantitativ gleicher Struktur, die sich bei minimaler Lexikalisierung meist nicht unterscheiden lassen,

(111 d) Er hält.

verlangen nach einer weitergehenden Spezifizierung, und zwar:

- entweder nach einer präziseren Lexikalisierung des internen Kontexts

  (111) Der Wagen hält.

  (111 b) Der Strick hält.

- oder nach einer ergänzenden Präzisierung durch den externen Kontext

  (111 e) Der Wagen biegt in die Straße ein. Er hält.

  (111 f) Der Strick ist von guter Qualität. Er hält.

1 Diese Unterscheidung entspricht nicht dem Begriffspaar "Mikrokontext " (= Satz) und "Makrokontext" (= Absatz bzw. Text).

Bei quantitativ <u>und</u> strukturbildend qualitativ gleichen Varianten, die sich in ihren Selektionsbereichen überschneiden und dadurch Homonymien hervorrufen, reicht auch ein voll lexikalisierter <u>interner</u> Kontext zur Differenzierung <u>nicht</u> aus. So ist der Satz

(111) Der Wagen hält.,

in dem "halten" sowohl "anhalten" als auch "ganz bleiben" bedeuten kann, durch den <u>externen</u> Kontext zu präzisieren[1], also etwa

(111 g) Der Wagen hält vor der Haustür.
(111 h) Der Wagen hält mindestens fünf Jahre.

2.23 Zusammenfassung und Fazit

Es kann also festgehalten werden: Um die Varianten eines Verbs in der OS zu differenzieren, bedarf es einer Komplettierung der Verbform durch den Kontext. Von den relativ seltenen Fällen der homonymen Varianten abgesehen, die eine Ergänzung durch den externen Kontext verlangen, reicht dazu grundsätzlich der voll lexikalisierte <u>interne</u> Kontext aus. Damit vollzieht sich die Differenzierung der Varianten in der OS vorwiegend in dem von den semantischen Grundstrukturen gegebenen Rahmen. Die Beschaffenheit der <u>semantischen Strukturen</u> ist also nicht nur für die OS-Repräsentation der <u>variantenfreien</u> Verben verantwortlich, sondern - über den internen Kontext - auch für die OS-Repräsentation der <u>Varianten</u> eines Verbs.

2.3 Die OS-Repräsentation der Verbvarianten

2.31 Konkurrierende Prinzipien der Flexibilität und der Disambiguierung

Die variable OS-Repräsentation von Verben erlaubt es, festgefügte semantische Strukturen in der OS flexibel zu gestalten, um damit pragmatische Entscheidungen über Form, Redundanz und

---

1 Vgl. dazu auch Schippan (1975, 108, Anm. 159).

Schwergewicht der Aussage einen möglichst großen Spielraum zu eröffnen. Dieses Prinzip der Flexibilität verliert auch bei den Varianten eines Verbs seine Gültigkeit nicht. Es tritt bei ihnen jedoch hinter der Notwendigkeit zurück, die Ambiguität der in der OS identisch auftretenden Verbform aufzulösen, um dadurch der Aussage das größtmögliche Maß an Eindeutigkeit zu verleihen. Aus diesem Grunde muß das Verb von einem internen Kontext umgeben sein, der die Bedeutung der jeweiligen Variante in der OS möglichst eindeutig spezifiziert. Je vollständiger der interne Kontext, umso genauer die Spezifizierung und umso geringer die potentiellen Ambiguitäten. Mit anderen Worten: die semantische Grundstruktur einer jeden Variante ist grundsätzlich vollständig in der OS zu realisieren. Nur in Fällen, in denen die Eindeutigkeit der Aussage auch bei unvollständiger Realisierung, also nach einer Eliminierung noch gewahrt bleibt, kann ggf. ein Relationselement in der OS fehlen.

Die OS-Repräsentation der Varianten eines Verbs wird somit von zwei Prinzipien bestimmt, die miteinander konkurrieren und sich gleichzeitig ergänzen. Das Prinzip der Disambiguierung verlangt, daß die semantischen Grundstrukturen aller Varianten ihrer Unterschiedlichkeit wegen grundsätzlich vollständig, d.h. obligatorisch in der OS repräsentiert werden. Von diesem Grundsatz kann abgewichen werden, wenn aufgrund der besonderen Beschaffenheit einer Variante die Eindeutigkeit der Aussage auch nach der Eliminierung eines oder mehrerer Relationselemente in der OS gewahrt bleibt. In einem solchen Fall ist nach dem Prinzip der Flexibilität unter den in II, 1.1 dargestellten Voraussetzungen, also bei geringem Umfang des Selektionsbereichs der infragekommenden Relationselemente, fakultativer Gebrauch möglich.

2.32 "Echte" und "unechte" Eliminierung von Relationselementen

Unter den genannten Voraussetzungen kann die unterschiedliche OS-Repräsentation von Varianten auf zwei Ursachen zurückgehen, nämlich darauf

- daß Varianten eines Verbs, die der Zahl ihrer Relationselemente nach verschiedene Grundstrukturen haben, jeweils obligatorisch in der OS realisiert werden, so etwa Var_2 und Var_3 von "lenken" (s.o. II, 2.13)

  (107 b) Er lenkt die Diskussion.

  (107 c) Er lenkt den Verdacht auf den Freund.

  Hierbei handelt es sich nicht um eine "echte" Eliminierung, also nicht um die variable OS-Realisierung ein und derselben Grundstruktur, sondern um die jeweils vollständige Repräsentation zwei verschiedener Grundstrukturen;

- daß bei der Variante eines Verbs, die aufgrund entsprechender Selektionsbereiche grundsätzlich eine Eliminierung zuläßt und sich auch nach der Eliminierung noch eindeutig von den anderen Varianten unterscheidet, ein Relationselement (ggf. mehrere) in der OS eliminiert wird, so etwa bei Var_1 von "lenken"

  (107) Er lenkt (das Auto).

  Der PAT dieser Variante ist auf den sehr engen Selektionsbereich "Fahrzeug" begrenzt. Da sich die Variante darüberhinaus auch nach der Eliminierung eindeutig von den anderen beiden Varianten unterscheidet, ist der PAT in der OS eliminierbar. Hierbei handelt es sich um die "echte" Eliminierung eines Relationselements.

In der weiteren Untersuchung interessieren vor allem diese Fälle der "echten" Eliminierung.

2.33 Präzisierung der Voraussetzungen für eine "echte" Eliminierung

Wie sich gezeigt hat, kann es bei der Variante eines Verbs nur dann zu einer Eliminierung von Relationselementen kommen, wenn ihre semantische Grundstruktur zwei Voraussetzungen erfüllt:

- Sie muß ein oder mehrere potentiell eliminierbare Relationselemente enthalten, deren Selektionsbereiche einen so geringen Umfang haben, daß sie grundsätzlich fakultativen Gebrauch zulassen.

- Sie muß einen internen Kontext erzeugen, der die Variante auch nach einer Eliminierung noch eindeutig von den anderen Varianten unterscheidet.

Nur wenn beide Voraussetzungen gegeben sind, ist eine "echte" Eliminierung möglich. Anders als bei den variantenfreien Verben reicht dazu die erste Voraussetzung allein nicht aus. Das zeigen u.a. die folgenden Varianten von "halten" (s. auch HuS 1973, 321 f)

Var_4: halten (= abonnieren)

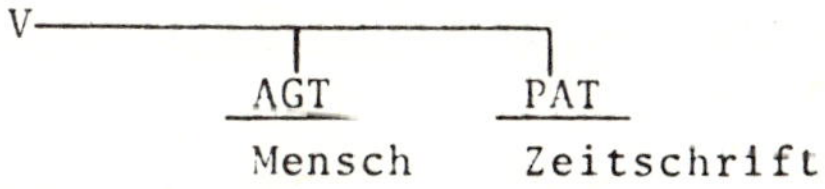

(111 i) Herr Müller hält eine Wochenzeitschrift.

Var_5: halten (= unterhalten)

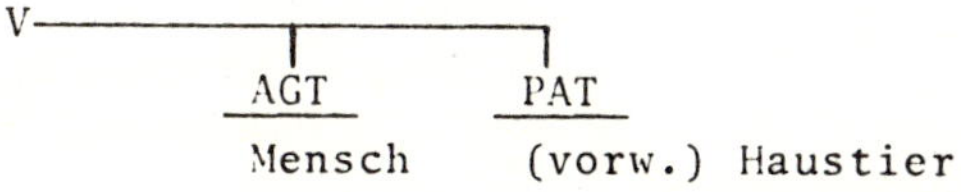

(111 j) Herr Müller hält einen Hund.

Trotz relativ eng begrenzter PAT-Bereiche bei beiden Varianten, ist der PAT jeweils obligatorisch in der OS zu realisieren. Denn bei seiner Eliminierung würden beide Varianten in der OS quantitativ und qualitativ der Variante

Var_1: halten (= anhalten)

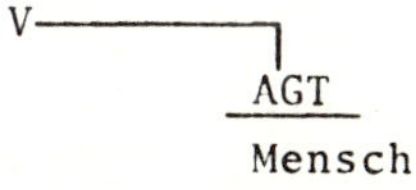

(111 k) Herr Müller hält.

entsprechen und deshalb nicht ausreichend von ihr unterschieden werden können.

Die zweite Voraussetzung der erforderlichen Eindeutigkeit ist dann erfüllt, wenn sich der interne Kontext der entsprechenden Variante nach der potentiellen Eliminierung

- quantitativ oder/und
- qualitativ

von den anderen Varianten unterscheidet.

2.331 Eliminierung bei quantitativer Differenzierung durch den internen Kontext

Dazu eine Reihe von Beispielen, zuerst für die quantitative Differenzierung durch den internen Kontext, mit der gleichzeitig auch eine qualitative Differenzierung verbunden sein kann. Der Anschaulichkeit halber stelle ich der fakultativen Variante (Var_1) eine zumindest in einem weiteren konstitutiven Glied obligatorische Kontrastvariante (Var_2) gegenüber[1].

	Var_1			Var_2
(112)	Er liest (ein Buch).	-	(112 b)	Er liest Kartoffeln.
(113)	Er rechnet (eine Aufgabe).	-	(113 b)	Er rechnet mit dem Schlimmsten.
(114)	Er ruft (den Hund).	-	(114 b)	Er ruft ihm den Vorfall ins Gedächtnis.
(115)	Er packt (den Koffer).	-	(115 b)	Er packt den Verbrecher.
(116)	Er diktiert (einen Brief).	-	(116 b)	Er diktiert dem Volk den Frieden.
(117)	Er fährt (nach Köln).	-	(117 b)	Er fährt Müll (auf die Halde).
(118)	Er kommt (nach Hause).	-	(118 b)	Er kommt zu Geld.
(119)	Er bringt (ihm) das Essen.	-	(119 b)	Er bringt Ruhe in das Spiel.
(120)	Er schenkt (ihm) ein Buch.	-	(120 b)	Er schenkt Tee in die Tasse.

u.a.

In all diesen Fällen unterscheidet sich die fakultative Variante nach der Eliminierung des eliminierungsfähigen Nomens quantitativ eindeutig von der entsprechenden obligatorischen Variante. Etwaige Ambiguitäten und darauf fußende Mißinterpretationen sind damit weitgehend ausgeschlossen. Im übrigen können - wie diese und auch

1 Die Varianten und z.T. auch die Beispiele sind Helbig und Schenkel (1973) entnommen. Siehe dort unter den entsprechenden Verben.

die folgenden Beispiele zeigen - den eliminierungsfähigen Nomen ein PAT mit engem Sel-Bereich, aber auch ein BEN oder ein LOC, beides Relationselemente mit geringer Kohäsion, zugrundeliegen.

2.332 Eliminierung bei qualitativer Differenzierung durch den internen Kontext

Varianten, die sich nach der Eliminierung in der Zahl der sie umgebenden Nomen entsprechen, bedürfen einer qualitativen Differenzierung durch den voll lexikalisierten internen Kontext zumindest eines konstitutiven Satzglieds, um fakultativen Gebrauch zu ermöglichen. Eine solche Differenzierung setzt bei den nicht eliminierbaren Relationselementen der entsprechenden Varianten Selektionsbereiche voraus, die sich eindeutig, d.h. als Kontrastbereiche voneinander abheben.

Dazu wiederum einige Beispiele mit entsprechenden Kontrastvarianten. Um die Selektionsbereiche der nicht eliminierbaren Relationselemente miteinander vergleichen zu können, führe ich sie jeweils unter dem entsprechenden Nomen mit auf.

	Var_1			Var_2
(121)	Mutter kocht (die Suppe). ⌈Mensch⌉	-	(121 b)	Die Suppe kocht. ⌈Essen, Flüssigkeit⌉
(122)	Vater raucht (die Pfeife). ⌈Mensch⌉	-	(122 b)	Die Pfeife raucht. ⌈brennender Ggstd.⌉
(123)	Der Arzt heilt (den Kranken). ⌈Mensch/Medizin⌉	-	(123 b)	Die Wunde heilt. ⌈Krankheit⌉
(124)	Die Hose paßt (dem Kind). ⌈Kleidungsstück⌉	-	(124 b)	Der Skatspieler paßt. ⌈Spieler⌉
(125)	Der Junge sitzt (auf dem Stuhl). ⌈Mensch⌉	-	(125 b)	Der Anzug sitzt (gut). ⌈Kleidung⌉
(126)	Der Junge steht (auf der Straße). ⌈Mensch/Tier⌉	-	(126 b)	Die Uhr steht. ⌈Maschine⌉
(127)	Der Junge läuft (nach Hause). ⌈Mensch/Tier⌉	-	(127 b)	Der Motor läuft. ⌈Maschine⌉
(128)	Der Junge geht (ins Kino). ⌈Mensch⌉	-	(128 b)	Die Uhr geht. ⌈Maschine⌉

(129) Die Ziege springt (über den Bach).- (129 b) Das Glas springt.
⌈Mensch/Tier⌉ ⌈sprödes Material⌉

(130) Er zeigt (dem Freund) sein Fahrrad. - (130 b) Er zeigt nach Norden
⌈Gegenstand⌉ ⌈Richtung⌉

u.a.

In diesen Fällen entsprechen sich beide Varianten nach der Eliminierung des eliminierungsfähigen Nomens zwar quantitativ, sie unterscheiden sich jedoch eindeutig in der Qualität der nicht eliminierbaren Nomen und schließen dadurch Ambiguitäten aus.
Die auf semantischen Strukturen basierende quantitative und qualitative Differenzierung der Varianten wird häufig ergänzt durch eine syntaktische Differenzierung, so etwa bei den Verben

"rechnen"

(113): Var_1 = V + Subj. + (Akk. Obj.)
(113b): Var_2 = V + Subj. + Präp.bestimmung

" bringen" und "schenken"

(119 /120): Var_1 = V + Subj. + (Dat. Obj.) + Akk. Obj.
(119 b/120 b): Var_2 = V + Subj. + Akk. Obj. + Präp.bestimmung

"zeigen"

(130): Var_1 = V + Subj. + (Dat. Obj.) + Akk. Obj.
(130 b): Var_2 = V + Subj. + Präp.bestimmung

u.a.m.

2.34 Beeinflussung der OS-Repräsentation durch Besonderheiten des Sprachgebrauchs

2.341 Die Priorität einer Variante gegenüber anderen

Neben den beschriebenen Voraussetzungen können bei den Varianten eines Verbs noch andere, schwerer zu erfassende Gegebenheiten des Sprachgebrauchs für die Eliminierbarkeit von Relationselementen ausschlaggebend sein. Hierzu gehört u.a. die Vorrangstellung, die eine Variante aufgrund einer als gegeben anzunehmenden Haupt- oder Basisbedeutung, aufgrund der Häufigkeit ihrer Verwendung, aus sprachgeschichtlichen oder sonstigen Gründen den anderen Varianten gegenüber einnimmt.

Betrachtet man etwa Verben wie "gehen, springen, sitzen, liegen" u.ä. isoliert, also ohne monosemierenden Kontext, so ist man - wie mir scheint - spontan, jedoch über ein rein subjektives Urteil hinaus geneigt, sie als Lokalverben, d.h. als Verben der Fortbewegung und der statischen Befindlichkeit zu interpretieren. Die übrigen Varianten, bei "gehen" bspw. "funktionieren" (s.o. (128 b)), bei "springen" "zerbrechen" (s.o. (129 b)) etc. stehen anscheinend mehr im Hintergrund und erschließen sich erst bei näherer Untersuchung der Verben.[1]

Eine solche Priorität bestimmter Varianten und die dadurch bewirkte Differenzierung scheint die Eliminierbarkeit der Relationselemente in der OS nicht unberührt zu lassen. Sie erklärt zumindest, warum von zwei potentiell fakultativen Varianten nur eine fakultativen Gebrauch zuläßt, während die andere obligatorisch zu repräsentieren ist.

Als Beispiel die Varianten von "lesen".

Var$_1$: lesen (= Schrift lesen)

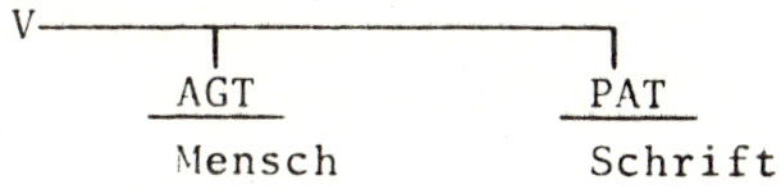

(112) Er liest (ein Buch).

Var$_2$: lesen (= sammeln, auslesen)

(112 b) Er liest Kartoffeln.

Bei beiden Varianten hat der PAT einen relativ engen Selektionsbereich. Er wäre deshalb grundsätzlich auch bei beiden Varianten eliminierbar, vorausgesetzt die jeweils andere Variante würde zur Unterscheidung obligatorisch repräsentiert werden. Theoretisch

---

1 W. Schmidt unterscheidet zwischen "Haupt"- und "Nebenbedeutung" (1965, 25 ff). Vgl. auch Schippan (1975, 67 f), (s.o. II, 2.12).

könnte also auch Var_2 die fakultative und Var_1 die obligatorische Variante sein. Das ist in Wirklichkeit jedoch nicht der Fall, da "lesen" im Sinne von "Schrift lesen" anscheinend eine historisch- oder frequenzbedingte Vorrangstellung vor Var_2 einnimmt.

2.342 Die Eigenständigkeit der eliminierten Form bei einigen fakultativen Varianten

Den gegebenen Voraussetzungen entsprechend sind die fakultativen Varianten in der OS grundsätzlich eindeutig identifizierbar, auch wenn sie in eliminierter Form isoliert auftreten. Die Eliminierung kann die Aussage zwar in ihrer Vollständigkeit oder Präzision beeinträchtigen, nicht jedoch in ihrer Eindeutigkeit. Die Sätze

(112 c) Er liest.
(113 c) Er rechnet.
(121 c) Mutter kocht.
(124 c) Die Hose paßt. u.a.

lassen sich jeweils nur im Sinne von Var_1, also als "Schrift lesen", "Zahlengröße verbinden", "Essen zubereiten", "maßgerecht sein" interpretieren.[1]

Eine Reihe von fakultativen Varianten wie etwa

"legen"	(= Eier produzieren (vom Huhn))
"sitzen"	(= s. im Gefängnis befinden (vom Straftäter))
"halten"	(= Ball abwehren (vom Torwart beim Ballspiel))
"geben"	(= Karten verteilen (beim Kartenspiel))
"reizen"	(= Werte aussagen (beim Kartenspiel))
"drücken"	(= Karte(n) weglegen (beim Kartenspiel))
"schenken"	(= auf Spiel und Gewinn verzichten (beim Kartenspiel))
"ziehen"	(= Figur auf ein anderes Feld verrücken (beim Brettspiel))

oder auch die Komposita

"abgeben"	(= Ball zuspielen (beim Ballspiel))
"einwerfen"	(= Ball aus dem Aus ins Spiel zurückbringen (beim Fußballspiel))
"bedienen"	(= Farbe nachspielen (beim Kartenspiel)) u.a.m.,

1 Zur Beschreibung der jeweiligen Varianten vgl. HuS (1973, 401/402/118/440).

bei denen sich die Selektionsbereiche der Relationselemente auf nur sehr wenige, oft sogar nur ein einziges Nomen erstrecken[1], scheinen darüberhinaus <u>in eliminierter Form</u> eine besondere <u>Eigenständigkeit</u> entwickelt zu haben, die möglicherweise ebenfalls auf einen häufigen oder einprägsamen Gebrauch der Varianten als Kurzform zurückzuführen ist.

(125 c) Der Dieb sitzt.
(111 l) Der Torwart hält.
(131) Er gibt ab.
(132) Er gibt.
(133) Er reizt.

etc.

Die Eigenständigkeit dieser Kurzformen läßt sich an einigen Beispielen verdeutlichen. Obwohl der Satz

(125 c) Der Dieb sitzt.

grundsätzlich eine zweifache Interpretation von "sitzen" zuläßt, nämlich "sich im Gefängnis befinden" (Var_3) und "sich in sitzendem Zustand befinden" (Var_1)

(125 d) Der Dieb sitzt (im Gefängnis).
(125 e) Der Dieb sitzt (auf dem Stuhl).

drängt sich bei Beispiel (125 c) primär und fast ausschließlich die Variante "sich im Gefängnis befinden" auf. Diese Interpretation wird sicherlich begünstigt durch das <u>Subjekt</u> des Satzes, das sehr deutlich auf Var_3 hinweist. Doch auch bei neutralem Subjekt

(125 f) Herr Müller sitzt.
(125 g) Er sitzt.

scheint - wenn auch keineswegs mehr so definitiv wie in Beispiel (125 c) - die Vorrangstellung von Var_3 immer noch gegeben. Auch in den Beispielen (125 f) und (125 g) dürfte die

---

1 Helbig und Schenkel betrachten diese Verben, bei denen ein Mitspieler "unabhängig vom Kontext immer eindeutig mitgedacht ist", aus Unterscheidungsgründen als <u>obligatorisch</u> (HuS 1973, 53 ff).

Interpretation von "sitzen" als "sich im Gefängnis befinden" vorrangig sein.

Der Gebrauch von Kurzformen ist offenbar, wie aus den angeführten Varianten ersichtlich, in den Lebensbereichen Sport und Spiel besonders verbreitet. Einige dieser Kurzformen (etwa (111 1), (132), (133)) dokumentieren ihre Eigenständigkeit dadurch, daß sie die Bedeutung der jeweiligen Variante eindeutiger wiedergeben als die entsprechenden vollständigen Repräsentationen.[1]
Während bspw. das Verb "reizen" in dem Satz

(133) Er reizt.

nur im Sinne von "Werte ansagen (beim Kartenspiel)" ausgelegt werden kann, ist der Satz

(133 b) Er reizt seine Mitspieler.

doppeldeutig. Von der genannten Bedeutung abgesehen läßt sich das Verb auch als "in Zorn bringen, herausfordern" interpretieren (Er reizt seine Mitspieler durch seine Besserwisserei.).

Bei manchen dieser Varianten scheint überhaupt nur die Kurzform gebräuchlich zu sein, die vollständige Repräsentation hingegen so gut wie gar nicht vorzukommen. In diesen Fällen bereitet die Ergänzung der fehlenden Satzglieder dann Schwierigkeiten.

(120 c) Er schenkt (den Mitspielern) (das Spiel?/den Gewinn?)
(134) Er bedient (die Mitspieler) (mit der angespielten Farbe?).

Schließlich dürfte auch der ausschließlich auf die beiden Lexeme "Henne" oder "Huhn" als Subjekt fixierte Gebrauch der eliminierten Form von "legen" im Sinne von "Eier produzieren"

(135) Die Henne legt.

auf Besonderheiten des Sprachgebrauchs zurückzuführen sein.

---

1 Dazu Erben (1970, 100): "Offensichtlich haben viele Verben gerade durch die syntaktisch reduzierte Anwendung als reine Zustands- oder Vorgangsbestimmung eines Agens eine prägnante, oft "milieutypische" Bedeutung angenommen, wobei es kaum Mißverständnisse gibt."

Obwohl bekanntlich alle Vögel Eier legen, sind Sätze wie

(135 b) +Die Eule legt.
(135 c) +Der Storch legt. u.ä.

im allgemeinen Sprachgebrauch zumindest ungewöhnlich.

2.35 Zusammenfassung und Fazit

Bei den Varianten eines Verbs hängt die Eliminierbarkeit der Relationselemente nicht nur vom Umfang deren Selektionsbereiche ab, sondern auch und im besonderen Maße von einer eindeutigen Differenzierung des Verbs in der OS. Um fakultativen Gebrauch zu ermöglichen, muß der interne, auf den semantischen Grundstrukturen basierende Kontext auch nach der Eliminierung eines oder mehrerer Relationselemente noch eine eindeutige Identifizierung der Variante zulassen. Diese Eindeutigkeit ist gegeben, wenn sich die Variante nach der Eliminierung quantitativ oder/und qualitativ von den übrigen Varianten unterscheidet. Darüberhinaus können Besonderheiten des Sprachgebrauchs die Eliminierbarkeit beeinflussen.

Bisher erstreckte sich die Untersuchung der Eliminierbarkeit von Relationselementen in der OS grundsätzlich auf Verbsimplizia, wenn auch - mangels geeigneter Vorbbeispiele - gelegentlich Komposita mit einbezogen werden mußten. Da den Simplizia gruppenbildende Markierungen fehlen, die ggf. Einfluß auf die Eliminierbarkeit ausüben könnten, ist jedes Verb-Simplex - seinem individuellen Charakter entsprechend - einzeln und unter Berücksichtigung der jeweils gegebenen semantischen Eigenheiten auf die Eliminierbarkeit oder Nicht-Eliminierbarkeit seiner Relationselemente zu prüfen. Erst eine Vielzahl von Einzelanalysen läßt erkennen, ob bestimmte Verbgruppen (wie etwa die direktionalen Lokalverben) allgemein zur Eliminierbarkeit oder andere (wie etwa die statischen Lokalverben) zur Nicht-Eliminierbarkeit neigen.

Der weitaus überwiegende Teil der Verben jedoch besteht aus

Komposita[1], von denen vor allem die wichtigen und besonders häufigen Präfixbildungen durch gruppenbildende Morpheme gekennzeichnet und damit verschiedenen Bedeutungsgruppen zugeordnet werden. Es hat den Anschein, als ob bei den Präfixverben bestimmte formale und semantische Struktureigenschaften der Präfixe einen globalen, ganze Verbgruppen umfassenden Einfluß auf die Eliminierbarkeit der Relationselemente ausüben.

Das folgende Kapitel geht ausführlich auf die verbalen Präfixbildungen und ihre Repräsentation in der OS ein. Da die Zusammensetzung beim Verb "eine weit geringere Rolle spielt als beim Nomen" (Fleischer 1975, 306), wird sie im Anschluß daran nur kurz behandelt.

---

1 Mater gibt in "Deutsche Verben 1" (1966) die von ihm erfaßten gebräuchlichen Verben (Simplizia wie Komposita) mit 14.560 an (Wortstatistische Angaben auf der 3. Seite der Hinweise für Benutzer). Davon sind (gem. Darstellung in "Deutsche Verben 2" (1967, 88) 3.205 echte Grundwörter (Simplizia) und dementsprechend 11.355 Komposita, von denen wiederum die allermeisten Präfixbildungen sind.

3 Verbkomposita

3.1 Die verbalen Präfixbildungen

3.11 Klassifizierung der Verbalpräfixe

Die Frage, welche Verbkomposita zu den verbalen Präfixbildungen zu rechnen sind und welche nicht, ist in der Literatur zur Wortbildung umstritten. Um nur einige unterschiedliche Positionen andeutungsweise aufzuführen: Wilmanns faßt alle mit "Partikeln" ("be-, ent-, er- etc.; durch-, über-, um- etc.; ab-, an-, auf- etc.") trennbar oder untrennbar zusammengesetzte Verben in der Gruppe der "Partikelcomposita" zusammen (Wilmanns 1899, 115 f). Dagegen zählt Henzen die Verbindungen mit "Adverbpartikeln" ("über-, unter-, auf-, ab- etc.") zu den Zusammensetzungen (Henzen 1965, 85 ff) und nur die mit den "echten" Präfixen ("be-, ver-, zer- etc.") zu den Präfixbildungen (Henzen 1965, 103 ff). Grebe wiederum ordnet die Präfigierungen mit "echten" Präfixen den Ableitungen zu (Grebe 1973, 346 ff), die mit "Verbzusätzen" (Adverbpartikeln) einer zwischen Ableitung und Zusammensetzung stehenden Sonderklasse (Grebe 1973, 391 ff).[1] Ohne im vorliegenden Zusammenhang auf die einzelnen Einordnungskriterien näher eingehen zu können[2], schließe ich mich der Argumentation und Klassifikation von Fleischer an, die mir die einleuchtendste und für die weitere Untersuchung der Eliminierbarkeit die geeignetste zu sein scheint. Fleischer stellt "die Präfixbildung als eine dritte Hauptart der Wortbildung neben Zusammensetzung und Ableitung" (Fleischer 1975, 79). Er rechnet dazu sowohl die festen als auch die unfesten Bildungen, an denen zwei Gruppen von Präfixen beteiligt sind:

- Präfixe ohne homonyme freie Morpheme, die "klassischen" oder "echten" Präfixe "be-, ver-, ent-, er-, zer-" u.a., die stets fest mit dem Verb verbunden sind.
- Präfixe mit homonymen freien Morphemen, die sogenannten "Adverbpartikel" oder "Verbzusätze", von denen
  - "durch-, über-, um-, unter-" sowohl fest wie unfest
  - "ab-, an-, auf-, aus-" u.a. stets unfest

  mit dem Verb verbunden sind (Fleischer 1975, 325 ff).

---

1 Im übrigen erscheint mir die - vielleicht konservativere - Darstellung der Wortbildung in Grebe (1966) übersichtlicher. Ich ziehe sie deshalb des öfteren mit heran.

2 Vgl. Kühnhold (1969).

Die folgende Untersuchung beschränkt sich auf Verben mit den hier aufgeführten wichtigsten und produktivsten Präfixen. Besondere Probleme der Wortbildung (Bildungstypen, Bedeutungsveränderung durch Präfigierung u.a.m.) können dabei nur am Rande und nur insoweit behandelt werden, als sie die Eliminierbarkeit von Relationselementen in der OS betreffen.

3.12 Funktionen der Verbalpräfixe

Ein Präfix ist "ein gebundenes Morphem, das reihenbildend vor ein Grundmorphem oder eine Morphemkonstruktion tritt" (Fleischer 1975, 76). Dadurch bewirkt es zweierlei:

- In der OS kennzeichnet das Präfix das Grundmorphem bzw. die Morphemkonstruktion - im gegebenen Zusammenhang also das Verb - formal als präfigierte, von unpräfigierten Formen abweichende Bildung. Dabei ist es gleichgültig, ob der Stamm aus einem selbständigen Morphem (bzw. Morphemverbindung) besteht ("be-schlagen") oder aus einem unselbständigen ("be-tören"), gleichgültig auch, ob das Präfix fest oder unfest mit dem Verb verbunden ist. Zwar mögen in vielen Fällen Präfix und Stamm so sehr zu einer semantischen Einheit verschmolzen sein, daß man das Verb kaum noch als Präfixverb empfindet (so etwa bei "anfangen" oder "erzählen" u.a.). Rein formal jedoch lassen sich beide Elemente stets eindeutig spezifizieren und voneinander scheiden.
- In der SS verbindet das Präfix seine Bedeutungsstruktur mit der des Grundmorphems bzw. der Morphemkonstruktion zu einer dem Präfixverb eigenen gemeinsamen Bedeutungsstruktur, und zwar potentiell auf verschiedenen Ebenen:

  1 Auf strukturbildender Ebene beeinflußt oder verändert es die semantische Grundstruktur des Verbs vorwiegend im Hinblick auf das Relationselement PAT. Beispiel für eine solche Veränderung ist die Transitivierung durch Präfigierung, bei der die Grundstruktur um einen PAT erweitert

wird (vgl. im einzelnen v. Polenz 1968, 139 ff).

"weinen":

"beweinen":

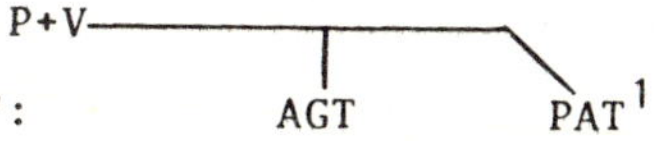

"Meist wird freilich der transitive oder intransitive Charakter des einfachen Verbs durch den Verbzusatz lediglich unterstrichen" (Grebe 1966, 372).

2 Auf bedeutungscharakterisierender Ebene modifiziert es

- die "Verbinhalte", d.h. es versieht das Verb mit bestimmten semantischen Eigenmerkmalen bzw. Aktionsarten, insbesondere mit perfektiven wie der inchoativen ("erblühen") oder der resultativen ("verklingen"), aber auch mit anderen übergreifenden Bedeutungskomponenten wie der ornativen ("beflaggen"), der privativen ("enthaupten") u.a. (Grebe 1966, 406 f. Vgl. auch v. Polenz 1968, 137 ff; Fleischer 1975, 326 ff). Indem es also verschiedene individuelle Bedeutungen einer gemeinsamen Rahmenbedeutung unterstellt, ordnet das Präfix "in bestimmte Bedeutungsgruppen ein" (Fleischer 1975, 326).
- in gewisser Weise auch die Selektionsbereiche eines Relationselements, so etwa bei der Präfigierung von "bauen" (PAT ⌜Gebäude⌝) zu "bebauen" (PAT ⌜Grundstück⌝). Mit einer solchen Modifizierung ist häufig ein Bedeutungswandel des Verbs verbunden ("nötigen" - "benötigen", "raten" - "verraten" u.a.m.) (vgl. v. Polenz 1968, 137).

Die morphologische Markierung eines Verbs mit einem Präfix hat also unterschiedliche semantische Auswirkungen auf das Verb und seine Umgebung, die - analog zu den bisher gewonnenen Erkenntnissen - die OS-Repräsentation der Präfixverben beeinflussen könnten. Inwieweit diese Vermutung zutrifft und welche dieser semantischen Präfixfunktionen ggf. daran wesentlichen Anteil hat,

---

1 Um die Präfixrelation graphisch von den übrigen semantischen Relationen zu unterscheiden, wird das präfixrelevante Relationselement im Stemma nicht mit einer senkrechten, sondern mit einer schrägen Verzweigung verbunden.

soll im folgenden Abschnitt eingehender erörtert werden.

3.13 Die semantischen Präfixfunktionen

3.131 Auswirkungen des Präfixes auf die Selektionsbereiche

Die letztgenannte, den Selektionsbereich eines Relationselements betreffende Präfixfunktion läßt sich kaum einheitlich fassen und klassifizieren, da sie - von Ansätzen beim Wechsel zwischen gegenständlichem und menschlichem Bereich abgesehen[1] - nicht gesetzmäßig und regelmäßig auftritt. Präfigierungen mit dem gleichen Präfix können den PAT-Bereich auf unterschiedlichste Weise verändern, so z.B.

"bauen" : PAT ⌜Gebäude⌝ - "bebauen": PAT ⌜Grundstück⌝

"gießen" : PAT ⌜Flüssigkeit⌝ - "begießen": PAT ⌜Pflanze⌝

"stehlen": PAT ⌜vorw. Gegenstand⌝ - "bestehlen": PAT ⌜Mensch⌝ etc.

Beschaffenheit und Umfang der Selektionsbereiche sind hier - wie bei den Simplizia - nur durch Einzelanalysen zu bestimmen.

Zudem verändern Präfigierungen keineswegs immer den Selektionsbereich des Präfixverbs, so z.B. nicht bei

"strafen" - "bestrafen": jeweils PAT ⌜Mensch (Haustier)⌝
"grüßen" - "begrüßen" : jeweils PAT ⌜Mensch⌝
"siegen" - "besiegen" : jeweils PAT ⌜Feind⌝ etc.

Auch hier lassen sich präfixrelevante Ursachen dafür, daß in diesen Fällen keine Veränderung des Selektionsbereichs eingetreten ist, nicht erkennen.

Die zuletzt aufgeführten Verbbeispiele zeigen darüberhinaus eindeutig, daß bei den Präfixverben die Selektionsbereiche grundsätzlich nicht für die OS-Realisierung der Relationselemente verantwortlich sein können. Denn trotz gleicher Selektionsbereiche weichen Basis- und Präfixverb in der Eliminierbarkeit des PAT jeweils deutlich voneinander ab:

---

1 Vgl. dazu auch Weisgerber (1958); dto. (1963, insbes. 215 ff).

- "strafen, grüßen und siegen" können aufgrund ihres relativ engen Selektionsbereichs jeweils fakultativ verwendet werden:

  (136) Der Lehrer straft (die Schüler).
  (137) Paul grüßt (den Nachbarn).
  (138) Cäsar siegte (über die Gallier).

- "bestrafen, begrüßen und besiegen" hingegen können trotz gleicher Selektionsbereiche nur obligatorisch auftreten:

  (136 b) Der Lehrer bestraft die Schüler.
  (137 b) Paul begrüßt den Nachbarn.
  (138 b) Cäsar besiegte die Gallier.

Die Eliminierbarkeit der Präfixverben muß also von anderen als selektionsbereichsrelevanten Ursachen abhängen.

3.132 Auswirkungen des Präfixes auf die Verbinhalte

Die den Verbinhalt betreffende Präfixfunktion läßt sich - im Gegensatz zu der eben behandelten - grundsätzlich kategorial erfassen, sofern das Präfix in seiner eigentlichen Bedeutung und nicht im übertragenen Sinn verwendet wird. Allerdings leidet die Einheitlichkeit der Kategorisierung darunter,

- daß bei den Verbalpräfixen die Polysemie stark ausgeprägt ist (Fleischer 1975, 76 u. 328). Das Präfix "ver-" bspw. kann u.a. die Bedeutung "perfektiv" ("vermischen"), "falsch, weg vom rechten Weg" ("verführen"), "ornativ" ("vergolden") haben (Fleischer 1975, 330 f). Darüberhinaus sind eine Reihe von untergeordneten Bedeutungen möglich.
- daß die gleiche Bedeutung durch verschiedene Präfixe ausgedrückt werden kann. "Ornative" Bedeutung bspw. vermitteln u.a. die Präfixe "be-" ("beflaggen"), "ver-" ("vergolden"), "über-" ("überdachen"), "um-" ("umzäunen") und "unter-" ("untertunneln") (Fleischer 1975, 329 ff).

Allein von der äußeren Form her läßt sich bei keinem Präfix eindeutig auf eine bestimmte Bedeutung schließen, selbst bei dem relativ einheitlichen Präfix "be-" nicht. Die Analyse des Verbinhalts der Präfixverben müßte also jeweils eine bedeutungscharakterisierende Voranalyse des Präfixes mit einbeziehen, die allerdings bei der Bestimmung der Eliminierbarkeit auch nicht weiterführen dürfte: Trotz unterschiedlicher Bedeutung bspw. des Präfixes "ver-" in den o.a. Verbbeispielen "vermischen", "verführen" und "vergolden" ist bei jedem dieser Verben die Eliminierbarkeit des PAT gleich, hier gleich gering:

(139) Er vermischt die Farben.
(140) Er verführt seine Freundin.
(141) Er vergoldet die Kirchturmspitze.

Darüberhinaus bestehen bei der Analyse des "restlichen" Verbinhalts die gleichen Probleme, die schon bei den Simplizia auf eine Berücksichtigung der verbalen Eigenmerkmale zur Bestimmung der Eliminierbarkeit verzichten ließen (s.o. I, 4.2).

Bei einigen der hierhergehörigen präfigialen Bedeutungseinheiten scheinen sich jedoch bedeutungscharakterisierende und strukturbildende Funktion eng miteinander zu verbinden. Die "ornative" Komponente bspw. drückt nicht nur aus, daß ein Geschehen den Charakter des "Versehens und Zuwendens" (Grebe 1966, 407) hat, sondern auch daß an diesem Geschehen ein Geschehensträger beteiligt sein muß, auf den sich das "Versehen" oder "Zuwenden" richtet. Ähnliches gilt für die "Privativa", die "Effektiva" u.a. Gruppen. Diese Bedeutungseinheiten setzen also stets das Vorhandensein eines entsprechenden strukturbildenden Relationselements - vorwiegend eines PAT - voraus, an dem sich das Geschehen in seiner jeweiligen, vom Präfix geprägten oder mitgeprägten Bedeutung manifestieren kann. Mit anderen Worten: Präfixverben der genannten Bedeutungsgruppen lassen stets darauf schließen, daß ihre Grundstruktur einen PAT enthält.

3.133 Auswirkungen des Präfixes auf die semantischen Relationen

In strukturbildender Funktion schafft oder beeinflußt ein Verbalpräfix eine semantische Verbrelation. Diese vom Präfix ausgehende semantische Relation gibt an, daß - von individuellen Modifikationen abgesehen - das Geschehen des Präfixverbs auf eine nominale Größe einwirkt, oder umgekehrt ausgedrückt: daß die nominale

Größe von dem Geschehen des Präfixverbs betroffen wird. Damit entspricht die Präfixrelation ihrem Wesen nach grundsätzlich einer PAT-Relation, in adäquater Formalisierung:

P + V——————\
PAT

Diese strukturbildende oder —beeinflussende Funktion scheint allen Präfixen zu eigen zu sein, den Präfixen ohne homonyme freie Morpheme ebenso wie den Präfixen mit homonymen freien Morphemen, bei denen die semantische Relation oft eine lokale Einwirkung auf eine nominale Größe bezeichnet. Allerdings bestehen bei den einzelnen Präfixen je nach ihren formal-strukturellen und semantischen Eigenschaften graduelle Unterschiede in der Ausprägung und Intensität der Präfixrelation.

Ein Präfix ohne homonymes freies Morphem wie etwa "be-" oder "ver-", das immer nur in fester Verbindung mit einem Verb vorkommt, stellt die präfigiale PAT-Relation naturgemäß sehr viel eindeutiger und endgültiger her als ein Präfix wie "an-" oder "auf-", das sich in den meisten Flexionsformen vom Stamm löst und an das Ende des Satzes tritt, das zudem mit einer Präposition identisch ist, der die verbale Strukturfunktion fehlt.

Bei Abschwächung oder Verlust der eigentlichen Bedeutung des Präfixes läßt sich auch die Präfixrelation meist nicht mehr oder nicht mehr direkt nachvollziehen. Die Grundstruktur von Präfixverben wie "umbringen, untersuchen, aufdrängen, zuhören" u.a.m. kann deshalb letztlich nur präfixunabhängig bestimmt werden.

Das Ergebnis der präfixinhärenten Bedeutungsanalyse, wonach die strukturbildende Funktion eines Präfixes im wesentlichen einer PAT-Relation entspricht, läßt sich an Fällen der eigentlichen Präfigierung, die einen strukturellen Vergleich zwischen Basis- und Präfixverb erlauben, exemplarisch belegen. Bei der eigentlichen Präfigierung trifft das Präfix auf Verben mit einer eigenen semantischen Grundstruktur und fügt dabei seine Präfixrelation der oder den vorhandenen Relationen hinzu. Diese Synthese kann - je nach Beschaffenheit der Grundstruktur des Basisverbs - folgende

Konsequenzen haben:

(1) Verben ohne PAT und ohne weitere Relationselemente (außer dem AGT)

Enthält die Grundstruktur des Basisverbs keinen PAT und außer dem AGT auch kein weiteres Relationselement, so wird in den meisten Fällen durch die Präfigierung eine PAT-Relation geschaffen (Transitivierung).

Beispiel: "arbeiten" : V — AGT

"bearbeiten"
"verarbeiten"
"erarbeiten"
"durcharbeiten"[1]
"überarbeiten"
"umarbeiten"
"aufarbeiten"
"ausarbeiten"
"abarbeiten"
"einarbeiten"

} P + V — AGT, PAT

u.a.

(2) Verben ohne PAT, aber mit einem weiteren Relationselement (außer dem AGT)

Enthält die Grundstruktur des Basisverbs keinen PAT, jedoch neben dem AGT ein weiteres Relationselement, also einen BEN, LOC, TEMP oder MAN, so beeinflußt die Präfixrelation dieses Relationselement und läßt dadurch eine komplexere, in ihrem Wesen nicht eindeutig zu erfassende Mischrelation entstehen (traditionell ebenfalls Transitivierung). Anscheinend überlagert die PAT-Relation des Präfixes die bereits vorhandene Relation, schwächt diese dadurch ab und fügt ihr eigene, PAT-relevante Charakteristika hinzu. Welche Eigenschaften schließlich in der neuen

---

1 Mit Variante: V — AGT, TEMP

Beispiel: Er arbeitet die ganze Nacht durch.

Relation überwiegen, die ursprünglichen oder die präfigialen, ist schwer zu entscheiden.[1]

Beispiel: "dienen" :

"*be*dienen" :

Bei beiden Verben kann das zweite Relationselement eigentlich nur als BEN interpretiert werden, also als eine Größe, der das Geschehen zum *Nutzen* gereicht. Dennoch scheint bei "*be*dienen" das Moment der *unmittelbaren Einwirkung* stärker hervorzutreten und das der Zuwendung sich abzuschwächen.

Der gleiche Effekt zeigt sich - vielleicht noch deutlicher - bei der Präfigierung der Lokalverben.

Beispiel: "steigen" :

"*be*steigen" :

Die nominale Größe, die bei beiden Verben den *Ort* des Geschehens bezeichnet, erscheint beim Präfixverb eher als *Gegenstand* des Geschehens, als die Größe, auf die das Geschehen *einwirkt*.

Zu einer solchen Verschiebung der Perspektive trägt sicherlich insbesondere auch die Akkusativierung[2] bei, der die betreffenden Satzglieder der Präfixverben in der OS meist unterliegen:

(142) Er dient seine*m* Herrn.
(142 b) Er *be*dient seine*n* Herrn.

(143) Er steigt *auf den* Berg.
(143 b) Er *be*steigt de*n* Berg.

---

1 Ich halte die PAT-Relation für die vorrangige und rechne deshalb diese Mischrelationen - wenn nicht anders vermerkt - im folgenden zu den *PAT-Relationen*.

2 Vgl. in diesem Zusammenhang auch Weisgerber (1963, 225 ff).

(3) Verben mit einem PAT, aber ohne weitere Relationselemente (ggf. außer dem AGT)

Enthält die Grundstruktur des Basisverbs außer dem AGT auch *einen PAT*, jedoch sonst *kein weiteres Relationselement*, so schafft das Präfix *keine* neue PAT-Relation, sondern überlagert und vertieft die vorhandene.

Beispiel: "strafen" :

"*be*strafen" :

Das trifft meist auch auf die Fälle zu, in denen der PAT das *einzige* Relationselement ist:

"blühen" :
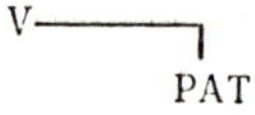

"*ver*blühen" :
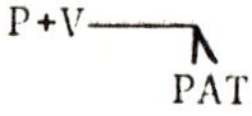

Hier wird deutlich, warum Präfixe *nicht immer* transitivierend wirken.[1]

(4) Verben mit einem PAT und mit einem weiteren Relationselement (neben dem AGT)

Bei der Präfigierung *dreiwertiger* Verben, deren Grundstruktur grundsätzlich *einen PAT* enthält, beeinflußt und verstärkt die Präfixrelation häufig nur *eine* der beiden infragekommenden semantischen Relationen, wobei die andere zurücktritt und oft sogar

---

1 Übrigens lassen sich Verben mit der eindeutigen Grundstruktur

so gut wie nie mit dem besonders stark PAT-orientierten Präfix "*be*-" präfigieren (⁺"beblühen, ⁺bebluten, ⁺befaulen, ⁺besterben" etc.), wahrscheinlich weil "be-" die Einwirkung an sich, "die ganze und volle Bewältigung" des Gegenstandes bezeichnet (Grimm Neudruck (1877) 788; vgl. auch Henzen (1965, 105), Grebe (1966, 407 f)), eine Einwirkung ohne nennenswerte modifizierende Nebenbedeutung, die ja in den "states" und "processes" bereits eindeutig angelegt ist.

völlig verschwindet.[1]

Beispiel:

"schenken"	: V	AGT	BEN	PAT
"beschenken"	: P+V	AGT	BEN-PAT	[PAT]
"verschenken"	: P+V	AGT		PAT
"legen" (liegen machen)	: V	AGT	PAT	LOC
"belegen" (reservieren)	: P+V	AGT	[PAT]	LOC-PAT
"verlegen" (weglegen)	: P+V	AGT	PAT	

In den aufgeführten Beispielen betont das Präfix "be-" die BEN- oder LOC-Relation und beeinflußt sie im Sinne einer PAT-Relation, so daß die vorhandene PAT-Relation stark zurücktritt und ggf. kaum noch als zur Grundstruktur gehörig empfunden wird.

(144) Er schenkt seinem Freund ein Buch.
(144 b) Er beschenkt seinen Freund [mit einem Buch].

(145) Er legt seine Tasche auf den Stuhl.
(145 b) Er belegt den Stuhl [mit seiner Tasche].

Das Präfix "ver-" hingegen beeinflußt die PAT-Relation des Basisverbs und verstärkt sie dadurch ggf. so sehr, daß die BEN- oder LOC-Relation aus der Grundstruktur ausscheiden.

(144 c) Er verschenkt ein Buch.
(145 c) Er verlegt seine Tasche.

3.14 Rückwirkung der strukturbildenden Präfixfunktion auf die OS-Repräsentation der Präfixverben

Die exemplarische Untersuchung einzelner Präfixverben mit

---

1 Die Wertigkeitsminderung hängt offenbar vom Grad der Bedeutungsveränderung beim Präfixverb ab. Deshalb wirkt sich nicht jede Präfigierung dreiwertiger Verben auf die Wertigkeit aus.

unterschiedlichen Grundstrukturen bestätigt also das Ergebnis der präfixinhärenten Strukturanalyse, wonach die von einem Verbalpräfix ausgehende strukturbildende Relation grundsätzlich einer PAT-Relation entspricht. Dieser stark ausgeprägten Einheitlichkeit wegen braucht die Präfixrelation nicht bei jedem Präfixverb individuell bestimmt zu werden. Die Tatsache, daß ein Verb morphologisch und damit äußerlich erkennbar mit einem Präfix ausgestattet ist, reicht im allgemeinen aus, um auf das Vorhandensein einer PAT-Relation in der Grundstruktur des Präfixverbs schließen zu können. Abweichungen ergeben sich eigentlich nur bei der Präfigierung einer Reihe von Fortbewegungsverben mit dem Präfix "ent-" und mit einigen unfesten Präfixen in lokaler Bedeutung. Ich gehe bei der Behandlung der entsprechenden Verbtypen darauf ein.
Diese Korrelation zwischen formaler und strukturbildender Präfixfunktion scheint bei den Präfixverben maßgeblich für die OS-Realisierung des PAT verantwortlich zu sein. Eben der formal so eindeutige, sozusagen obligatorische Hinweis auf die PAT-Relation scheint zu bewirken, daß bei den Präfixverben der PAT in der OS grundsätzlich nicht eliminiert werden kann[1]. Die Ursachen für die Eliminierung von Relationselementen sind hier also nicht auf bedeutungscharakterisierender Ebene, sondern bereits auf strukturbildender Ebene angesiedelt. Selektionsbereichsrelevante Eliminierungsursachen treten damit grundsätzlich in den Hintergrund, sie werden jedoch nicht völlig ausgeschlossen. Vielmehr gewinnen sie bei solchen Präfixverben wieder an Bedeutung, bei denen die präfigiale PAT-Relation weniger stark ausgeprägt ist.
Um die Richtigkeit dieser Ergebnisse im einzelnen zu überprüfen, geht der folgende Abschnitt genauer auf die OS-Repräsentation der unterschiedlichen Gruppen von Präfixverben ein. Ich orientiere mich dabei an der Darstellung und Kategorisierung der Präfixe bei Fleischer (1975, 328-338).

3.2 Die variable OS-Repräsentation der verbalen Präfixbildungen

3.21 Verben mit Präfixen ohne homonyme freie Morpheme

Die hierher gehörigen Präfixe kommen nur als unselbständige, rein verbale Morpheme vor. Sie sind stets, d.h. in allen Flexionsformen fest und unlösbar mit dem Verb verbunden. Ihre ursprünglich präpositionale, vorwiegend lokale Grundbedeutung ist bei

1 vgl. dazu v. Polenz (1968,142 f).

allen fast ganz zurückgetreten zugunsten einer den Geschehensablauf charakterisierenden und häufig objektorientierten Bedeutung (Henzen 1965, 103 ff). Diese deutlich verbgebundene und objektbezogene Qualität scheint zu bewirken, daß bei diesen Präfixen die PAT-Relation stärker und eindeutiger in die Gesamtstruktur des Präfixverbs integriert ist als bei den unfesten, häufig lokal ausgerichteten Präfixen mit homonymen freien Morphemen.

Bei den Präfixen ohne homonyme freie Morpheme ist die Korrelation zwischen formalen und strukturbildenden Eigenschaften also besonders einheitlich ausgeprägt. Präfixverben mit diesen Präfixen sind - von wenigen Ausnahmen abgesehen - deshalb grundsätzlich streng obligatorisch in der OS zu repräsentieren. Selbst bei stärker idiomatisiertem Gebrauch des Präfixes, bei dem "keine semantische Beziehung zum Grundverb mehr vorhanden" ist (Fleischer 1975, 327), ist fakultative Repräsentation äußerst selten.

3.211 Verben mit dem Präfix "be-"

Das Präfix "be-" stellt die Einwirkung auf eine nominale Größe sehr allgemein ("in bezug auf etwas", Paul 1958 III, 242) und von Bedeutungsvarianten kaum beeinflußt dar. Es läßt dadurch die PAT-Relation sehr intensiv zur Geltung kommen. Die einzige größere Bedeutungsgruppe der "Ornativa" ist deutlich PAT-orientiert. Verben mit einem "be-" Präfix wie z.B. "beladen, bedrängen, beflaggen, belichten, bereiten, belästigen, beruhigen etc." realisieren deshalb den PAT in der OS (fast) ausnahmslos obligatorisch. Das gilt ebenso für transitivierte Intransitiva, auch wenn deren Grundstruktur einen PAT-beeinflußten BEN oder LOC enthält: "bearbeiten, bedrohen, beweinen, bedienen, beliefern, beschenken, besteigen, bewohnen etc.".

In den seltensten Fällen läßt sich der PAT in der OS eliminieren, so etwa bei "bezahlen" (vielleicht weil das Verb häufig in gleichen Situationen wie das fakultative Simplex "zahlen" verwendet wird);

(146) Herr Ober, ich möchte zahlen/bezahlen.

oder bei "beginnen", das wie "anfangen", "aufhören" u.ä. die zeitlichen Grenzen eines Geschehensablaufs markiert.

(147) Der Lehrer beginnt (den Unterricht).

3.212 Verben mit dem Präfix "ver-"

Die präfigiale PAT-Relation ist auch bei dem Präfix "ver-" sehr stark ausgeprägt, obwohl sie durch unterschiedliche Einzelbedeutungen modifiziert wird. Viele dieser Bedeutungen jedoch wie bspw.

- die "ornative" ("verkorken, versiegeln, verchromen, vergolden" - mit "negativer Bewertung": "vergiften, versalzen, verwässern" etc.)
- die des "Verarbeitens, Aufbrauchens" ("verarbeiten, verbacken, vermauern, verkneten" - mit der Nebenbedeutung "zu etwas machen": "verfilmen, vergasen, verschrotten" etc.)
- die Bedeutung "falsch, weg vom rechten Weg" ("verbiegen, verdrehen, verschütten, verführen" etc.)

sind deutlich PAT-orientiert. Verben mit dem Präfix "ver-" realisieren den PAT deshalb ebenfalls streng obligatorisch in der OS.

Ausnahmen sind auch hier relativ selten. Sie lassen sich manchmal auf Besonderheiten des Sprachgebrauchs zurückführen, wobei dem PAT meist ein Selektionsbereich von geringem Umfang zugrundeliegt. Das Verb "vergeben" (verzeihen) bspw. kann im eindeutigen Bezug auf "Gott" als dem Vergebenden fakultativ verwendet werden.

(148) Gott vergibt (den Menschen)(ihre Sünden).

Auch "verdauen": PAT ⌜Essen⌝, "verzichten": PAT ⌜Anspruch⌝ und einige andere Verben lassen in gleicher Weise fakultativen Gebrauch zu.

Die restlichen Präfixe ohne homonyme freie Morpheme "sind in ihrer Bedeutungsstruktur weniger vielfältig, und die Zahl der Bildungen ist auch geringer" (Fleischer 1975, 332).

3.213 Verben mit dem Präfix "ent-"

Die semantische Relation des Präfixes "ent-" läßt sich kaum als "Einwirkung", sondern eher als "Abwendung" von einer nominalen Größe bezeichnen. In diesem Sinn entspricht sie nur bedingt einer PAT-Relation. Es wird jedoch auch hier eine nominale Größe als gegeben vorausgesetzt, die von dem durch "ent-"charakterisierten Geschehen in irgendeiner Weise "betroffen" ist. Das zeigt sich insbesondere bei der Bedeutungsgruppe der "Privativa", bei denen das zweite Relationselement ohne Zweifel einen PAT darstellt ("enthaupten, entfetten, entrosten" - mit der Unterbedeutung "aufhebender Gegensatz": "entfesseln, entspannen, entstören" etc.). All diese Verben repräsentieren den PAT obligatorisch in der OS.

Die Grundstruktur von Verben wie "entgleiten, entweichen, entschweben, entgehen, entkommen, entlaufen, entspringen" u.a., denen als Basis ein Verb der Fortbewegung zugrundeliegt und bei denen das Präfix "ent-" die lokale Komponente "von - weg" bezeichnet, enthält als zweites Relationselement keinen PAT, sondern einen BEN (oder ggf. LOC).[1] Diese Tatsache scheint sich deutlich auf die OS-Repräsentation dieser Verben auszuwirken. Viele von ihnen lassen sich fakultativ verwenden:

(149) Die Luft entweicht (aus dem Reifen).
(150) Der Ballon entschwebt (den Blicken).
(151) Der Dieb entkommt (der Polizei).
(152) Der Hund ist (seinem Herrn) entlaufen.

Hier handelt es sich um eine der wenigen Ausnahmen, bei denen die Strukturrelation des Präfixes nicht bzw. nur zum Teil einer PAT-Relation entspricht.

---

1 Bei der OS-Realisierung liegt übrigens auch keine Akkusativierung vor.

3.214 Verben mit dem Präfix "er-"

Die ursprünglich lokale Grundbedeutung "aus - heraus" des Präfixes "er-" ist heute weitgehend verblaßt (Henzen 1965, 105). Sie steht deshalb der ansonsten stark ausgeprägten, PAT-orientierten "Funktion, die Erreichung des Zieles einer Bewegung, einer Bemühung zu bezeichnen" (Paul 1958 III, 245), ebensowenig entgegen wie die nicht strukturgebundenen modifizierenden Komponenten, etwa

- die "perfektive" ("erbauen, erdulden, erlernen, erretten, erschaffen, erdrosseln" etc.)
- die "inchoative" ("erfrischen, erheitern, ermöglichen, erschweren" etc.)
- die "perfektiv-resultative" ("erarbeiten, erbitten, erkämpfen, erringen, ersparen" etc.).

Verben mit dem Präfix "er-" werden deshalb prinzipiell obligatorisch in der OS repräsentiert. Ausnahmen sind selten. So läßt sich bspw. "erzählen" fakultativ verwenden, wahrscheinlich der starken Idiomatisierung wegen

(153) Großmutter erzählt (dem Enkel) (ein Märchen).

3.215 Verben mit dem Präfix "zer-"

Die grundlegende Bedeutung des Präfixes "zer-": "auseinander, entzwei" ist deutlich PAT-orientiert. Sie spezifiziert und verstärkt die allgemeine Präfixrelation der "Einwirkung". Verben wie "zerbrechen, zerreißen (beide als Kausativa), zerschneiden, zerdrücken, zertrümmern, zerkleinern, zermürben" etc. werden deshalb streng obligatorisch in der OS realisiert. Ausnahmen sind mir nicht bekannt.

3.22 Verben mit Präfixen mit homonymen freien Morphemen

Die hierher gehörigen Präfixe kommen in identischer Form als freie Präpositionen oder Adverbien mit vorwiegend lokaler Bedeutung vor. Die meisten von ihnen sind unfest, d.h. sie lösen sich in fast allen Flexionsformen vom Verb und treten dann im allgemeinen an das Ende des Satzes. Nur die Präfixe "durch-", "über-", "um-" und "unter-" bilden neben unfesten auch feste Konstruktionen. Die (u.a. historisch bedingten) Gemeinsamkeiten dieser Präfixe mit ihren Homonymen führt in Verbindung mit ihrer relativen Selbständigkeit leicht zu einer Verwischung der semantischen und strukturellen Unterschiede zwischen Präfix einerseits und Präposition und Adverb andererseits, und allem Anschein nach auch zu einer Abschwächung oder sogar zu einem völligen Zurücktreten der präfigialen PAT-Relation.

Das gilt insbesondere für die unfesten Konstruktionen der Fortbewegungsverben, in denen das Präfix die lokale Ausrichtung des Verbs nicht verändert, sondern aufgrund eigener lokaler Komponenten eher verstärkt. Die Grundstrukturen solcher Verben enthalten statt einer PAT-Relation eine reine LOC-Relation, die - der grundsätzlich schwachen Kohäsion aller direktionalen LOC-Relationen entsprechend (s.o. II, 1.423) - in der OS eliminiert werden kann.

(154) Er biegt (nach rechts) ab.
(155) Er kommt (in Köln) an.

Auch bei den stärker idiomatisierten Bildungen, bei denen das Präfix nicht mehr in eigentlicher Bedeutung auftritt, scheint sich die präfigiale Strukturfunktion zu reduzieren, insbesondere wenn es sich um unfeste Verbindungen handelt. Die Eliminierbarkeit dieser Verben dürfte wieder mehr vom Umfang der Selektionsbereiche der entsprechenden Relationselemente abhängen.

Bei den Präfixen mit homonymen freien Morphemen korrelieren formale und strukturbildende Gegebenheiten also keineswegs so einheitlich und vollständig miteinander wie bei den "echten" Präfixen. Vom Vorhandensein eines solchen Präfixes kann deshalb nicht mehr unbedingt auf das Vorhandensein eines PAT in der Grundstruktur geschlossen werden. Die OS-Repräsentation dieser Verben gestaltet sich entsprechend differenzierter, wenn auch - von den Fortbewegungsverben abgesehen - im großen und ganzen, insbesondere bei den festen Konstruktionen mit "durch-, über-, um- und unter-", aber auch bei einer großen Zahl der unfesten Konstruktionen obligatorischer Gebrauch vorherrscht.

3.221 Verben mit dem Präfix "durch-"

Die grundlegende lokale Bedeutung des Präfixes "durch-" "in etwas hinein und wieder hinaus" ist deutlich PAT-gebunden ("durchbohren, durchstoßen, durchstreifen, durchgeben, durchsagen" etc.), und zwar auch bei solchen Verben, bei denen das lokale Element zurücktritt ("durcharbeiten, durchlesen, durchnumerieren, durchführen" etc.). Verben dieser Art werden im allgemeinen obligatorisch in der OS repräsentiert, gleichgültig, ob es sich um feste oder unfeste Konstruktionen handelt.

Eine Reihe von Fortbewegungsverben mit der gleichen Bedeutung des Präfixes ("durchwandern, durchfahren, durchlaufen, durchreisen" etc.) enthalten in der Grundstruktur einen LOC als Relationselement, der in festen Konstruktionen deutlich PAT-beeinflußt und deshalb bei der OS-Realisierung nicht eliminierbar ist, während er in unfesten Konstruktionen eliminiert werden kann.

(156) Er durchfährt die Stadt.
(156 b) Er fährt (durch die Stadt) durch.

Bei den unfesten Konstruktionen dieses Typs konkurriert die lokale Bedeutung häufig mit der zeitlichen Bedeutung "Verlauf, Dauer" und bedingt deshalb eine TEMP-Relation, die ebenfalls in der OS eliminierbar ist.

(156 c) Er fährt (die Nacht) durch.

Verben, bei denen das Präfix "durch-" allein eine temporale Relation bewirkt (z.B. "durchschlafen, durchtanzen, durchfeiern, durchwachen" etc.), realisieren den TEMP ebenfalls entweder obligatorisch (bei festen Konstruktionen) oder fakultativ (bei unfesten Konstruktionen) in der OS.

(157) Er durchwacht die Nacht.
(158) Er feiert (die Nacht) durch.

3.222 Verben mit dem Präfix "über-"

Das Präfix "über-" hat bei den Verben der Fortbewegung grundsätzlich lokale Bedeutung, die in festen Konstruktionen jedoch häufig mit übertragenen Bedeutungen konkurriert ("überfliegen, überfahren, übersteigen, überschreiten" etc.). Verben dieser Art werden im allgemeinen obligatorisch in der OS repräsentiert; bei stark idiomatisierten Verben kann sich die Eliminierbarkeit erhöhen.

(159) Er übersetzt (ein Buch).

In unfesten Verbindungen mit Verben der Fortbewegung ("übersetzen, übertreten, überlaufen (desertieren), überfließen" u.a.) bedingt die lokale Komponente des Präfixes (wie auch schon beim Präfix "durch-") einen LOC als Relationselement, der nicht wesentlich von der präfigialen PAT-Relation beeinflußt zu sein scheint und deshalb bei der OS-Realisierung eliminierbar ist.

(159 b) Er setzt (über den Fluß) über.[1]

Weitere Bedeutungen des Präfixes "über-" wie

- die "ornative" ("überbrücken, überdachen, übergolden" u.a.)
- die Bedeutung "ein Zuviel, ein Abweichen vom Normalen" ("überfordern, überbieten, überheizen" - mit der Unterbedeutung "mehr als ein anderer, über einen anderen hinausgehend" wie "übertreffen, überwinden, übertrumpfen, überflügeln" etc.)
- die Bedeutung des "flüchtigen <über etwas hin>" ("überlesen, übersehen" u.a.)

sind deutlich PAT-orientiert und kommen vor allem in festen Verbindungen vor. Bei diesen Verben ist der PAT grundsätzlich obligatorisch in der OS realisierbar.

---

1 Bei diesen Verben ist zudem der LOC-Bereich ausgesprochen eng: übersetzen: LOC ⌈Fluß⌉, übertreten (beim Weitsprung): LOC ⌈Balken⌉, überlaufen (desertieren): LOC ⌈Feind⌉, überfließen: LOC ⌈Rand (vom Gefäß u.ä.)⌉.

3.223 Verben mit dem Präfix "um-"

"Das Präfix um- hat in festen Verbindungen die lokale Bedeutung <darum - herum> " ("umfahren, umfliegen, umschlingen, umklammern" etc.). "In den entsprechenden unfesten Verbindungen drückt das um- eine Veränderung der Lage des Objekts aus" ("umblasen, umbiegen, umfahren, umpflanzen" etc.) bzw. "die Veränderung überhaupt, in einer abstrakten Beziehung" ("umformen, umtaufen, umarbeiten, umschreiben" etc.)."Neben der lokalen Bedeutung steht [...] die ornative" ("umgarnen, umkränzen, umnebeln" etc.) (Zitate: Fleischer 1975, 335 f; U.v.m.).
Alle angeführten Bedeutungen sind deutlich PAT-orientiert und verstärken damit die Basisrelation des Präfixes. Die entsprechenden Relationselemente dieser Verben - im ersteren Fall wohl ein LOC mit starkem PAT-Einfluß, in den übrigen Fällen eindeutig ein PAT - sind deshalb grundsätzlich obligatorisch in der OS zu realisieren.
Eine Ausnahme bildet bspw. das Verb "umziehen" (in eine neue Wohnung ziehen), dessen Grundstruktur einen LOC enthält, der in der OS eliminiert werden kann.

(160) Er zieht (nach Köln) um.

Bei "umlernen" scheint der PAT, der in der Grundstruktur des Simplex vorhanden war, durch die Präfigierung getilgt worden zu sein. Das Präfixverb ist deshalb m.E. als einwertig anzusehen.

3.224 Verben mit dem Präfix "unter-"

Die festen Verbindungen mit dem Präfix "unter-" sind meist stark idiomatisiert ("unterbinden, unterbreiten, untergraben, unternehmen" etc.). Bei einigen von ihnen läßt sich jedoch deutlich - wenn auch in abgeschwächter Form - die PAT-orientierte lokale Komponente erkennen ("unterschreiben, unterzeichnen, unterstreichen" etc.), die in einer Reihe unfester Konstruktionen noch eindeutig vorhanden ist ("unterlegen, unterfassen, unterschieben" u.a.). Bei all diesen Verben, auch bei den idiomatisierten, scheint die PAT-Relation des Präfixes noch so stark ausgeprägt zu sein, daß die obligatorische OS-Realisierung des PAT vorherrscht. Das gilt auch und insbesondere für die PAT-orientierten Ornativa ("unterkellern, untertunneln" u.a.).

In seltenen Fällen ist fakultativer Gebrauch möglich, so etwa bei den Verben "unterschreiben" und "unterzeichnen", da beide einen ausgesprochen engen PAT-Bereich ("Schriftstück") haben.

3.225 Verben mit dem Präfix "ab-"

Die strukturbildende Basisbedeutung des unfesten Präfixes "ab-" bezeichnet, wie schon das Präfix "ent-", statt einer "Einwirkung" die - zumindest lokale - "Abwendung von einer nominalen Größe". Sie hat also nur bedingt Eigenschaften einer PAT-Relation.

Dieser Präfixrelation entsprechen die Bedeutungen "von - weg" ("abfahren, abbiegen, abführen, abschießen" - in weniger konkret-räumlicher Beziehung: "abbetteln, abgewinnen, abnehmen (wegnehmen) bzw. abmalen, abzeichnen, abschreiben" u.a.) und die Bedeutung "nach unten" ("absitzen, absteigen, abspringen" etc.). Bei all diesen Verben muß die strukturbildende Präfixrelation grundsätzlich als so geschwächt angesehen werden, daß die Eliminierbarkeit wieder mehr vom Umfang der Selektionsbereiche abhängt. Verben wie "abmalen, abzeichnen, abschreiben" u.ä. mit dem PAT-Bereich "Kopie", wie auch andere Verben mit engem PAT-Bereich wie "abschließen :„PAT ⌜Tür⌝, absagen: PAT ⌜Veranstaltung⌝, abladen: PAT ⌜Waren⌝" etc. erlauben deshalb fakultativen Gebrauch.

(161) Er malt (das Bild) ab.
(162) Er schreibt (die Aufgabe) ab.
(163) Er schließt (die Tür) ab.
(164) Er sagt (die Einladung) ab.
(165) Er lädt (die Waren) ab.

Bei den hierher gehörigen Fortbewegungsverben ist der LOC grundsätzlich eliminierbar:

(166) Er fährt (in Hamburg) ab.
(167) Er steigt (vom Pferd) ab.
(168) Er springt (vom Zug) ab.

Eine sehr häufige Bedeutung des Präfixes "ab-" bezeichnet das "Ende eines Prozesses" ("abbrennen (kaus.), abtragen, abkühlen (kaus.), abschlachten, abtöten" etc.). In diesen Fällen, in denen die lokale Bedeutung des Präfixes völlig zurücktritt, wirkt sich die grundlegende Präfixrelation wieder deutlicher aus und hat meist obligatorischen Gebrauch zur Folge.

3.226 Verben mit dem Präfix "an-"

"Das Präfix an- hat die lokale Bedeutung der Richtung auf ein Objekt zu" (Fleischer 1975, 337; U.v.m.) ("anblicken, anlachen, anreden, anfliegen, anlaufen, anfahren (gegen etwas fahren)" u.a.). Diese deutlich PAT-orientierte Komponente, die selbst bei einer Reihe von Fortbewegungsverben einen PAT bedingt, wie auch die Komponente "feste Verbindung mit" ("anbinden, anhängen, anklammern, anlöten" u.a.) bewirken, daß bei diesen Verben der PAT grundsätzlich obligatorisch in der OS realisiert wird. Selbst bei der nicht strukturrelevanten Bedeutung "Beginn des Prozesses" ("anzünden, anpfeifen (Spiel), anknipsen" - mit der zusätzlichen Angabe, "daß sich der Prozess nur teilweise vollzieht": "anbraten, anknabbern, anzahlen" u.a.) scheint die präfigiale PAT-Relation so stark ausgeprägt, daß sie auch bei diesen Verben obligatorische OS-Repräsentation verursacht.

Ausnahmen sind möglich bei Verben mit einem sehr engen PAT-Bereich wie etwa "angreifen: PAT ⌈Feind⌉, anspannen: PAT ⌈Pferd⌉" u.a.

(169) Die Truppen greifen (den Feind) an.
(170) Der Kutscher spannt (das Pferd) an.

Die Fortbewegungsverben, deren Grundstruktur statt eines PAT einen LOC enthält ("ankommen, anlegen (vor Anker gehen), anhalten (stehenbleiben)" u.a.), erlauben fakultativen Gebrauch.

(171) Das Schiff legt (am Kai) an.
(172) Er hält (vor der Haustür) an.

3.227 Verben mit dem Präfix "auf-"

Das Präfix "auf-" hat - insbesondere bei den Fortbewegungsverben - häufig die lokale Bedeutung "Richtung nach oben" ("aufsteigen, aufstehen, aufsitzen" u.a.), aber auch "nach unten" ("aufklatschen, aufsetzen (landen), auftreffen, auftreten" u.a.). Die Grundstruktur der entsprechenden Verben enthält meist einen LOC, der in der OS zur Eliminierbarkeit neigt. Bei anderen als Fortbewegungsverben ("aufrichten, aufbauen, aufheben (hochheben), aufstellen, auftischen" u.a.) steht die lokale Bedeutung des Präfixes der PAT-Relation zumindest nicht entgegen. Die Eliminierbarkeit des PAT ist entsprechend gering.

Andere Bedeutungen sind deutlicher PAT-orientiert, so die der "wechselseitigen Befestigung" ("aufkleben, aufleimen, aufnageln" u.a.) oder die Bedeutung "offen machen" ("aufbrechen, aufschneiden, aufdrücken" - einschl. der Differenzierung "auseinander im Sinne eines Öffnens, nicht eines Zerteilens": "aufklappen, auffalten, aufrollen" u.a.). Sie stützen die präfigiale PAT-Relation und bewirken im großen und ganzen die obligatorische OS-Repräsentation der entsprechenden Verben. Eine der seltenen Ausnahmen bildet das Verb "aufschließen" mit dem sehr engen PAT-Bereich "Tür".

(173) Er schließt (die Tür) auf.

Bei Verben, bei denen das Präfix "auf-" die nicht PAT-gebundene Bedeutung "Ergebnis und Beendigung des Prozesses" bezeichnet ("aufessen, aufrauchen, aufgeben, aufkündigen, aufsagen" u.a.), scheint die Eliminierbarkeit weitgehend vom Umfang des PAT-Bereichs abzuhängen.

3.228 Verben mit dem Präfix "aus-"

Obwohl die Präfixrelation von "aus-" nicht ganz eindeutig einzuordnen ist, kann sie doch wohl grundsätzlich als PAT-Relation angesehen werden. Zwar enthält die Grundstruktur der Fortbewegungsverben bei der lokalen Bedeutung des Präfixes "Richtung nach außen, teilweise auch nach allen Seiten" einen LOC, der in der OS eliminierbar ist ("aussteigen, ausschwärmen, auswandern, ausreißen" u.ä.).

(174) Er steigt (aus dem Zug) aus.
(175) Er wandert (nach Amerika) aus.

Bei den übrigen Verben mit einem PAT in der Grundstruktur jedoch herrscht obligatorische OS-Realisierung vor, auch wenn das Präfix die gleiche lokale Bedeutung hat ("ausschöpfen, ausplaudern, ausquetschen, ausstreuen" u.a.), und erst recht wenn es ornative oder privative Bedeutung hat ("ausflaggen, ausmauern, auspolstern, ausmisten" u.a.).

Die Eliminierbarkeit von Verben, bei denen das Präfix mit einem höheren Grad der Abstraktheit das "Ende des Prozesses" bezeichnet ("ausräuchern, austrinken, ausarbeiten" u.a.), richtet sich anscheinend wiederum nach dem Umfang des jeweiligen PAT-Bereichs.

3.23 Zusammenfassung

Wie sich gezeigt hat, sind bei den Präfixverben die Ursachen für die Eliminierung von Relationselementen bereits auf strukturbildender Ebene angesiedelt. Von allen Verbalpräfixen geht eine der PAT-Relation entsprechende Beziehung aus, die relativ einheitlich auf die semantische Grundstruktur dieser Verben einwirkt und dort entweder eine PAT-Relation schafft oder vertieft oder eine andere semantische Relation im Sinne einer PAT-Relation beeinflußt. Aus der formalen Markierung eines Verbs mit einem Präfix kann also mit großer Wahrscheinlichkeit geschlossen werden, daß die semantische Grundstruktur des Verbs einen PAT enthält. Diese Korrelation zwischen formalen und strukturbildenden Gegebenheiten bewirkt, daß die Präfixverben den PAT grundsätzlich obligatorisch in der OS realisieren.

Dieser Grundsatz gilt nahezu ausnahmslos für alle Verben mit den festen Präfixen ohne homonyme freie Morpheme sowie für die festen Konstruktionen der Präfixe mit homonymen freien Morphemen, und zwar selbst bei stärker idiomatisiertem Gebrauch der Präfixe. Abweichungen ergeben sich vor allem bei den unfesten Präfixen mit homonymen freien Morphemen, da bei ihnen die Präfixrelation aus formalen und semantischen Gründen weniger intensiv ausgeprägt ist. Ihre Abschwächung zeigt sich besonders deutlich bei den Fortbewegungsverben, deren Grundstruktur statt einer PAT- eine LOC-Relation enthält, die grundsätzlich in der OS eliminiert werden kann. Bei diesen Verben richtet sich die Eliminierbarkeit von Relationselementen also vorwiegend nach dem Umfang der jeweiligen Selektionsbereiche.

3.3 Die variable OS-Repräsentation der verbalen Zusammensetzungen

Bei den verhältnismäßig seltenen Zusammensetzungen mit einem Verb als Grundwort kann das meist unfeste Konstruktionen bildende Kompositionsglied

- ein (weiteres) Verb ("mähdreschen, drehbohren; kennenlernen, sitzenbleiben, verlorengehen" u.a.)
- ein Nomen ("danksagen, kopfrechnen, schlittenfahren, maschineschreiben, formgeben" u.a.)
- ein Adjektiv ("blankbohnern, falschspielen, festschrauben, stillsitzen, gutschreiben" u.a.)
- ein Adverb ("hinbringen, herkommen, dalassen, fortscheuchen, wegfahren, weiterbauen" u.a.)

sein (Fleischer 1975, 306 ff.)

Aufgrund ihres hohen semantischen Eigenwerts üben die Kompositionsglieder - von den Adverbien z.T. abgesehen - keine einheitlichen gruppenbildenden Funktionen aus, sondern stellen singuläre Beziehungen her und wirken dementsprechend individuell auf die Bedeutung und die Struktur der jeweiligen Zusammensetzungen ein. Die Eliminierbarkeit dieser Verben läßt sich also auch nur individuell durch eine Struktur- und Selektionsbereichsanalyse näher bestimmen.
Da häufig die Grenzen zwischen bereits vollzogener und noch

nicht endgültig vollzogener Zusammensetzung fließend sind (z.B. "radfahren" - "Auto fahren"), ergeben sich u.U. Schwierigkeiten bei der Beurteilung der semantischen Grundstrukturen zusammengesetzter Verben. Insbesondere die unfesten Verbindungen der nominalen Verbzusammensetzungen vermitteln den Eindruck, daß es sich bei den Nomen nicht um Kompositionsglieder, sondern um Relationselemente handeln könnte.

(176) Er fährt Schlitten.
(177) Er schreibt Maschine.
(178) Er schiebt Kegel.
(179) Er hält Wort.

M.E. spricht jedoch das Vorhandensein gebundener Konstruktionen in einigen Flexionsformen (Infinitiv und Partizip I und II)[1] wie auch das Fehlen von Artikel und Präposition vor den Nomen in den getrennten Formen gegen eine solche Annahme.

---

1 Analog zu den Beispielen "radfahren" und "radschlagen" (Duden, Bd. 9, 1972, 539).

4 Zusammenfassung der Ergebnisse

In der vorliegenden Arbeit wurde der Versuch unternommen, die Valenz des Verbs aufgrund einer semantischen Analyse präziser und fundierter abzugrenzen. Die Untersuchung basierte auf einem Inventar strukturbildender Relationen zwischen Verb und nominaler Umgebung, die, in semantischen Grundstrukturen zusammengefaßt, die Verben unterschiedlichen Klassen zuordnen. Diese Grundstrukturen enthalten nur notwendige, valenzgebundene Relationselemente, von denen eine ganze Reihe jedoch variabel, also obligatorisch oder fakultativ, in der OS realisiert werden. Um die variable OS-Realisierung dieser Relationselemente bestimmen zu können, bedurfte es einer semantischen Analyse der bedeutungscharakterisierenden Merkmale des Verbs und seiner nominalen Umgebung. Es zeigte sich, daß zwischen der Zahl der verbinhärenten semantischen Merkmale und der Eliminierbarkeit von Relationselementen ein Zusammenhang besteht. Je mehr Merkmale sich ermitteln lassen, also je komplexer der Verbinhalt und je enger die Selektionsbereiche potentiell eliminierbarer Relationselemente, umso größer die Eliminierbarkeit; und umgekehrt. Die Eliminierbarkeit von Relationselementen in der OS ist damit nicht eine undifferenzierte, alternativ als gegeben oder nicht gegeben anzunehmende Eigenschaft des Verbs. Sie tritt vielmehr bei den einzelnen Verben in graduellen Abstufungen auf und kann im Grenzbereich zwischen Eliminierbarkeit und Nichteliminierbarkeit nicht eindeutig festgelegt werden.

Mit der Analyse insbesondere der Selektionsbereiche läßt sich grundsätzlich bei allen Verben die Eliminierbarkeit von Relationselementen feststellen. Allerdings wird die Effektivität dieser Analyse bei bestimmten Verbgruppen durch offenbar vorrangige Prinzipien beeinflußt und teilweise sogar außer Kraft gesetzt. So ist bei den Verbvarianten eine Eliminierung nur dann möglich, wenn neben den selektionsbereichsrelevanten Eliminierungsursachen gleichzeitig auch andere, die Ambiguität der Varianten in der OS auflösende Voraussetzungen gegeben sind. Hier hängt die Eliminierbarkeit also sowohl vom Umfang der Selektionsbereiche als auch von der eindeutigen Sepzifizierung der Varianten durch den internen Kontext ab. Bei den Präfixverben wirkt insbesondere die semantische Strukturfunktion der Präfixe auf die OS-Repräsentation ein und hebt dadurch die Geltung der auf Bedeutungscharakterisierung beruhenden Selektionsbereichsanalyse weitgehend auf. Im Unterschied zur individuellen Bestimmung der Eliminierbarkeit bei den Simplizia wird hier die Eliminierbarkeit bereits auf strukturbildender Ebene global und relativ einheitlich als obligatorisch festgelegt. Wegen der unterschiedlich starken Ausprägung der strukturbildenden Präfixrelation sind Abweichungen möglich.

Da die Eliminierungsursachen auf strukturbildender Ebene die konstitutive Basis des Satzes betreffen, scheinen sie von grundlegenderem Einfluß als die Ursachen auf bedeutungscharakterisierender Ebene, die sich auf die individuelle Ausgestaltung des Satzes beziehen. Bei der Beurteilung der OS-Repräsentation eines Präfixverbs haben also stets die präfixrelevanten Eliminierungsursachen den Vorrang vor möglichen die Selektionsbereiche oder die Disambiguierung von Varianten betreffenden Ursachen. Die Bestimmung der Eliminierbarkeit von Simplizia hängt wiederum primär davon ab, ob es sich um ein Verb mit mehreren Varianten handelt oder nicht. Während bei den Varianten eines Verbs beide der obengenannten Voraussetzungen erfüllt sein müssen, reicht bei den variantenfreien Simplizia dazu allein die Selektionsbereichsanalyse aus.

III. Anhang

1 Verzeichnis der Abkürzungen und der verwendeten Zeichen

A	- Agentive (Fillmore)
A[1]	- Angabe
AGT	- Agent (Chafe)
Anim	- Animate
B	- Benefactive (Fillmore)
BEN	- Beneficiary (Chafe)
COMP	- Complement (Chafe)
D	- Dative (Fillmore)
E	- Eliminierbarkeitsgrad
E[1]	- Ergänzung
EV	- Enge Verbergänzung
EXP	- Experiencer (Chafe)
F	- Factitive (Fillmore)
FV	- Freie Verbergänzung
Hum	- Human
HuS	- Helbig und Schenkel
I	- Instrumental (Fillmore)
INST	- Instrument (Chafe)
kaus.	- kausativ
L	- Locative (Fillmore)
L_1	- Ort, von dem ein Geschehen ausgeht
L_2	- Ort, an dem ein Geschehen endet
LOC	- Location (Chafe)
LOCdir	- Location bei direktionalen Lokalverben
LOCstat	- Location bei statischen Lokalverben
M	- Manner (Fillmore)
MAN	- Manner (im System von Chafe)
O	- Objective (Fillmore)
OS	- Oberflächenstruktur
P	- Präfix
PAT	- Patient (Chafe)

---

1 Die Abkürzungen A für "Angabe" und E für "Ergänzung" kommen nur in Zitaten vor und können im gegebenen Zusammenhang <u>nicht</u> mit A für "Agentive" und E für "Eliminierbarkeitsgrad" verwechselt werden.

PATexp	- Patient bei "experiential" Verben
SS	- Semantische Struktur
T	- Time (Fillmore)
TEMP	- Temporal (im System von Chafe)
TS	- Tiefenstruktur
U.v.m.	- Unterstreichung(en) von mir
V	- Verb
Var	- Variante

V———┐ PAT	- Semantische Grundstruktur
P+V———╲ PAT	- Semantische Grundstruktur eines Präfixverbs
⌜ ⌝	- Selektionsbereich eines Relationselements
⌜ $/_a$ ⌝	- Selektionsbereich, eingeschränkt durch ein abstraktes Merkmal
⌜ $/_f$ ⌝	- Selektionsbereich bei fakultativem Sondergebrauch
+ (oben vor einem Satz)	- Zeichen für "ungrammatisch" (anstelle eines Sterns, der auf der Maschine nicht vorhanden war)

Zitierweise:

Erben ([1958] 1967)	- Die erste Zahl in eckigen Klammern gibt das Jahr der Erstveröffentlichung an, die zweite das Jahr der Auflage, die verwendet bzw. aus der zitiert wurde (diese Zitierweise wurde nur dann angewandt, wenn ein Hinweis auf die Erstveröffentlichung angebracht schien).

2 Literaturverzeichnis

Abraham, Werner (Hg.)(1971): Kasustheorie, Frankfurt/M.

Abraham, W./Binnick, R.J. (Hg.)(1972): Generative Semantik, Frankfurt/M.

Admoni, Wladimir ([1935] 1969): Die Struktur des Satzes. In: Das Ringen um eine neue Deutsche Grammatik, hg. von Hugo Moser, Darmstadt, 381-398.

- (1970): Der deutsche Sprachbau, 3. Aufl., München.

Agricola, Erhard (1969)(1970): Die deutsche Sprache, Bd. 1 (1969); Bd. 2 (1970), Leipzig.

Anderson, John (1971 a): The Grammar of Case. Towards a Localistic Theory, Cambridge.

- (1971 b): Dependency and Grammatical Functions. In: Foundations of Language 7, 30-37.

Andresen, Helga (1973): Ein methodischer Vorschlag zur Unterscheidung von Ergänzung und Angabe im Rahmen der Valenztheorie. In: Die Deutsche Sprache 1, 49-63.

Arbeitsgruppe Marburg (1973): Aspekte der Valenztheorie. In: Die Deutsche Sprache 1, 3-48.

Arutjunow, Artjom R. (1970): Zu einem beschreibenden Modell der Semantik. In: Beilage zur Zs. Deutsch als Fremdsprache 4.

Bach, Emmon (1968): Nouns and Noun Phrases. In: Universals in Linguistic Theory, hg. von E. Bach und R.T. Harms, New York, 90-122.

Bach, E./Harms, R.T. (Hg.)(1968): Universals in Linguistic Theory, New York.

Bahr, Joachim (1974): Aspekte eines Lexikonmodells. In: Zs. für Germanistische Linguistik 2, 145-170.

Ballweg, J./Hacker, H.-J./Schumacher, H. (1971): Vorüberlegungen zur semantischen Subkategorisierung deutscher Satzbaupläne mit gegebenem Verb. In: Muttersprache 81, 224-234.

Ballweg, J./Hacker, H.-J./Schumacher, H. (1972): Valenzgebundene Elemente und logisch-semantische Tiefenstruktur. In: Linguistische Studien II, Sprache der Gegenwart 22, Düsseldorf, 100-146.

Baumgärtner, Klaus (1965): Spracherklärung mit den Mitteln der Abhängigkeitsstruktur. In: Beiträge zur Sprachkunde und Informationsverarbeitung 5, 31-53.

- (1967): Die Struktur des Bedeutungsfeldes. In: Satz und Wort im heutigen Deutsch, hg. von Hugo Moser, Düsseldorf, 165-197.

- (1970): Konstituenz und Dependenz. Zur Integration der beiden grammatischen Prinzipien. In: Vorschläge für eine strukturale Grammatik des Deutschen, hg. von Hugo Steger, Darmstadt, 52-77.

Bendix, Edward H. (1966): Componential Analysis of General Vocabulary, Indiana.

Biere, Bernd Ulrich (1976): Ergänzungen und Angaben. In: Untersuchungen zur Verbvalenz, hg. von Helmut Schumacher, Tübingen, 129-173.

Bierwisch, Manfred (1963): Grammatik des deutschen Verbs (= Studia Grammatica II), Berlin.

- (1965): Eine Hierarchie syntaktisch-semantischer Merkmale. In: Studia Grammatica V, Berlin, 29-86.

- (1967): Some Semantic Universals of German Adjectivals. In: Foundations of Language 3, 1-36. Deutsch in: Vorschläge für eine strukturale Grammatik des Deutschen, hg. von Hugo Steger, 1970, Darmstadt, 269-318.

- (1969 a): Strukturelle Semantik. In: Deutsch als Fremdsprache 6, 66-76.

- (1969 b): Certain Problems of Semantic Representation. In: Foundations of Language 5, 153-184.

- (1970): Semantics. In: New Horizons in Linguistics, hg. von John Lyons, Harmondsworth, 166-184.

Bondzio, Wilhelm (1971): Valenz, Bedeutung und Satzmodelle. In: Beiträge zur Valenztheorie, hg. von Gerhard Helbig, The Hague-Paris, 85-103.

Boost, Karl (1956): Neue Untersuchungen zum Wesen und zur Struktur des deutschen Satzes. Der Satz als Spannungsfeld, Berlin.

Brinkmann, Hennig (1950): Die Wortarten im Deutschen. Zur Lehre von den einfachen Formen der Sprache. In: Wirkendes Wort 1, 1950/51, 65-79.

- (1962): Die Deutsche Sprache. Gestalt und Leistung, Düsseldorf.

Buchbinder, Wolf A. (1971): Die Valenz und ihre Berücksichtigung bei der Auswahl lexikalischen Materials. In: Deutsch als Fremdsprache 8, 282-286.

Bühler, Karl (1934): Sprachtheorie, Jena (2. unv. Aufl. Stuttgart, 1965).

Chafe, Wallace L. (1970): Meaning and the Structure of Language, Chicago.

- (1971 a): Directionality and Paraphrase. In: Language 47/1, 1-26.

- (1971 b): Linguistics and Human Knowledge. In: Monograph Series on Language und Linguistics 24, hg. von R. O'Brien, 57-69.

Chomsky, Noam ([1965] 1970): Aspekte der Syntaxtheorie. Frankfurt/M. Deutsche Übersetzung von: Aspects of the Theory of Syntax, 1965, Cambridge, Mass.

- (1975): Deep Structure, Surface Structure, and Semantic Representation. In: N. Chomsky: Studies on Semantics in Generative Grammar, The Hague-Paris, 62-119.

Coseriu, Eugene ([1967] 1974): Lexikalische Solidaritäten. In: Kallmeyer u.a. (Hg.), Lektürekatalog zur Textlinguistik, Bd. 2 (Reader), 1974, Frankfurt/M., 74-86. Neuabdr. aus Poetica 1, 1967, 293-303.

- (1970): Einführung in die strukturale Betrachtung des Wortschatzes, Tübingen.

Dahlberg, Ingetraut (1976): Über Gegenstände, Begriffe, Definitionen und Benennungen. In: Muttersprache 2, 81-117.

Drach, Erich (1963): Grundgedanken der deutschen Satzlehre, 4. unveränderte Aufl., Frankfurt/M.

Duden, Der große, Bd. 2 (1970): Stilwörterbuch der deutschen Sprache, 6. Aufl., Mannheim/Wien/Zürich.

- Bd. 4 (1973): Grammatik der deutschen Gegenwartssprache, 3. Aufl., Mannheim/Wien/Zürich. Zitiert als Grebe (1973).

- Bd. 9 (1972): Zweifelsfälle der deutschen Sprache, 2. Aufl., Mannheim/Wien/Zürich.

- Bd. 10 (1970): Bedeutungswörterbuch, Mannheim/Wien/Zürich.

Eggers, Hans (1969): Bindung und Freiheit im deutschen Satzbauplan. In: Festschrift für Hugo Moser zum 60. Geburtstag, hg. von U. Engel u.a., Düsseldorf, 24-38.

Emons, Rudolf (1974): Valenzen englischer Prädikatsverben, Tübingen.

Engel, Ulrich (1969): Zur Beschreibung der Struktur deutscher Sätze. In: Neue Beiträge zur deutschen Grammatik 37. H. Moser zum 60. Geburtstag gewidmet, Mannheim, 35-52.

- (1970): Die deutschen Satzbaupläne. In: Wirkendes Wort 20, 361-392.

- (1971): Bemerkungen zur Dependenzgrammatik. In: Neue Grammatiktheorien und ihre Anwendung auf das heutige Deutsch, Sprache der Gegenwart 20, Düsseldorf, 111-155.

Engel, U. u.a. (Hg.) (1969): Festschrift für Hugo Moser zum 60. Geburtstag, Düsseldorf.

Engelen, Bernhard (1968): Zur Semantik des deutschen Verbs. In: Forschungsberichte des Instituts für deutsche Sprache 1, 55-83.

- (1969): Eine Möglichkeit zur Beschreibung kompexer Sätze. In: Sprache der Gegenwart 5, 159-170.

- (1975): Untersuchungen zu Satzbauplan und Wortfeld in der geschriebenen deutschen Sprache der Gegenwart, Teilband 1 und 2, München.

Erben, Johannes ([1958] 1967): Abriß der deutschen Grammatik, 10. Aufl., Berlin.

- (1968): Deutsche Grammatik. Ein Leitfaden, Frankfurt/M.-Hamburg.

- (1970): "Er sitzt weil er gestanden hat" oder Über den Zusammenhang von Valenz und Mitteilungswert des Verbs. In: Studien zur Syntax des heutigen Deutsch (= Sprache der Gegenwart 6), Düsseldorf, 97-102.

- (1972): Deutsche Grammatik. Ein Abriß. 11. völlig neubearbeitete Aufl. von Abriß der deutschen Grammatik, München.

Fillmore, Charles J. (1968 a): The Case for Case. In: Universals in Linguistic Theory, hg. von E. Bach und R.T. Harms, New York, 1-88. Deutsch in: Kasustheorie, hg. von W. Abraham, Frankfurt/M., 1971.

- (1968 b): Lexical Entries for Verbs. In: Foundations of Language 4, 373-393.

- (1969): Towards a modern theory of case. In: Modern Studies in English, hg. von D.A. Reibel, Eaglewood Cliffs, New Jersey, 361-375.

Fillmore, Charles J. (1970): Types of Lexical Information. In: Studies in Syntax and Semantics, hg. von F. Kiefer, Dordrecht, 109-137.

- (1971 a): Verbs of Judging. An Exercise in Semantic Description. In: Studies in Linguistic Semantics, hg. von Ch.J. Fillmore und D.T. Langendoen, New York, 273 ff.

- (1971 b): Some Problems for Case Grammar. In: Monograph Series on Language and Linguistics 24, hg. von R.J. O'Brien, 35-56.

- (1972): Subjects, Speakers and Roles. In: Semantics of Natural Language, hg. von D. Davidson and G. Hurman, Dordrecht, 1-24.

Fillmore, Ch.J./Langendoen, D.T. (1971): Studies in Linguistic Semantics, New York.

Flämig, Walter (1965): Zur Funktion des Verbs, 3. Teil: Aktionsart und Aktionalität. In: Deutsch als Fremdsprache 1965/2. Neudruck in: Probleme der Sprachwissenschaft, The Hague-Paris, 1971, 275-289.

- (1971): Valenztheorie und Schulgrammatik. In: Beiträge zur Valenztheorie, hg. von G. Helbig, The Hague-Paris, 105-121.

Fleischer, Wolfgang (1975): Wortbildung der deutschen Gegenwartssprache, 4. Aufl., Tübingen.

Forstreuter, Eike (1968): Zur semantischen Spezifizierung der Umgebung einiger Verben. In: Deutsch als Fremdsprache 5, 336-342.

Fourquet, Jean (1970): Prolegomena zu einer deutschen Grammatik. Sprache der Gegenwart 7, Düsseldorf.

- (1976): Zur Sonderstellung des Subjekts. In: Wirkendes Wort 4, 234-240.

Fourquet, J./Grunig, B. (1971): Valenz und Struktur. In: Beiträge zur Valenztheorie, The Hague-Paris, 11-16.

Frege, Gottlob (1969): Funktion, Begriff, Bedeutung. Fünf logische Studien, 3. Aufl., Göttingen.

Geckeler, Helmut (1971): Strukturelle Semantik und Wortfeldtheorie, München.

Gipper, Helmut (1976): "Sprachgefühl", "Introspektion" und "Intuition". In: Wirkendes Wort 4, 240-245.

Glinz, Hans (1965): Deutsche Syntax, 2. Aufl., Stuttgart.

- (1968): Die innere Form des Deutschen, 5. Aufl., Bern.

- (1970): Linguistische Grundbegriffe und Methodenüberblick, Bad Homburg v.d.H.

Glinz, Hans (1971): Deutsche Grammatik, Bd. I und II, Bad Homburg v.d.H.

Grebe, Paul (1959): Grammatik der deutschen Gegenwartssprache. Der Große Duden, Bd. 4, 1. Aufl., Mannheim.

- (1966): Grammatik der deutschen Gegenwartssprache. Der Große Duden, Bd. 4, 2. vermehrte und verbesserte Aufl., Mannheim.

- (1967 a): Der syntaktisch—semantische Hof unserer Wörter. In: Sprache der Gegenwart 1, Düsseldorf, 109-114.

- (1967 b): Der Worthof von "schreiben". In: Neue Beiträge zur deutschen Grammatik 37. H. Moser zum 60. Geburtstag gewidmet, Mannheim, 63-77.

- (1973): Grammatik der deutschen Gegenwartssprache. Der Große Duden, Bd. 4, 3. neubearbeitete und erweiterte Aufl., Mannheim/Wien/Zürich.

Greimas, Algirdas J. (1971): Strukturale Semantik. Methodologische Untersuchungen, Braunschweig. Deutsche Übersetzung von: Sémantique structurale. Recherche de méthode, 1966, Paris.

Grimm, Jacob (1877): Deutsche Grammatik, 2. Teil. Neuer vermehrter Abdruck, Gütersloh.

Grosse, Rudolf (1971): Zum Verhältnis von Form und Inhalt bei der Valenz der deutschen Verben. In: Beiträge zur Valenztheorie, hg. von G. Helbig, The Hague-Paris, 123-131.

Gruber, Jeffrey S. (1967): Look and See. In: Language 43, 937-947.

Halliday, M.A.K. (1967) (1968): Notes on Transitivity and Theme. In: Journal of Linguistics 3. 1967: Part 1, 37-81; Part 2, 199-244. 1968: Part 3, 179-215.

- (1970): Language Structure and Language Function. In: New Horizons in Linguistics, hg. von John Lyons, Harmondsworth, 140-165.

Harris, Roy (1973): Rezension von W.L. Chafe, Meaning and the Structure of Language, Chicago/London, 1970. In: Journal of Linguistics 9, 115-120.

Harris, Zellig S. (1951): Methods in Structural Linguistics, Chicago.

Heger, Klaus (1966): Valenz, Diathese und Kasus. In: Zs. für romanische Philologie 82, 138-170.

Helbig, Gerhard (1965): Der Begriff der Valenz als Mittel der strukturellen Sprachbeschreibung und des Fremdsprachenunterrichts. In: Deutsch als Fremdsprache 1, 10-23. Neudruck in: Probleme der Sprachwissenschaft, 1971, The Hague-Paris, 316-335.

Helbig, Gerhard (1966): Untersuchungen zur Valenz und Distribution deutscher Verben. In: Deutsch als Fremdsprache 3, 1-11, und 4, 12-19. Neudruck in: Probleme der Sprachwissenschaft, 1971, The Hague-Paris, 336-360.

- (1967): Die Bedeutung syntaktischer Modelle für den Fremdsprachenunterricht. In: Deutsch als Fremdsprache 4, 197 ff, und 5, 259 ff. Neudruck in: Probleme der Sprachwissenschaft, 1971, The Hague-Paris, 180-207.

- (1969): Valenz und Tiefenstruktur. In: Deutsch als Fremdsprache 6, 159-169.

- (1970): Valenz, Tiefenstruktur und Semantik. In: Glottodidactica 3/4, 11-46.

- (1971 a): Theoretische und praktische Aspekte eines Valenzmodells. In: Beiträge zur Valenztheorie, hg. von G. Helbig, The Hague-Paris, 31-49.

- (1971 b): Zu einigen Spezialproblemen der Valenztheorie. In: Deutsch als Fremdsprache 8, 269-282.

- (1974): Geschichte der neueren Sprachwissenschaft, Hamburg.

- (Hg.) (1971): Beiträge zur Valenztheorie, The Hague-Paris.

Helbig, G./Schenkel, W. (HuS 1969): Wörterbuch zur Valenz und Distribution deutscher Verben, Leipzig.

- (HuS 1973): Wörterbuch zur Valenz und Distribution deutscher Verben, 2. überarbeitete und erweiterte Aufl., Leipzig.

Henzen, Walter (1965): Deutsche Wortbildung, 3. Aufl., Tübingen.

Heringer, Hans-Jürgen (1967): Wertigkeiten und nullwertige Verben im Deutschen. In: Zs. für deutsche Sprache 23, 13-34.

- (1970 a): Einige Ergebnisse und Probleme der Dependenzgrammatik. In: Der Deutschunterricht,4, 42-98.

- (1970 b): Theorie der deutschen Syntax, München.

- (1970 c): Deutsche Syntax (Sammlung Göschen), Berlin.

Hjelmslev, Louis (1974): Prolegomena zu einer Sprachtheorie, München. Deutsche Übersetzung von: Omkring sprokteoriens grundlaeggelse, 1943, Kopenhagen.

Hoberg, Rudolf (1973): Sinnkopplung und Worthof. In: Linguistische Studien IV, Sprache der Gegenwart 24, Düsseldorf, 73-86.

Hundsnurscher, Franz (1968): Das System der Partikelverben mit AUS in der Gegenwartssprache, Göppingen.

- (1970): Neuere Methoden der Semantik, Tübingen.

Jespersen, Otto (1927): A Modern English Grammar on Historical Principles, Part III, Heidelberg.

Kallmeyer, W.u.a. (1974): Lektürekatalog zur Textlinguistik, Bd. 1. Einführung, Frankfurt/M.

- (Hg.) (1974): Lektürekatalog zur Textlinguistik, Bd. 2. Reader, Frankfurt/M.

Kolvenbach, Monika (1972): Verbvalenzuntersuchungen: Eine Voraussetzung für die Monosemierung von Verbinhalten. In: Linguistische Studien II, Sprache der Gegenwart 22, Düsseldorf, 83-99.

Katz, J.J./Fodor, J.A. ([1963] 1970): Die Struktur einer semantischen Theorie. In: Vorschläge für eine strukturale Grammatik des Deutschen, hg. von Hugo Steger, 1970, Darmstadt. Deutsche Übersetzung von: The Structure of a Semantic Theory, in: Language 39, 1963, 170-210.

Katz, J.J./Postal, P.M. (1964): An Integrated Theory of Semantic Description, Cambridge, Mass.

Klimonow, W.D. (1970): Rezension von Helbig/Schenkel: Wörterbuch zur Valenz und Distribution deutscher Verben, 1969, Leipzig. In: Zs. für Phonetik, Sprachwissenschaft und Kommunikationsforschung 23, 300-307.

Kühnhold, Ingeburg (1969): Zum "System"der deutschen Verbalpräfixe. In: Neue Beiträge zur deutschen Grammatik, H.Moser zum 60. Geburtstag gewidmet, hg. von U. Engel und P. Grebe, 94-98.

- (1970): Beobachtungen zu den Verbalpräfixen ab-, aus-, ent-. In: Studien zur Syntax des heutigen Deutsch. Sprache der Gegenwart 6, 269-274.

Kühnhold, I./Wellmann, H. (1973): Deutsche Wortbildung, 1. Hauptteil: Das Verb. Sprache der Gegenwart 29, Düsseldorf.

Lakoff, George (1971 a): Linguistik und natürliche Logik. Deutsch hg. von Werner Abraham, Frankfurt/M.

- (1971 b): On generative semantics. In: Semantics, hg. von D.J. Steinberg u. L.A. Jakobovits, Cambridge, 232-296.

Langacker, Ronald W. (1972): Rezension von W.L. Chafe, Meaning and the Structure of Language, Chicago/London, 1970. In: Language 48, 134-161.

Lausberg, Heinrich (1967): Elemente der literarischen Rhetorik, 3. Aufl., München.

Leisi, Ernst (1967): Der Wortinhalt, 3. Aufl., Heidelberg.

Lewandowski, Theodor (1973)(1975): Linguistisches Wörterbuch, Bd. 1 (1973), Bd. 2 und 3 (1975), Heidelberg.

Lyons, John (hg.) (1970): New Horizons in Linguistics, Harmondsworth.

- (1971): Einführung in die moderne Linguistik, München. Deutsche Übersetzung von: Introduction to Theoretical Linguistics, Cambridge, 1968.

Mater, Erich (1966)(1967): Deutsche Verben, Bd. 1 (Alphabetisches Gesamtverzeichnis) 1966; Bd. 2 (Grundwörter und deren Zusammensetzungen) 1967, Leipzig.

Mc Cawley, James D. (1968): The Role of Semantics in a Grammar. In: Universals in Linguistic Theory, hg. von E. Bach und R.T. Harms, New York, 124-169.

Meier, Georg F. (1965): Ein Beispiel der Monosemierung durch noematische Textanalyse. In: Zs. für Phonetik, Sprachwissenschaft und Kommunikationsforschung 18, Berlin, 51-60.

Moser, Hugo (Hg.) (1969): Das Ringen um eine neue deutsche Grammatik, Darmstadt.

Müller, Rolf (1971): Voraussetzungen der Valenzgrammatik. In: Diskussion Deutsch 2, 178-191.

Nida, Eugene A. (1975): Componential Analysis of Meaning, The Hague-Paris.

Nielsen, Don L.F. (1972): Towards a Semantic Specification of Deep Case, The Hague-Paris.

- (1973): The Instrumental Case in English, The Hague-Paris.

Oksaar, Els (1976): Berufsbezeichnungen im heutigen Deutsch. Sprache der Gegenwart 25, Düsseldorf.

Paul, Hermann (1958): Deutsche Grammatik, Bd. III, 4. Aufl., Halle (Saale).

Petöfi, János S. (1971): Transformationsgrammatiken und eine ko-textuelle Texttheorie, Frankfurt/M.

Polenz, Peter von (1968): Ableitungsstrukturen deutscher Verben. In: Zeitschrift für die deutsche Sprache 24, 1-15 und 129-160.

- (1969): Der Pertinenzdativ und seine Satzbaupläne. In: Festschrift für Hugo Moser zum 60. Geburtstag, hg. von U. Engel u.a., Düsseldorf, 146-171.

Porzig, Walter (1934): Wesenhafte Bedeutungsbeziehungen. In: Beiträge zur Geschichte der deutschen Sprache und Literatur 58, Halle (Saale), 70-97.

- (1971): Das Wunder der Sprache, 5. Aufl., München.

Postal, Paul M. (1971): On the Surface Verb "remind". In: Studies in Linguistic Semantics, hg. von Ch. Fillmore und D.T. Langendoen, New York, 181 ff.

Probleme der Sprachwissenschaft. Beiträge zur Linguistic (1971). The Hague-Paris.

Robinson, Jane R. (1969): Case, category and configuration. In: Journal of Linguistics, 57-80.

- (1970): Dependency Structures and Transformational Rules. In: Language 46, 259-285.

Rosengren, Inger (1970): Zur Valenz des deutschen Verbs. In: Moderna Sprak 64, 45-58.

Samlowski, Wolfgang (1976): Case Grammar. In: Computational Semantics, hg. von E. Charniak und Y. Wilks, Amsterdam, 55-72.

Sandig, Barbara (1970): Rezension von Helbig/Schenkel: Wörterbuch zur Valenz und Distribution deutscher Verben, 1969, Leipzig. In: Zs. für Dialektologie und Linguistik 37, 355-357.

Sapir, Edward (1944): Grading: a Study in Semantics. In: Philosophy of Science 2, 93-116.

Saussure, Ferdinand de (1967): Grundfragen der allgemeinen Sprachwissenschaft, 2. Aufl., Berlin.

Schank, Roger C. (1973): Indentification of Conceptualizations Underlying Natural Language. In: Papers in Computer Models of Thought and Language, hg. von R. Schank und K. Colby, San Francisco.

Schippan, Thea (1975): Einführung in die Semasiologie, 2. überarb. Aufl., Leipzig.

Schmidt, Lothar (1973): Wortfeldforschung, Darmstadt.

Schmidt, Siegfried J. (1973): Texttheorie, München.

Schmidt, Wilhelm (1965): Lexikalische und aktuelle Bedeutung, Berlin.

- (1973): Grundfragen der deutschen Grammatik, 4. Aufl., Berlin.

Schumacher, Helmut (1971): Zum deutschen Valenzlexikon. In: Neue Grammatiktheorien und ihre Anwendung auf das heutige Deutsch, Sprache der Gegenwart 20, Düsseldorf, 184-193.

- (Hg.)(1976): Untersuchungen zur Verbvalenz. Forschungsberichte des Instituts für deutsche Sprache 30, Tübingen.

Simmons, R.F. (1973): Semantic Networks. Their computation and Use for Understanding English Sentences. In: Papers in Computer Models of Thought and Language, hg. von R. Schank und K. Colby, San Francisco.

Steger, Hugo (1962): Sprachnorm, Grammatik und technische Welt. In: Sprache im technischen Zeitalter, 183-198.

- (Hg.)(1970): Vorschläge für eine strukturale Grammatik des Deutschen, Darmstadt.

Steinberg, D.J./Jakobovits, L.A. (Hg.)(1971): Semantics, Cambridge.

Steinitz, Renate (1969): Adverbial-Syntax (= Studia Grammatica X), Berlin.

Stötzel, Georg (1970): Ausdrucksseite und Inhaltsseite der Sprache. Methodenkritische Studien am Beispiel der deutschen Reflexivverben, München.

Tarvainen, Kalevi (1973): Zur Valenztheorie und ihrer praktischen Anwendung im Valenzwörterbuch von Helbig/Schenkel. In: Neuphilologische Mitteilungen 74, 9-49.

Tesnière, Lucien (1959): Eléments de syntaxe structurale, Paris.

Ullmann, Stephen ([1957] 1967): Grundzüge der Semantik, Berlin. Deutsche Übersetzung von: The Principles of Semantics, 1957, Oxford.

Ungeheuer, Gerold (1969): Paraphrase und syntaktische Tiefenstruktur. In: Folia Linguistica 3, 178-227.

Weinreich, Uriel (1970): Erkundungen zur Theorie der Semantik, Tübingen. Deutsche Übersetzung von: Explorations in Semantic Theory, in: Current Trends in Linguistics III, The Hague-Paris, 1966, 395-477.

Weisgerber, Leo (1950): Vom Weltbild der deutschen Sprache, Düsseldorf.

- (1958): Verschiebungen in der sprachlichen Einschätzung von Menschen und Sachen, Köln-Opladen.

- (1963): Die vier Stufen in der Erforschung der Sprachen, Düsseldorf.

Wheatly, Jon (1970): Language and Rules, The Hague-Paris.

Wilks, Yorrick A. (1973): Preference Semantics. In: Memoranda from the Artificial Intelligence Laboratory. Massachusetts Institute of Technology, 206 ff.

Wilmanns, W. (1899): Deutsche Grammatik, Bd. 2: Wortbildung, 2. Aufl., Straßburg.

Wilpert, Gero von (1964): Sachwörterbuch der Literatur, 4. Aufl., Stuttgart.

Wotjak, Gerd (1971): Untersuchungen zur Struktur der Bedeutung, München.

Zifonun, Gisela (1972): Über die Unverträglichkeit verschiedener Valenzbegriffe und ihre Verwertbarkeit in semantischen Beschreibungen. In: Zs. für Dialektologie und Linguistik 39, 171-205.

Zwicky, Arnold M. (1973): Linguistics as Chemistry: the Substance Theory of Semantic Primes. In: Festschrift for M. Halle, hg. von Anderson/Kiparsky, 467-485.